主编 王路

藏书家

第25辑

齐鲁书社
·济南·

图书在版编目（CIP）数据

藏书家. 第25辑 / 王路主编. -- 济南：齐鲁书社，2024.1

ISBN 978-7-5333-4839-7

Ⅰ.①藏… Ⅱ.①王… Ⅲ.①藏书–文集 Ⅳ.①G253-53

中国国家版本馆CIP数据核字(2024)第009608号

封面题签　顾廷龙
责任编辑　周　磊　杨德乾
装帧设计　亓旭欣

藏书家　第25辑
CANGSHUJIA DI 25 JI

王　路　主编

主管单位	山东出版传媒股份有限公司
出版发行	齐鲁书社
社　　址	济南市市中区舜耕路517号
邮　　编	250003
网　　址	www.qlss.com.cn
电子邮箱	qilupress@126.com
营销中心	（0531）82098521　82098519　82098517
印　　刷	山东新华印务有限公司
开　　本	787mm×1092mm　1/16
印　　张	15.25
字　　数	227千
版　　次	2024年1月第1版
印　　次	2024年1月第1次印刷
标准书号	ISBN 978-7-5333-4839-7
定　　价	78.00元

《藏书家》编委会

顾　　问　李致忠　周　晶
编　　委　（按姓氏音序排列）
　　　　　陈子善　杜泽逊　范景中　　龚明德　宫晓卫
　　　　　黄燕生　李国庆　李国庆(美)　李际宁　刘玉才
　　　　　孟宪钧　彭震尧　沈　津　　王稼句　王振良
　　　　　韦　力　韦明铧　翁连溪　　吴　格　吴　平
　　　　　武秀成　谢其章　辛德勇　　徐　雁　薛　冰
　　　　　闫先会(日)
主　　编　王　路
执行主编　傅光中

目　录

年度书志
宫晓卫　闲话二十四卷抄本《聊斋志异》……………………………… 1
彭震尧　扑朔迷离的《北京大学教员薪俸册》………………………… 12

书界人物
王稼句　苏州两大"掠贩家"…………………………………………… 18
姚一鸣　柳亚子与吴江柳氏藏书………………………………………… 29
唐桂艳　笃嗜古书的泉币学者庄恩泽…………………………………… 36

文津茶座
[日]高桥智　高桥智致杜泽逊答日本尊经阁文库"学"字印……… 49
韦　决　书话三题………………………………………………………… 51

天禄寻踪
韦　力　艰难守护，化身千百
　　　　——瞿启甲与铁琴铜剑楼………………………………………… 61

曹培根　铁琴铜剑楼及其楼主 …………………………………… 73

王安功　保存国粹　表扬国光：国学保存会藏书楼志略 ……… 82

雪泥鸿爪

李国庆　长乐书屋藏书题跋（一） …………………………… 91

马　珂　蒋藩梧荫楼藏书《陶靖节诗注》题跋辑释 …………… 99

宋文娟　黄裳旧藏题跋七种辑释 ……………………………… 106

版本鉴定

刘元堂　利用南宋版刻字体刀法特征对有关版本的鉴定 …… 119

书海披沙

辛德勇　我买《述学》 ………………………………………… 126

刘　强　海源阁藏李轨注本《扬子法言》的前世今生 ……… 146

杜云虹　山东省立图书馆抄本考略（上） …………………… 155

王子衿　油印小辑（二） ……………………………………… 163

缥缃闲话

孟宪钧　启功先生与碑帖鉴定
　　　　——坚净居问学琐忆 ………………………………… 171

韦明铧　一百年前的北湖民谚
　　　　——新发现的晚清扬州刻本《本地风光》 ………… 182

薛　冰　大变局中小人物
　　　　——读《旧京文存》及其他 ………………………… 189

胡艳杰　姚莹俊藏书年谱简编（1889—1920） ……………… 195

海外书情

李际宁　日本岩屋寺的《思溪藏》 …………………………… 202

［美］李国庆　海外所见上海藏书家鉴藏印 ………………… 212

陈东辉　东瀛书事琐忆 ………………………………………… 220

馆藏故事

吴　平　"愚斋藏书"与近代中日图书流转 ………………… 231

专注、精粹与雅趣
　　——写在《藏书家》创办25周年之际 ……………………… 239

闲话二十四卷抄本《聊斋志异》

宫晓卫

二十四卷抄本《聊斋志异》，是山东出版集团资料室收藏的一个古籍孤本，也是齐鲁书社建社以来据以整理出版使用书号最多、所出版本最丰富的单品种图书。

一

二十四卷抄本《聊斋志异》是《聊斋志异》存世版本中厘分卷数最多的一种。这个版本发现于20世纪60年代初。在这之前，只是有人听说《聊斋志异》有这么一个分卷本，但研究者似没人见过。

二十四卷抄本《聊斋志异》

从能看到的介绍这个版本的文字，知道它是1962年在山东周村发现的。周村和蒲松龄的家乡淄川现在都属淄博市。介绍这个版本，往往要强调发现地"距蒲松龄故居不远"，让人难免会生出这里面与蒲氏是否有某种关系的联想。

不过奇怪的是，作为一种《聊斋志异》罕见版本的面世，居然没有诸如版本原收藏者为谁，是如何被发现，又是怎么最终归藏老山东人民出版社资料组的一类相关情节的记录。这个版本的发现，当时是由山东出版人公布的，它当然不会平白无故地从周村冒出来；而且这部书一经发现，山东出版人即将其送往北京请专家鉴定，这个过程在2009年第一期《历史学家茶座》里刊载介绍有关《聊斋志异》专家的信札文章中，有比较详细的叙述。从已见的所有关联文字，都不见发现这个版本的任何细节。按说，专业从事古代小说研究的学者和老山东人民出版社曾设置的蒲松龄著作编辑室的图书编辑，理应是重视版本源流的，况且这个版本又是今人的最新发现，人们难免好奇它在走进世人视野之前，究竟默默地躺在什么地方，是怎么到了那里，又是怎么现身的。可是为什么就缺失了追根溯源这个环节？哪怕仅仅是解释一下少了这个环节的简单理由。这实在是有违常理。

在我的模糊印象里，这个版本好像是济南古旧书店收来的。只是印象从哪里来的记不清了。因我和当年与这个版本以及蒲松龄著作编辑室有交集的孟繁海、赵炳南、任笃行、李玉山等出版前辈，都曾在齐鲁书社共过事，且和他们每个人都有着较为密切的私人来往；后来工作调动到山东出版总社总编室工作三年，山东出版总社（后称山东出版集团）资料室，即老山东人民出版社资料组，是隶属于这个部门的一个科室，编辑出身的我，对资料室里面存书的兴趣，自然会比其他同事多一些；再后来回齐鲁书社任职，因工作关系结识了时任济南古旧书店经理王强。王经理懂书，尤其是古籍版本，我们的话题少不了这方面的内容。以上每个环节都可能是信息源。可惜我本人对明清文学的关注点并不在《聊斋志异》，更不会在意到它的版本情况。今天回看这个版本，想要回溯印象之源，早已茫然没有了头绪。当年的老出版人均已作古，其他可能会有关联的人也在很多年前离岗或转行，且年事已高，即便有聊聊这个话题的念头，联系也不易了。

个人以为，这个版本大概率就是济南古旧书店收购来的。现山东出版集团资料室存藏的有一定版本价值的古旧书，包括多种《聊斋志异》清刻本，多数来自济南古旧书店。过去新华书店下属的古旧书店，有面向社会收购古旧图书的业务。书店与出版是一个系统，出版社资料室如有需求，从古旧书店获得其新收购版本有近水楼台之便。不过也正因为关系如此，出版社本来很方便向古旧书店求索一下这个版本出现的相关故事，哪怕得到的答复简单如齐鲁书社20世纪80年代影印的于慎行编万历刻本《兖州府志》，其原版本就是60年代初在山东巨野县的农贸集市上发现的，经历图书收购的人总会给个说法，也理应有个记录。什么都没有，就更说不过去了。可事实上，留下的只有发现在周村这一条信息。或许这个版本出现的情节对《聊斋志异》版本的研究没什么价值，有价值的就是周村距淄川很近这一点。这么说，应该是还算合理的解释。

这个版本系小楷抄写，笔迹出自一人。其字体隽秀，墨色均匀，版面规整，捧读在手，清晰舒适，是一部很讲究的抄本。以数十万字的规模由一人抄写而能精致如一，卷数厘分得独出心裁所彰显的特殊认识，即便前者是抄胥所为，主持者也肯定不是普通人。不过如此用心的一部书，里面却不见只言片语涉及抄录、编次类的说明文字；今人考证这个版本存世当有二百多年，书上竟没有钤印等任何收藏标记。这些都与版本自身透出的讲究很不相符。其中的抄录存藏故事，当事者好像原本就不想向旁人言说，再少了其出现的具体细节，后人自是无从探寻了。已有的研究，只能从分析发现地域、可能涉及的历史人物等去揣测其中是否有逻辑关系，如袁世硕先生就由此推想这部书"殆即据历城曾尚增抄本过录"（《〈聊斋志异〉珍本丛刊·序》）。

与这个版本发现同年，当时的山东人民出版社在1962年3月下旬成立了蒲松龄著作编辑室，专门从事蒲氏著作的整理出版。编辑室的成立和二十四卷抄本的发现孰先孰后已难考，实际上也没有必要再去考辨。但在这里仍需多聊几句的，是与这个编辑室的成立相关，当年《文史哲》刊发过一篇专门研究二十四卷抄本《聊斋志异》的文章。事情过了几十年之后，因这篇文章，却引发出一场学界争辩。

在蒲松龄著作编辑室成立的次年即1963年，《文史哲》第四期上刊发了一篇题为《新发现的二十四卷抄本〈聊斋志异〉初校后记》的文章，作者署名"杜荇"。"杜荇"是蒲松龄著作编辑室编辑任笃行的笔名。任笃行先生是山东出版界的老同志，参加工作之初在山东省新华书店，后转入山东人民出版社。1962年3月下旬山东人民出版社成立蒲松龄著作编辑室，任先生自传说他是4月进的这个室，一直到"文革"开始，这个室工作停摆。改革开放初期，山东各专业出版社在老山东人民出版社相关编辑室基础上成立，任先生由山东人民出版社文教编辑室进山东教育出版社，1982年调入齐鲁书社，直至1988年离休。在齐鲁书社，我们曾是一个编辑室的同事。他是《文史哲》刊发文章的作者，但文中谈到对这个新发现《聊斋志异》版本所做的校勘工作，用的人称是"我们"，则见文章吸纳了编辑室众人的工作成果。文章的发表与这个《聊斋志异》新版本的发现仅隔一年，所做的校勘又相当精细到位，工作量巨大，是知对这个新发现版本的校勘、研究，是蒲松龄著作编辑室这一阶段的主要工作。

任笃行先生用"杜荇"笔名发表在《文史哲》上的"初校后记"，从版本装帧、行款、抄写者笔墨风格，到全书所收文字篇幅诸方面，详细介绍了这部二十四卷抄本《聊斋志异》版本的基本情况，并通过与其他《聊斋志异》版本的比勘，分析了这个版本的特点，推断出其抄写的大致时间，是第一篇全面研究这个版本的文章，很见学术水准。虽然文中吸纳了编辑室同仁的工作成果，但文章的形成，展现的却是任笃行先生本人的学术功力。20世纪80年代前，山东出版系统的编辑在工作岗位上的职务作品，不署作者本名几乎是通例。不过，任先生为这篇文章取的是与自己名字"笃行"谐音的字作笔名，实际上已指实了文章作者为谁。在文章发表的年代，业内熟悉的人一看就会知道这是任笃行的手笔。20世纪80年代恢复出版职称评定，这篇文章自然收在了任先生编审职称申报表的个人学术成果栏里。当年一起申报职称、彼此知根知底的那些老编辑，对此均不持异议。

任笃行先生的二十四卷抄本《聊斋志异》"初校后记"一文，是最早的、有深度的专题研究这个版本的文章，迄今仍然是介绍、评述这个版本最全面的文字。这里重述这一节，一个重要原因，是出于这篇文章近年来又被旧事重提，且将其作者与某位60年代的政治名人挂上了钩，文章作者一度成为一段学术公案的主角。

在前文提到的2009年《历史学家茶座》刊载的那篇介绍关于《聊斋志异》的专家信札文章中，作者把任先生文章的著作者张冠李戴给了一位政治名人。文章发表后并没有特别的反响，毕竟那位政治名人本身就是版本专家，尤其对古小说版本感兴趣，写一篇研究《聊斋志异》版本的文章并用笔名发表不足为奇。让那篇文章真正形成影响的，是2020年《文史哲》在其微信公众号上推出的题为《他竟然也曾经在〈文史哲〉发过文章？》的推文。这篇推文把《历史学家茶座》的刊文和60年代《文史哲》刊发的署名"杜荐"的"初校后记"一并推出，在所加"编者按"里，肯定了《历史学家茶座》刊文认定"杜荐"即"身为高官"的"他"的笔名的说法。以互联网的影响力，《文史哲》的推文很快就引起了深耕古代小说研究、又熟知任笃行先生的一位齐鲁书社老作者的注意。他综合了自己的认知，提出了不同看法。质疑的声音在网上一出，引出了关于"杜荐"是谁的论辩。一时间，网上既有原作者与质疑者往返文字讨论，也有敲边鼓者参言。

因我与质疑者相熟，又是任笃行先生曾经的同事和二十四卷抄本《聊斋志异》原版本的经手过目者，不免也卷入了论辩中。在论辩的后期，为对历史、也是对我的老同事任笃行先生负责，自己写了一篇《也说"杜荐"是任笃行》的文字，发表在"古代小说研究"微信公众号上，从知情人的角度，把相关史实作了说明。

现在，网络上论辩的新旧文都在，检索"杜荐"等关键词，基本可见其大概，但不综合阅读，难免会被仍挂在网上有错误推断的文章误导而误判。这里把它旧事重提，无非是想借正式出版物这一角，为以正视听留个痕。

二

著名学者、《聊斋志异》研究专家袁世硕先生，在他的《蒲松龄事迹著述新考》中多次谈到这部二十四卷抄本。他说："二十四卷抄本应该是最佳抄本。"又说："铸雪斋抄本显然不如二十四卷抄本更接近手稿本。""应当重视康熙抄本和二十四卷抄本在校勘方面的价值。"这就点出了二十四卷抄本发现的意义和在各种《聊斋志异》版本中的分量。

一部很有价值的《聊斋志异》版本，又是由山东出版人发现、独家占有的资源，况且老山东人民出版社还有专门为整理出版蒲松龄著作设置的编辑室，何以当年竟没有安排该书的出版？这从前面提到的《历史学家茶座》那篇文章，大致能读出个中原因。在那篇文章引述的"身为高官"的"他"谈《聊斋志异》的信件里，可看到"他"不赞成影印这个版本的态度。既为"高官"，又是版本专家的"他"的意见，决定了这个版本在20世纪60年代没能走到世人面前的命运。

1979年2月，改革开放之初，山东省率先成立了以古籍整理出版为主要出版方向的专业出版社——齐鲁书社。这是全国在原有中华书局、上海古籍出版社之外，第一家地方专业古籍出版社。书社成立伊始，所拿出拟出版的书目就很亮眼，包括《王献唐遗书》《曲阜孔府档案史料选编》《周易大传今注》等，都是分量很重的图书选题。其中，文学类选题自然就有二十四卷抄本《聊斋志异》。

作为地域特色鲜明的文学名著，且是本系统独占的珍稀版本，山东的专业古籍社想到将其出版再正常不过。只是中间稍显特别的，是明知即便影印出版这部书，以当时的技术水平，短时间内也难以完成繁琐的拍照制版修版，在现成的文学类书稿不缺、这些书稿的出版时间肯定会在这部《聊斋志异》前面的情况下，还是要不循常规、坚持把齐鲁书社出版物文学类序列号的第一号留给它。事实确也如此，在齐鲁书社的出版史上，如按出版时间排序，文学类图书的出版，这部《聊斋志异》其实并不是最早的一种。

20世纪80年代之前，中国图书出版使用的还是统一书号。统一书号，由图书分类号、出版社代号、图书在该出版社同一类别书的出版顺序排列号三个数字组成。1980年7月版的线装影印本二十四卷抄本《聊斋志异》书号为"10206.001"，前面的"10"是文学类的图书分类号，"10"后的"206"是齐鲁书社代号，"001"是齐鲁书社"10"类出版物排序的第一种。

从把齐鲁书社文学类出版物第一种的位次刻意留给这部二十四卷抄本《聊斋志异》，以笔者对参与齐鲁书社创建的那些老同志的了解，能清楚地感受到其间夹杂的一些个人情感。齐鲁书社创社初始，编辑人员基本由原老山东人民出版社文艺、文教两个编辑室里对传统文化比较熟悉的老编辑构成。老山东人民出版社60年代初成立蒲松龄著作编辑室和后来该编辑室工作中断，其人员也主要是从这两个室抽出和又回到这两个室，所以这两个室的编辑最了解传统文化，其中搞文学的必然都接触过由本社资料组收藏的这个古籍抄本。他们明显都不同程度地受到了《聊斋志异》的影响。如齐鲁书社的首任总编辑孟繁海，他1980年就在《蒲松龄研究集刊》上发表过长文《谈〈二十四卷本聊斋志异〉》。能写出这种非一日之功的文章，一定有着早期的积累。他在1998年还出版了《王刻聊斋志异校注》。考察他在出版职业之外的学术活动，其着力点似乎只在《聊斋志异》。又如与孟繁海搭班子的副总编辑赵炳南，他个人的主要作品是1986年出版的《白话聊斋》。该书虽然没提是据何版本作的白话翻译，但从译文中那些只在二十四卷本里能看到的语句，可知其底本用的就是二十四卷本。再如最早进入齐鲁书社文学编辑室的老编辑李玉山，他更有主持蒲松龄编辑室工作的经历，从他其间亲笔起草《蒲松龄的生平及著作简介》《蒲松龄著作编辑计划》《蒲松龄著作目录》等看，俨然已是蒲松龄专家。另一位则是前面说到的任笃行，虽然齐鲁书社出版线装影印本《聊斋志异》时他还在山东教育出版社，不过当时山东教育出版社和齐鲁书社办公地点是两层小楼的楼上楼下，袁世硕先生谈到任笃行和《聊斋志异》时，曾特别提到他参与了齐鲁书社建社之初的二十四卷抄本《聊斋志异》线装影印本的出版。这从该影印本的《出版说明》，其主要文字基本来自任笃行刊发在《文史哲》上的那篇"初校后记"可以佐证。任笃行把对《聊斋志异》的版本研究作为自己在出版业务之外一生的学术追求，积数十年之功，在2000年出版了三卷本的《全校会注集评聊斋志异》。从以上几位老同志与《聊斋志异》的交集和这期间的个人投入，齐鲁书社制订出版选题，文学类图书首先想到二十四卷抄本《聊斋志异》，排序号也刻意以它为首，就很好理解了。版本的价值再附加上太多的个人情感，注定了齐鲁书社对这部书的出版非同一般的重视。

统计下来，二十四卷抄本《聊斋志异》在齐鲁书社共出了9个版本，使用了9个书号。因图书的印制，有时只是同一版次的加印，忽略了累计印数，所以各版本合计印刷版次和总印数已难说清。在9个版本中，建社初期的80年代就有5个。

第一个版本就是前面说的1980年7月版、位列文学类书号第一的线装影印本。这个版本仿原版本装帧，线装两函，每函十二册，每卷一册。版心大小、册数悉依原版本。不同的是底本各册封面为土黄色，影印本为藏青色；底本的圈点为朱红色，为降低出版成本，该版本为单色印刷。此外，影印本尺寸，高度同原底本，宽度为了装订方便外加了2.5厘米的订口；还有一点不同于原版本的是函套的颜色，原函套为藏青色，影印本则改为彩底土黄色。这是对二十四卷本的首次影印出版，书的版权页上没标定价、开本和印数，后来本社编出版书目，按宣纸的开本给它标了18开，按实际销售价标了定价195元。这个价格，在20世纪80年代初，是一个普通职工四五个月的工资。由于现在这个版本已不太容易见到，可知当时印数不多。

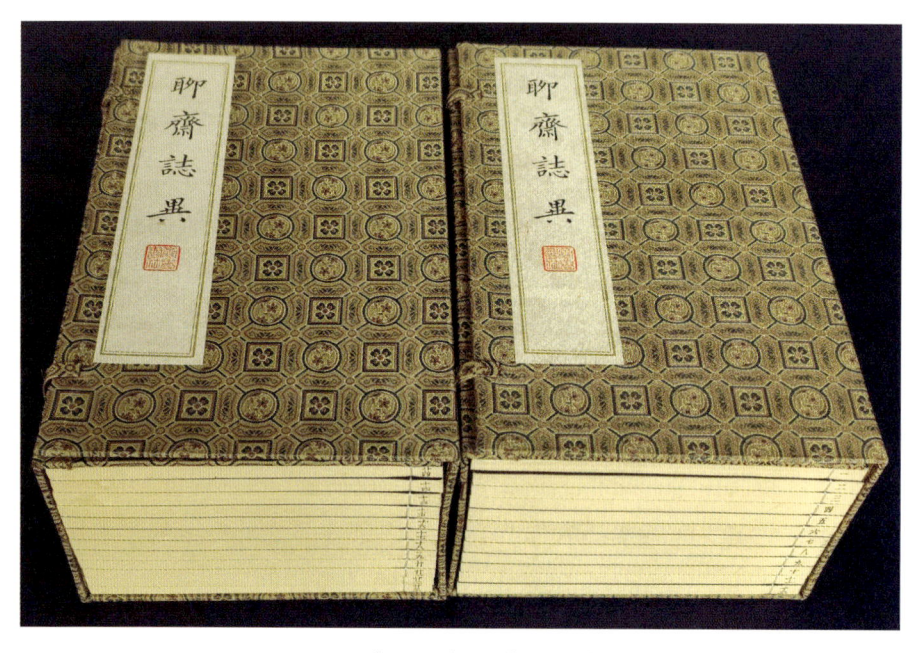

1980年7月版线装影印本

紧随线装影印本之后，1981年，社里又分别出版了这部书的精、平两种影印本，两个版本都是大32开4册装。大32开的开本，正好可容纳原版本的版心，所以这两种影印本除了装帧材料和形式，文字上也算是原大原貌影印。精装本定价11.80元，平装本定价9.80元。在当时那个书荒的年代，平装本的初印数是15500套。影印古籍达到这个印数，在今天几乎是不可想象的。

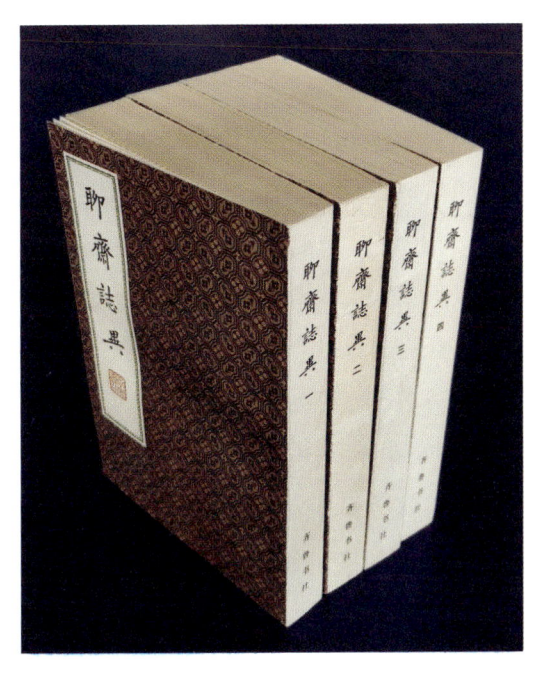

1981年1月版平装影印本

1981年9月，出版了这部书的标点整理本。整理本将二十四卷本未收的篇章，作为补遗；将尚不能确定为蒲松龄作品的，作为附录；二者均附于二十四卷之后，是一部完整的《聊斋志异》本。这个版本先是以平装上下两册出版，32开，定价2.2元。1985年7月又用同一版式、同一书号精装一册，与平装本同时出版，定价5.90元，平装本定价调为4.40元。两种装帧、两个定价，一个书号、一个版式，共用一个版权页，只能算一个版本。这个版本印刷次数最多，流行最广。平装本在1985年第3次印刷，累计印数已达240000册。精装本后来又数次重印。到了80年代末，书号改为国际标准书号（ISBN），精装本用上了新书号，虽然版还是那个版，可是书号不同了。封面设计做了些改变，去掉了原来的外包封。图书定价，也由5.90元上调为9.30元。

进入90年代，齐鲁书社于1993年推出了"中国古典小说普及丛书"，首批18种，小5号字排版，俗称"小字本"，市场反响极好。于是，在1995年又推出这套丛书的续编12种，二十四卷抄本《聊斋志异》被收入"续编"中。因是小5号字排版，较之此前出版的5号字排印本少了近三百码，显现了"小字本"用尽量少的纸张收纳尽可能多的内容的优势。精装一册13.50元的价格，在90年代中期是低廉的，适应了当时的市场需求。整套古典小说"小字本",在全国图书市场上一度独领风骚,火爆一时。

90年代后期,因太多出版社介入古典小说出版,纷乱无序的状态导致这类图书的市场快速走向低迷。齐鲁书社由古典小说的畅销而盲目加印,到滞销而库存积压,所谓"成也小说,败也小说",经营陷入困境。社里再度把二十四卷抄本《聊斋志异》列入出版选题,是彻底摆脱困境、实现财务自由的2006年。新一版的整理本,是应新的读者阅读口味推出的异型16开、轻型胶版纸、平装。新版内容、编排顺序全同此前的排印本,但因系重排,又比照影印本对原文作了新的校勘,一册定价49元。这个版本数次重印,直到2009年社里出版"齐鲁文化经典文库"将这部书收入。"文库"本也是异型16开,用的是2006年版重新调整的版式,采用软精装设计,内文用纯质纸,材料高端。因软精装的书脊是锁线装订,书能摊开看,增加了阅读舒适度。一册定价78元。

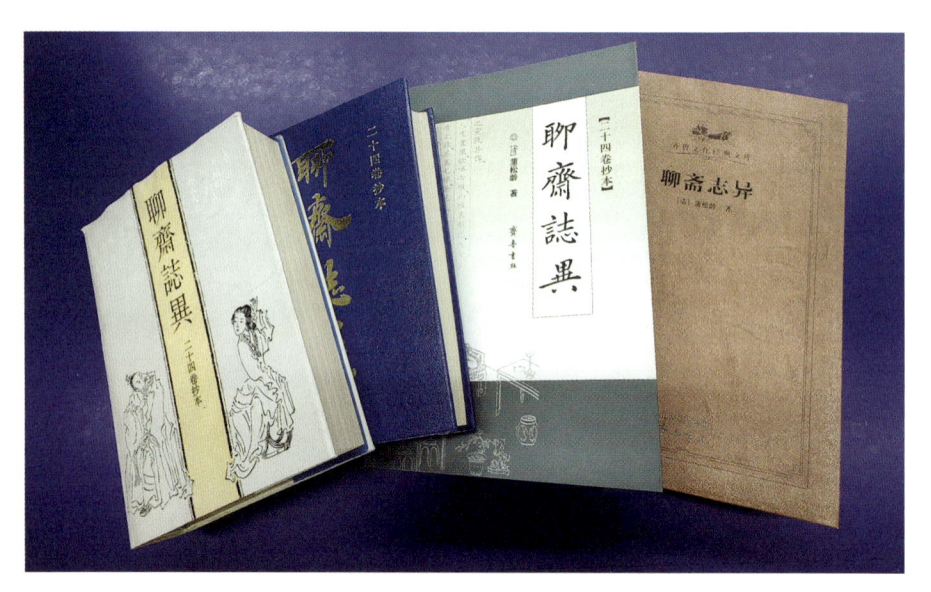

部分标点整理本

2009年是齐鲁书社建社30周年,在考虑社庆纪念品时,其中图书的选择,位列本社出版物文学类第一号的二十四卷抄本《聊斋志异》,无论从版本价值、地域特点、名著身份,以及其在本社文学类出版物排序首位的特殊性,都可满足作为图书纪念品要有一定意义的预设要求。于是就按建社初影印线装本的原大原貌,推出了这部书的社庆纪念版。纪念版在函套飘条上有"齐鲁书社建社三十周年社庆珍藏版"字样，钤印改用本社习用的圆形瓦当社标。首册首页背后的长方形"齐鲁书社建社三十周年社庆珍藏版"印鉴，由山东省书法家协会名誉主席、著名书法家、曾在齐鲁书社工作多年的梁修先生治印。里面新加的"重印说明"，是我写的。这个版本印制1000套，定价1680元。

2009年齐鲁书社建社30周年纪念版

《聊斋志异》是山东籍作家在山东创作的、影响广泛而深远的中国古代小说名著，作为山东地方的专业古籍出版社，齐鲁书社毫无疑问必须重视它的整理出版。除了二十四卷本，齐鲁书社还出过任笃行先生整理的《全校会注集评聊斋志异》、孟繁海先生的《王刻聊斋志异校注》，以及《聊斋志异选》（选文依手稿本，不见于手稿本的，均依二十四卷本）和收入《清代四大小说》的但明伦批评《聊斋志异》（十六卷本）等。但没有任何一种书，包括《聊斋志异》以外的其他书，能像二十四卷抄本《聊斋志异》这样，就一个古籍版本以不同的整理形式、不同的装帧开本，先后出版了9个版本，以及难以统计的印次和印数。而且，其版本的数量还会上升，据悉齐鲁书社已将这个版本的原貌全色影印线装版的出版提上议程，用以纪念建社45周年。目前扫描工作已完成，出版指日可待。

扑朔迷离的《北京大学教员薪俸册》

彭震尧

2022年8月27日，在推迟了数月举办的"中国书店2022年春季书刊资料文物拍卖会"上，出现了一册名为《北京大学教员薪俸册》的拍品。图录上是这样介绍的：

《北京大学教员薪俸册》，民国写本，2册，纸本，毛装，是为北京大学教员薪俸册，一月份居首位的是中国共产党创始人之一的陈独秀先生，月薪俸大洋300元。二月份蔡元培先生居首位，月薪俸大洋600元。中国共产党的另两位创始人李大钊、毛泽东也排列其中，前者月薪俸大洋120元，后者月薪俸大洋8元。此《薪俸册》不仅旁证了北京大学早期历史，而且更重要的是印证了中国共产党创始人陈独秀、李大钊、毛泽东在北大期间的工作与生活，颇为珍贵。

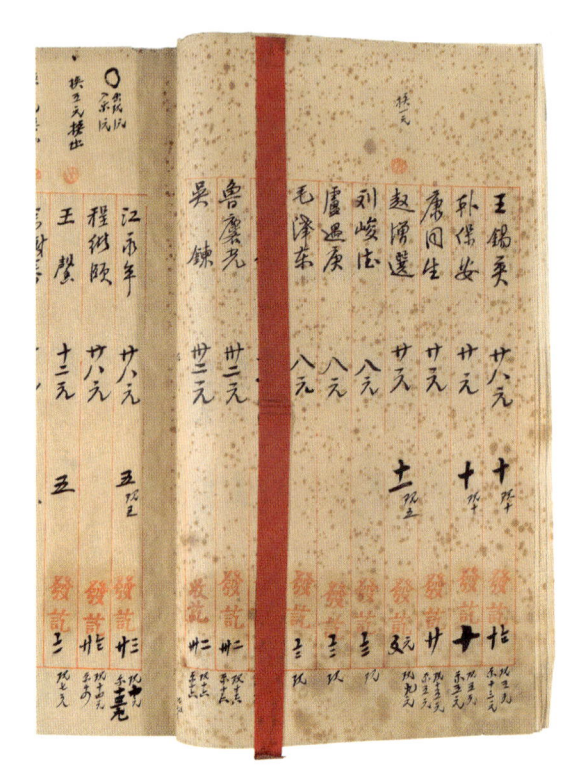

图1 《北京大学教员薪俸册》内页之一

《北京大学教员薪俸册》，也称《北大教职员薪金底册》《北京大学薪金底册》（以下统称《薪金底册》），是当时北京大学财务部每月分发教职员工薪酬的底册。里面详细记有当时全校教职员工的姓名和每人所领薪酬，以及发兑后钤盖的印章。尤其是1918年初的《薪金底册》，由于此时陈独秀、李大钊、许德珩、毛泽东等都在北京大学教书和工作，因此既是重要的历史档案资料，也是重要的历史文物。

要说起这件拍品，那还要从2021年讲起。那年的夏季，公司从一位民间收藏家处征集到数件拍品，《薪金底册》就在其中。当我看到这件拍品时，颇感吃惊，因为对此早就有所耳闻，知道这里面记有毛泽东青年时曾在北京大学图书馆工作的资料。我一直认为它应该藏在某个图书馆或档案馆里，怎么会突然出现在这里？这是不是一件影印件？或是一件复制品？或就是一件赝品？当然还有另外一种可能，那就是这件拍品与此前世上所存的北京大学《薪金底册》完全没有任何关系，而是一件新发现的北京大学《薪金底册》。出于多年工作的经验与本能，我对其进行了仔细的审鉴。

《薪金底册》共为两册，尺寸略有不同，第一册高28厘米，宽20.5厘米，右侧留有曾经装订过的痕迹，但现在已经拆为散页；第二册高27.5厘米，宽20.5厘米，由右侧两个金属圆钉装订成册。每册均为7叶，上面印有红色细线版框。版框高19.1厘米，宽14.2厘米，分为10行，每行内自右向左、自上而下按顺序书写着北京大学教职员工的姓名及每人每月所得薪金，并钤盖有朱色"清""对""发讫"等印章。每叶纸张呈淡黄色，有着明显的年代陈旧感，从清晰的帘纹上一眼便可看出这是手工造宣纸。文字全部用毛笔书写，墨色透纸，用高倍放大镜看，墨汁浸入纸内，绝无影印痕迹。印章四周有明显的油迹侵蚀，印油呈自然状向四周散开。没有一定的时间与岁月，这种状况是很难形成的。

两册内书写的文字也略有不同。第一册首叶右上角书写"一月份"3个字，版框内第1行书"陈独秀　三百元"，第2行书"夏元瑮　三百五十元"，第3行书"秦汾　壹百元"，第4行书"温宗禹　二百五十元"（此处虽有涂改，但参考第二册及修改后的数字仍可辨认出具体数字），第5行书"李大钊　壹百廿元"，以下依次为李辛白、贝熙业、陈鹏、高一涵、孙宣、周同煌、罗文、吴继哲、徐之杰、刘钜锟、卢恩、卫梓松、邓秉钧、章士镁、郭须静，共计20人。第2叶至第6叶每叶也均记20人，第7叶则记8人，共计128人。在第4叶第15行记有"毛泽东　八元"，第7叶第3行记有"许德珩　十元"等字，同时叶末还记有本月总薪金开支统计数额。第二册首叶右上角书写"二月"2字，版框内第1行书"蔡元培　六〇〇"，第2行书"陈独秀　三〇〇"，第3行书"夏元瑮　三五〇"，第4行书"秦汾　一〇〇"，第5行书"温宗禹　二五〇"，第6行书"李大钊　一二〇"，后面依次为陈世璋、李辛白、贝熙业、陈鹏等。第1叶至第4叶、第6叶，每叶均收20人，第5叶收19人，第7叶收11人，共计130人。其中，第4叶第17行书"毛泽东　八元"等字，第7叶第6行书"许德珩　十元"等字。此册的末叶写有"职、教员共付现洋玖千捌百肆拾陆元，中票陆千捌百拾五元"等字。

在第一册第1叶、第4叶，第二册第4叶，凡写有李大钊、毛泽东名字的旁边，均粘贴有长长的红色笺条，以提示人们注意。而且此三叶与其他叶相比较，明显可以看出纸张有些陈旧，尤其是写有"毛泽东"的两叶，纸面上已经出现了很多大小不一的黄色斑点，应是过去展陈时由于长时间受到空气侵蚀而自然形成的痕迹。

审鉴至此，我认为无论是从内容、字迹、纸张、墨迹、印章等哪个方面看，都丝毫看不出它是复制品或仿制品，心中不由得想到：难道这是一件从未发现过的北大《薪金底册》吗？于是我便打开中国共产党

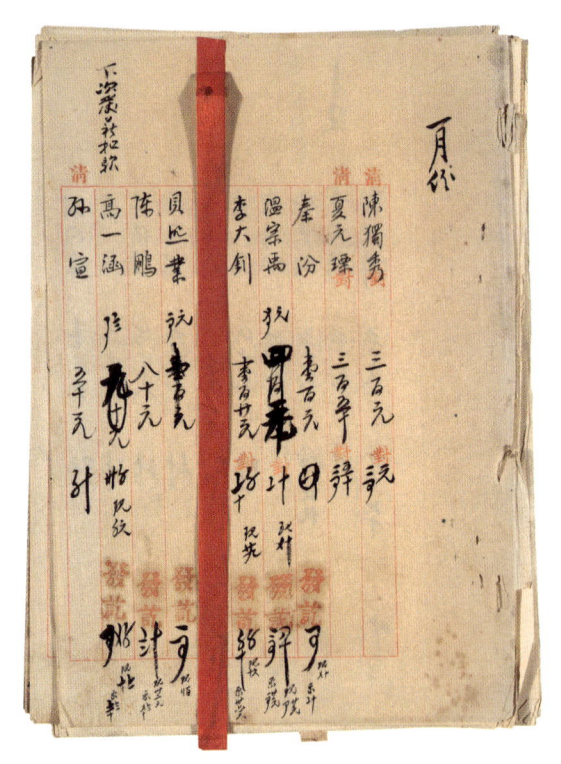

图2 《北京大学教员薪俸册》内页之二

早期北京革命活动纪念馆（即北大红楼）编辑出版的《光辉伟业　红色序章》一书，依据书中所收《薪金底册》照片进行仔细比对。虽然书内照片不大，而且只有一张，但是经过相互印证，我发现此《薪金底册》与出版物中所收《薪金底册》完全一致，不仅"毛泽东"的"东"字和"刘峻德"的"刘"字，以及其他刘姓教职员工的"刘"字均是用的简体字（此前因"东""刘"二字为简体，我曾一度认为有可能是赝品而错判）；而且，哪怕是细小入微处的笔画也丝毫不差。我再上网搜索、查询资料，发现网上公布的所有有关《薪金底册》的照片都与此册《薪金底册》完全一致。至此，彻底打消了"新发现"一说的推测。为了更进一步证实这件拍品的真伪，我又询问了北京大学图书馆、国家博物馆、中国共产党早期北京革命活动纪念馆、北京鲁迅博物馆等单位的朋友，所得到的回复均是：馆内所藏北大《薪金底册》是复制品，不是原件。

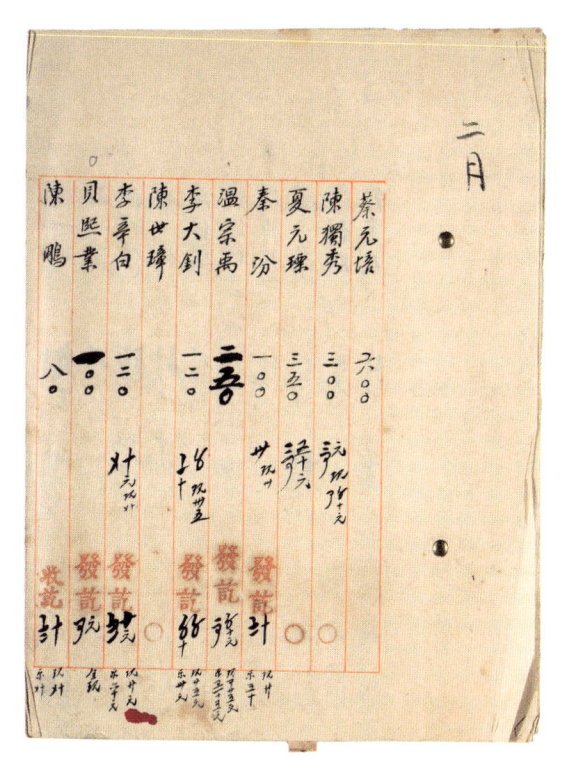

图3　《北京大学教员薪俸册》内页之三

　　那么原件收藏在何处呢？北京大学档案馆朋友的回复是：原来有这个材料，但被调走了。中国共产党早期北京革命活动纪念馆的领导说：我们馆里展览的是从北京新文化运动纪念馆复制来的。北京新文化运动纪念馆的藏品全部收藏在北京鲁迅博物馆，朋友回复说：馆藏的是复制品，原件藏哪里不清楚。国家博物馆的朋友回复亦是：馆藏的是复制件，并且只有4页；同时还告知"卡片上注明原件存文物博物馆研究所，但是这个单位没有查到"。网上查询，我发现了这样一条消息：2017年，北京大学校史研究室黄文一老师在回复《新文化史料》

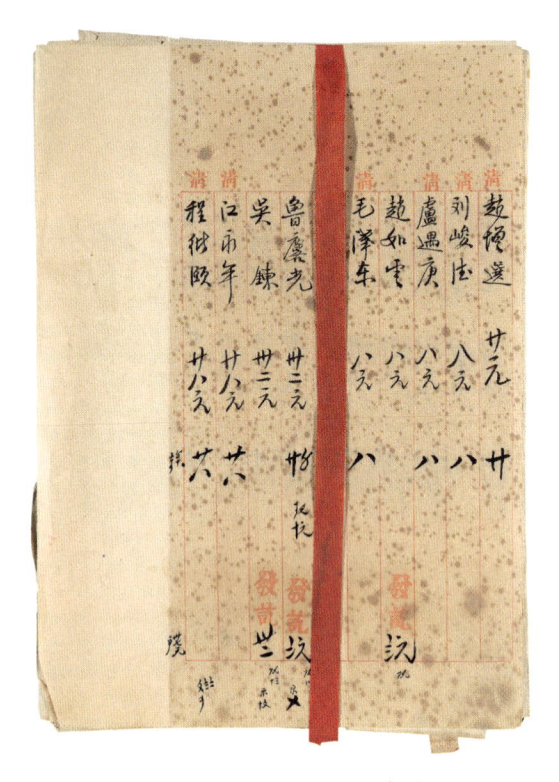

图4 《北京大学教员薪俸册》内页之四

编辑部的咨询函中说道："经查北大档案馆1918—1920年教职员薪俸发存根，未见毛泽东领取月薪的存根。据档案室负责同志记忆，约在解放初期，北京档案馆将这部分档案集中管理，我校只留北大教职员薪金底册（毛泽东八元）照片一张。"难道原件存在北京市档案馆？我立即联系了曾在北京市档案馆工作过的同学代为查询，很快收到回复，告知馆里藏有数册20世纪20—30年代的北京大学《薪金底册》，现已经属于开放档案，可以凭借身份证直接到馆查阅。还没等到我抽时间过去，北大红楼的工作人员便告知我：她们已经联系过北京市档案馆了，得到的信息是：他们那里所藏的《薪金底册》也是复制件。这彻底否定了原件藏在北京市档案馆的可能。

针对这件拍品是原件还是复制件或是赝品，一些图书馆、博物馆的专家也进行了讨论与论证。一些人认为：如果它是众人熟知的《薪金底册》，那应该是保存在某个图书馆或档案馆、博物馆里，不可能出现在社会上；也有人认为：这件拍品就是原件，但不知在何时、因何原因散失到了社会上；还有人认为：此件拍品的真伪还有待细细考证。鉴于意见不统一，多家图书馆、博物馆选择了放弃。

鉴于以上意见，我再次将《薪金底册》从库房调出，放在办公桌上一页一页地仔细查看与考证。最终得出的结论是：无论是从内容、纸张、墨迹、印章等哪个方面来看，这件拍品都不是仿制品，更不是赝品。因此，极有可能就是北京大学1918年1、2月份的《薪金底册》原件。同时我还认为，它之所以流失到社会上，极有可能是原收藏单位保管不善，不知何时，或许无意之间将它与其他需要报废处理的资料混在了一起，由此便流失到了社会上；几经碾转，最终出现在了古玩旧货市场上，被委托人发现并收入了囊中。而且，此类情况在我们的工作中曾经多次遇到，并非首次出现。

最终，《薪金底册》自5000元起拍，至255000元落槌，再加上佣金，以293250元的价位被一位在银行任职的李姓私人收藏家竞得。事后，我与李先生就此件拍品的真伪问题进行了交流。他明确表示：凭借自己多年的收藏经验，此件拍品应是真品无疑；并高兴地说，这是他多年来购买到的最好藏品之一。我试探性地问："您是否方便告诉我，您竞买这件拍品时的预算是多少？"他回答说："最初看图录时我就认准了这件拍品，预展中又查看了实物，初定的竞买预算是50万元；当然，如果在拍卖中遇到对手，我最高可以出到150万元。"听到此，我明白了，他这是志在必得啊！

今天，《薪金底册》虽然已经拍卖成交，但是，我认为有关它的研究与最终定论还没有完结，那就是这件拍品到底是不是最初存于北京大学档案馆里的原件？如果是，那它又是何时、因何原因、从什么地方流失到社会上的？如果不是，那原件现在到底存放在哪里？有人告诉我，国家博物馆所存复制件后面书写的"文物博物馆研究所"极有可能就是现在的北京市文物研究所。我不知那里是否存有《薪金底册》，如果有，那到底是原件呢，还是与其他馆藏一样，也是复制件呢？

这些谜，还有待一一破解。

2023年1月24日写于京南思溪斋

苏州两大"掠贩家"

王稼句

洪亮吉《北江诗话》卷三说："藏书家有数等，得一书必推求本原，是正缺失，是谓考订家，如钱少詹大昕、戴吉士震诸人是也；次则辨其板片，注其错讹，是谓校雠家，如卢学士文弨、翁阁学方纲诸人是也；次则搜采异本，上则补石室金匮之遗亡，下可备通人博士之浏览，是谓收藏家，如鄞县范氏之天一阁、钱唐吴氏之瓶花斋、昆山徐氏之传是楼诸家是也；次则第求精本，独嗜宋刻，作者之旨意纵未尽窥，而刻书之年月最所深悉，是谓赏鉴家，如吴门黄主事丕烈、邬镇鲍处士廷博诸人是也；又次则于旧家中落者，贱售其所藏，富室嗜书者，要求其善价，眼别真赝，心知古今，闽本蜀本，一不得欺，宋椠元椠，见而即识，是谓掠贩家，如吴门之钱景开、陶五柳，湖州之施汉英诸书估是也。"洪亮吉将藏书家的类型作了分别，评了等次，其中"掠贩家"列在最后，虽说是"藏书"，却是"为卖而藏"，甚而奇货可居，贱敛贵出。直到民国二年，郑孝胥作《徐积馀随庵勘书图》一首，依然是洪亮吉的想法，更将"掠贩家"诬枉了，诗云："乃若钱景开，陶氏五柳辈。湖州施汉英，巧掠仍贩卖。旧家有中落，贱取计必遂。富室苟好书，索价每十倍。其风斯下矣，掠贩诚逐利。""掠贩家"是一个群体，其中固然流品糅杂，但他们作为古籍流通的中介，所起的重要作用不可否定。

钱景开、陶五柳是清代苏州最有名的书贾，影响南北，并因诏修《四库全书》，在征集版本方面发挥了优长，做出了贡献，受到朝廷的重视。他们作为最典型的"掠贩家"，在藏书史上自然有一席之地。

钱景开（1735—1801），名时霁，字又作景凯，一字听默，祖籍湖州乌程，移居苏州，遂占籍长洲。他的父亲钱苍佩，在山塘开了一家书铺，号曰萃古斋，据潘祖荫《滂喜斋藏书记》卷一著录宋刻《续资治通鉴长编》蒋重光跋："甲寅又于虎丘萃古斋购得二十册，为玉峰徐司寇藏本。"甲寅是雍正十二年，可见那时已有萃古斋了。苍佩以精鉴版本闻名书林，经常出入扬州马曰琯、马曰璐兄弟小玲珑山馆的丛书楼，为其采购古刻名钞。李斗《扬州画舫录·新城北录（中）》说："钱苍佩，湖州乌程人，精别宋椠元板，寄业书贾，丛书楼中人也。"景开继承父业后，精研业务，继续与马家往来，吴骞《拜经楼诗话续编》说："余至吴门，恒与书林钱景开相周旋。景开往来维扬，游于玲珑山馆马氏，多识古今书籍，余尝拟之宋之陈起。"马家只是一个例子，他与各地藏家都保持业务关系。景开谙熟版本的程度，在当时是第一流的，顾广圻跋曹彬侯钞本《清河书画舫》："乾隆年间，滋兰堂主人朱文游三丈，白堤老书贾钱听默，皆甚重常熟派，能视装订签题根脚上字，便晓属某家某人之物矣。"故叶昌炽《藏书纪事诗》卷七咏钱景开云："不须刮目用金鎞，根脚题签望不迷。此调书林今绝响，空烦重访白公堤。"

乾隆三十八年（1773），钱景开三十九岁，在书林已是众所周知的专家，甚至上达天听。是年早春朝廷设四库全书处，高宗谕内阁传令各督抚购访遗书，限在半年内完成。三月二十九日有《寄谕两江总督高晋等于江浙迅速购访遗书》，其中说："又闻苏州有一种贾客，惟事收卖旧书，如山塘开铺之金姓者，乃专门世业、于古书存佚原委，颇能谙悉。又湖州向多贾客书船，平时在各处州县兑卖书籍，与藏书家往来最熟。其于某氏旧有某书，曾购某本，问之无不深知。如能向此等人善为咨询，详加物色，因而四处借钞，仍将原书迅速发还，谅无不踊跃从事。"高宗提到的"金姓者"，"金"或景开之"景"，高宗听汇报后误记了。闰三月二十日，高晋的奏折就来了，《两江总督高晋等奏续得各家书籍并进呈书目折》说：

> 并查知山塘书贾钱姓名金开，又城内书贾陶廷学，均系世业收买旧书。臣萨载传唤到署，率同两司面询。据称，铺内现有之

书，俱属通行书籍，其向曾板行而流传已少及无板行之钞本，从前间有收得，随时卖去。至昆山徐氏，旧有传是楼，藏书已经火毁。常熟钱氏之述古堂，系钱曾读书之所，今已辗转售易，书籍亦已散失。现在扬州马家之书，间有述古堂原本，系金开故父经手代买。至各家书目，尚可购觅，俟购得之日，内有应用何书，开出清单，金开等当代为访购。等语。查徐氏之传是楼，先因奉旨查访《永乐大典》剩本，行据苏州府孔传炯、松江府韩锡胙亲诣徐乾学之孙徐家梓、王鸿绪之孙王兴廉家，查无此书剩本禀复，并称徐氏旧日藏书之传是楼，已于雍正十二年焚毁。至钱氏之述古堂，臣萨载复委苏州府孔传炯亲诣常熟查访，据覆钱氏房屋委系早经售易，书籍散失。均与钱金开等所言无异。并据钱金开购得《述古堂书目》，又钱谦益家《绛云楼书目》前来。

图1 "白堤钱听默经眼"印

奏折中的"钱景开"写作"钱金开"，因皇上金口，不能改也。由此可见，景开为朝廷找书不遗余力，故《扬州画舫录·新城北录（中）》说："诏开四库馆，采访江南遗书，皆赖其选择。"

钱景开有一方朱文小印"白堤钱听默经眼"，那是他鉴定善本的权威识别。黄丕烈跋校宋本《周礼郑氏注》说："听默者姓钱，字景凯，住山塘，书贾中识古之人也。《天禄琳琅》云'白堤钱听默经眼'，即其钤于古书之图记也。"缪荃孙《艺风藏书续记》卷六也说："钱听默名时霁，号景开，苕估中最有名。其捺经眼印者，书必佳。"浏览所及，如他经手的宋刻本《尚书》、明钞本《李元宾文集》、明曹书仓钞本《司空表圣文集》、明景泰刻本《雪溪渔唱集》、旧钞本《曲阜集》、明钞本《滋溪文稿》、明嘉靖刻本《豫章黄先生集》、清写本《新定九域志》、明弘治刻本《石屏诗集》、旧写本《栲栳山人集》、元刻本《三国志文类》等，都钤有这方印记。

钱景开还校书、钞书、印书。黄丕烈《士礼居藏书题跋记》卷五著录校旧钞本《宝晋英光集》："枕庵有墨校宋本字，谓钱景凯得宋刊《山林集》，诗文不增多，而稍有字句异同处，景凯为余详校，注于书之眉。"傅增湘《藏园群书经眼录》卷二著录汲古阁本《说文解字》:"钱景开照麻沙宋本改(黄笔),黄丕烈照汲古阁原本校并批(蓝笔),半农老人笺阅《说文》栋参(朱墨笔),三者均是过录本。"又张元济《涵芬楼烬余书录·经部》著录明嘉靖刊本《周礼郑氏注》有钱景开跋:"(是书)流传尚多。庚子岁,余得宋本校注郑注《周礼》,内附释文,系巾箱小本。因取此本于邗上旅寓校雠一过。"景开萃古斋钞的书,有释文莹《玉壶清话》十卷、徐铉《徐骑省文集》三十卷、杨

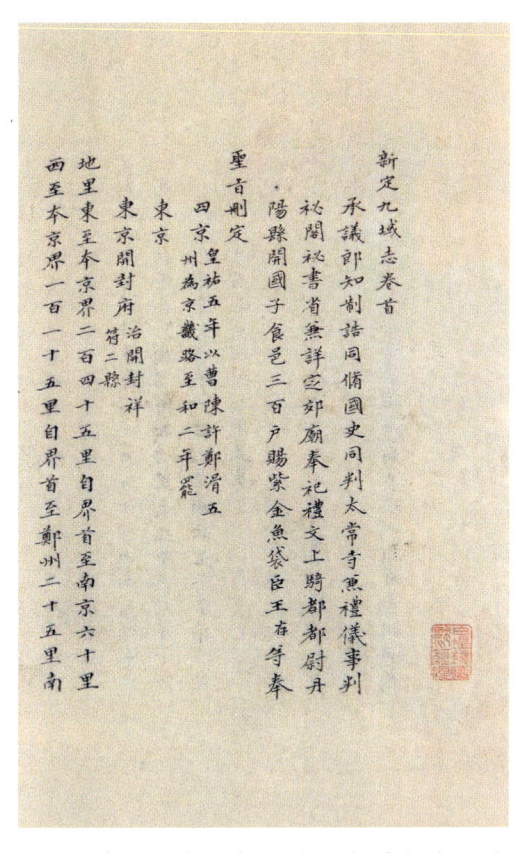

图2 美国国会图书馆藏抄本《新定九域志》书影

杰《无为集》十五卷、杨伯岩《六帖补》二十卷、洪迈《史记法语》八卷、陈均《皇朝编年备要》三十卷、王溥《五代会要》三十卷、李心传《建炎以来朝野杂记》甲集二十卷乙集二十卷、许叔微《类证普济本事方》十卷、徐达左《金兰集》三卷续集一卷、顾炎武《天下郡国利病书》一百二十卷等。萃古斋还曾用汲古阁原版重印元好问辑《中州集》十卷、《中州乐府》三卷首一卷。

钱景开与当时藏书大家无不往还,如吴骞、黄丕烈、顾广圻、钮树玉、严元照等。

黄丕烈与钱景开最稔熟,顾广圻作《百宋一廛赋》,黄自为之注,两次提及"钱听默"。黄跋中提到他就更多了,况且还有故事,如跋宋刻本《甲乙集》:"有顾某者,在席氏扫叶山房作伙,素不识古书,闻白堤钱听默在彼,急取是书相质。听默本老眼,性又直,曰:'此等宋板书,何待看耶!'顾某狂喜,即持银易归,并欲听默定价。听默估以

数金，顾某颇不惬意，以为宋板书天壤希有，我从未买过，今幸得之，非重直不肯售。遂居奇，虽欲索观，必亲自解包，一展卷而已，什袭藏之，直视此书为至宝矣。"云云。又跋宋本《渭南文集》："白堤钱听默，书友中巨擘也。其遗闻逸事有关于书籍者所得最多。尝谓余曰：'昔绛云楼未火之先，有白发老人自称放翁，示梦于汲古毛氏，谓我有集在绛云楼，曷假之。既寤，异其梦，遂向假归，而越日火发，放翁集得免于厄。'然不知为诗与文，且斯言亦不知果确否也。"

顾广圻多记钱景开之博闻多识，如跋校本《笠泽丛书》："二十年前，老书估钱听默尝告余曰：闻《吴宫辞》'大姑苏兮小长洲'，善本'大'作'火'，'小'作'沼'。顷从洪殿撰借其家藏旧钞本正如此，余尤多是正。"又跋知不足斋刻本《宝刻丛钞》："白堤有钱山人听默，实书贾中陈思之流，忆廿年前述此书南村手写者，首叶钤昆山叶文庄藏书图记，曾在白莲泾王姓家，近始散失，不知归何地。"又跋校本《集韵》："向闻书贾钱听默说，宋椠本在扬州汪某家。"跋校宋本《扬子法言》："闻钱景开云，宋椠为桐乡金德舆进呈。"

钮树玉从钱景开处知悉书林掌故，《钮非石日记》乾隆五十九年（1794）五月二十二日："舟泛虎丘，会书贾钱听默，云传是楼书大半归于明珠，而其家人安麓村所藏者亦多善本。"又八月二十七日："钱敬开来，云宋本《经典释文》经马氏进呈矣。尚有宋本《纪事本末》，宋《韩》《柳》集，有年谱。又云江郑堂言，曾在江西见王安石《新经》。"

严元照则记钱景开的风雅大度，《书春秋经传集解宋刻残本后》说："宋刻《左传》四卷，萃古斋主人钱景开所贻。景开名时霁，湖之书估也，寓于苏州，能诗，善鉴别宋元板刻并法帖书画。以此书贻我，畀以钱不受，亦称有雅尚者。"

钱坫与钱景开也有交往，王欣夫补正《藏书纪事诗》卷七"钱听默"条："欣夫近得钱坫为钱听默篆书联云：'水之江汉星之斗，凤在梧桐鹤在皋。'上款'上章岁嘉平月廿五日，为听默宗台大兄作于适适园之水阁'，下款一'坫'字。"钱坫字献之，嘉定人，乃钱大昕之侄，以书法闻名当时。

袁枚和钱景开的关系，却并非书缘，因两人都好作狭邪之游也。乾隆二十五年（1760），袁枚有《虎丘同钱景凯泛酒船》三首，诗云：

"五年不到阊闾城，箫鼓新添水面声。为待虎丘山月上，四更犹放酒船行。""榜人中有踏摇娘，曾侍吾家临汝郎。一种声清银字管，可怜吹散桂枝香（谓春圃与桂娘）。""霜灯悄悄夜归迟，折得夫容有所思。同是人间一池水，横塘从古泛西施。"袁枚戏称景开为"小姐班头"，钱泳《履园丛话·笑柄》说："吴门称妓女曰小姐，形之笔墨，或称校书，或称录事。有吴兴书客钱景开者，尝在虎丘半塘开书铺，能诗，尤好狭邪，花街柳巷，莫不经其品题甲乙，多有赠句，三十年来编为一集，名《梦云小稿》。尝曰：'苟有余资，必为付刻，可以纪吴中风俗之盛衰也。'袁简斋先生每至虎丘，辄邀景开为密友，命之曰'小姐班头'。一日，余在先生席上遇之，赠以诗云：'把酒挑情日又斜，酒酣就卧美人家。年年只学梁间燕，飞去飞来护落花。'先生见之，抵掌大笑曰：'此真小姐班头诗也。'"

乾隆五十九年（1794），钱景开六十寿辰，元和人殷如梅以一阕集句词为贺，《簇水·钱景开六十寿》曰："人在东郊，编蒲缉柳都成卷。琴书罗列，承欢笑、慈颜堪恋。又却初周花甲，昼永重帘卷。灞桥外、蕙香波暖。春满院。联棣萼、君家争胜，吟仙笑陪欢宴。东风未起，方费化工匀染。便好安排欢计，和气门楣满。愿岁岁、见柳丝清浅。"据所咏而言，并不提他的版本学养和贩书经历，却还是寻花问柳的情景。这样的书贾，自然是有意思的人物。

钱泳、严元照都说钱景开"能诗"，钱泳提到的《梦云小稿》，未见刊刻，所作都已散佚，惟袁枚编《续同人集·送行留别类》录存一首，《虎丘送简斋先生还武林》云："流光小别忽三年（戊申清明过余处），又赋归欤扫墓田。一棹水添桃叶渡，片帆风破绿杨烟。武林故地翻为客，元礼扁舟俨若仙。留取可中亭上月，待先生到启欢筵。"

钱景开卒于嘉庆六年（1801），享年六十七。缪荃孙《云自在龛随笔》卷四说："书林钱景开多识古今书籍，人尝拟之宋之陈起。其卒也，黄尧圃挽以诗云：'天禄琳琅传姓氏，虎丘风月孰平章。'次句指钱好狭邪游，一时有'名士牙行、士女领袖'之目。"黄丕烈的两句挽诗也是盖棺之论。

钱苍佩、景开的萃古斋在半塘，地近虎丘，景开死后，先是歇业，约一年后，景开之子在近渡僧桥的太子马头重新开业，规模也小了许多。黄丕烈跋宋咸平刊本《吴志》："犹忆白堤钱听默开萃古斋，此老素称识古，所见书多异本，故数年前常一再访之。今老且死矣，书肆又不在山塘，余足迹亦弗之及。乃其子因旧业未可废，此地又无他书肆，于春间始设此小摊。主人既未识书，火伴亦属盲目，而异书之得，仍由萃古斋来，余故特著之以纪其事。"顾广圻跋明嘉靖刻本《嘉祐集》："此前明郑端简家藏书，嘉庆壬戌，得于金阊萃古斋书坊中。"壬戌是嘉庆七年（1802）。据《浙江图书馆特藏书目乙编》著录，清初处顺堂翻元刻本《诗人玉屑》，有"虎丘太子马头萃古斋书坊发兑"之印。

至嘉道间，钱景开的孙子仍在经营旧书。胡尔荣《破铁网》卷上说："吴门书估钱姓者来，云是听默老人之孙，携示旧刻《白虎通德论》一匣、宋板《文苑英华辨证》八册、元刻《方舆胜览》残本（内缺三册），皆妙品也。"这时萃古斋应该还在，只是没有确凿的依据证明之。

陶五柳，即陶正祥、珠琳父子的五柳居。陶正祥（1732—1797），字庭学，号瑞庵，原籍湖州乌程，祖父始迁苏州。因家贫无以为养，以贩书为业，乾隆中设五柳居于郡庙前（今景德路），又于胥门设分号。珠琳字蕴辉，号琅玕，生卒年不可确考，约卒于嘉庆二十一年（1816）前。诸生。与父共同经营五柳居，后因为《四库全书》寻找版本有功，授两浙钱清场盐课大使，不久又重操旧业。

乾隆三十四年（1769）前，陶氏父子在京师琉璃厂又开设了一家五柳居。李文藻《琉璃厂书肆记》说："又西为五柳居陶氏，在路北，近来始开，而旧书甚多，与文粹堂皆每年购书于苏州，载船而来。五柳多璜川吴氏藏书，嘉定钱先生云：即吴企晋舍人家物也。其诸弟析产，所得书遂不能守。"又说："书肆中之晓事者，惟五柳之陶、文粹之谢，及韦也。韦，湖州人，陶、谢皆苏州人，其余不著何许人者，皆江西金溪人也。"正祥在琉璃厂久了，德高望重，钱仪吉《跋董用晦楹帖》记了他的一个侧影："董君，元镜名，用晦字，农阳老人其自号，汉军人。乾隆末为户部员外郎，年几七十矣。貌黑瘠，目近视，而笃嗜书，终岁寻诵，累置数百册几榻间，卷悉黯敝。同曹方议得失，遽驱车告归，曰：'吾忆某故实，归检书也。'笑而去。与宗室奉恩将军灵昭瓦痴、中丞鄂云布虚谷善，中丞亦善书，瓦痴工山水，笔意简秀。同时方茶山、孙渊如两先生亦与用晦游。有市书者陶、市印吴、市砚詹，虽贾，皆长者，皆七八十岁，渊翁为之作《三老传》者也，用晦往往在此三人舍中，谈笑阅视，日暮忘返。"这里提到的"市书者陶"，就是陶正祥。

朝廷诏修《四库全书》，以翰林院为藏书之所，分为三处，一是内府秘书，二是院藏《永乐大典》，三是各省采进民间藏书。在馆之臣，每天清晨入院，午后归寓，各以所阅某书应考某典，详列书目，然后到琉璃厂各书肆访之，所访书肆主要是五柳居和文粹堂。翁方纲《翁氏家事略记》说："在宝善亭，与同修程鱼门晋芳、姚姬川鼐、任幼植大椿诸人对案，详举所知，各开应考证之书目，是午携至琉璃厂书肆访查之。是时江浙书贾亦皆踊跃，遍征善本足资考订者，悉聚于五柳居、文粹堂诸坊舍，每日检有应用者，辄载满车以归家中。"

当时陶氏父子奔走两地，时在京师，时在苏州。后来因正祥年老体衰，实际经理五柳居的就是珠琳了，故苏州不时有他的身影，如钮树玉《钮非石日记》记乾隆六十年五月十八日："陶蕴辉见招，具舟虎丘，同坐周香严云有不全宋本李善注《文选》、惠半农校正《大学》。"

嘉庆二年（1797），陶正祥卒于京师，年六十六。孙星衍写了一篇《清故封修职郎两浙盐课大使陶君正祥墓碣铭》，介绍了这位书贾的行略："少聪慧，就傅读书，与同学生以默识角胜负，塾师异之。家贫无以为养，遂以儥书为业，与吴中名下士交接，闻见日广。久之，于书能知何书为宋元佳本，有谁氏刊本，版贮何所，谁氏本善且备，谁氏本删除本文若注，或舛误不可从。都中巨公宿学欲购异书者皆诣君，车彻满户外。会开四库全书馆，安徽提学朱君筠言于当道，属以搜访秘书，能称事焉。子珠琳由内廷三馆供事叙用，得两浙钱清场盐课大使，貤赠君如其官。君在官署逾年，教子廉俭，旋属引退，曰：'汝多疾而素餐，不如归儥书也。'君既家吴门，侨寓都下，贤士夫往来辐凑，广求故家书籍秘本历数十年。尝慕陈思之为《宝刻丛编》也，语予云：'恨不为一书，记所过目宋元明刊刻经传诸子各本卷帙、文字异同优劣，补书目家未备。惜今晚矣。'与人贸易书，不沾沾计利。所得书若值百金者，自以十金得之，止售十余金。自得之若十金者，售亦取余。其存之久者，则多取余，曰：'吾求赢余，以糊口耳，己好利，亦使购书者获其利。人之欲利，谁不如我。我专利而物滞不行，犹为失利也。'以是售书甚获利，朝之公卿，四方好学之士，无不知有五柳居主人者。"又说:"君年高,坐市肆,傲倪俗人。来售书者,问欲得何书,言不当则令他人应接,曰:'是欲为科举业,若新入词馆,欲得学堂书耳。'性任侠,曾经高淳湖,起蛟舟覆,君探窗出,奋力扪溺者周恤之。友张某者尝以白金四十两寄君处,权子母暴死,无家属,君访其中表偿之,使买地营葬。"正祥曾刻《汉魏丛书》、葛氏永怀堂《十三经》、《太玄经》、《抱朴子》、《古今名医汇粹》等。

陶正祥卒后,五柳居正式进入陶珠琳时代。

五柳居向有收购大家藏书的豪举,如李文藻《琉璃厂书肆记》记"五柳多璜川吴氏藏书",所收即吴县木渎吴氏璜川书屋之书,这还在正祥手里。珠琳接手后,继续收购大家藏书,如张元济跋《清绮斋书目》说,其六世祖海盐涉园清绮斋藏书富赡,"凡一千五百五十九部,册数有漏记者,不能知其详,仅所记者已一万有奇。甘泉乡人《曝书杂记》所称之宋板六一、山谷、淮海三《琴趣》,及公所据以覆刻之元板《王荆公诗注》,亦不见于目内。盖遗漏甚多,或为后此所收未及入目。然已有宋、元刊本五十余种,钞本二百九十余种,洵可云美富矣。涉园所藏,当嘉庆时为苏州书估陶氏五柳居捆载而去"。

黄丕烈与陶氏父子都有交往,嘉庆十年(1805)跋旧刻本《韩山人诗集》说:

> 吾吴中之鬻书者,皆由湖州而业于苏州,后遂占籍为苏人,其间最著者两家,曰钱、曰陶。钱景开、陶廷学皆能识古书,余皆及与之交。景开之后虽业书,而毫无所知;廷学之后则不专于业书,而书中之门径视廷学有过之无不及焉,此吾所以比诸陈道人也。岁甲子春,余友陶君蕴辉以父忧服阕,将就官赴都铨选,而廷学旧业有肆在琉璃厂,仍至彼做买卖,遇旧书时邮寄我。我之嗜好有佞宋癖,蕴辉颇知之,然吾不奇其遇宋刻而寄我,奇其非宋刻而亦寄我也。即如此《韩山人诗集》四册,无识者视之,直平平无奇耳,惟蕴辉以为去年所寄《陶情集》及此《韩集》,两人皆是乡人,尤可宝重,不远三千里而寄我,是其学识不可以书估视之矣,否则,公望姓名虽我家乡读书人亦问诸而不知者,何论书估耶?至于此书之善,尤余所独知。余向藏钞本,出于钱景

开手,已为甚秘,今复得此旧刻,且多续集与词,真明初人集之至善者也。因题数语于后,以著良友寄赠之惠云。他日蕴辉归,持此跋视之,当亦以予为知己。

陶珠琳更是深知黄丕烈的好尚,嘉庆八年(1803)黄丕烈跋宋本《参寥子诗集》:"余友陶君蕴辉,雅善识古,并稔知余之所好在古刻,昔余所收者,大半出其手。"珠琳为之找书的事,黄跋中屡屡可见,如乾隆五十六年(1791)跋《国语》:"适五柳居主人陶蕴辉思以《唐六典》易余所藏临陆敕先校本《国语》,爰复以陆校覆勘一过。"嘉庆十一年(1806)跋明钞本《蜀鉴》:"昨岁,五柳主人以残刻本见遗,缺首二卷,楮墨古雅,洵为旧刻。"嘉庆十二年(1807)跋北宋本《说苑》:"顷友人陶蕴辉以此宋刻《说苑》全本示余,谓是扬州贾人托其装潢而欲为他售者,渠许以重值为余购得。"同年跋影宋钞本《寒山拾得诗》:"余向收一精钞本,似与遵王藏本相类,当亦宋刻摹写者也,惜首尾略有残阙耳。后五柳主人自都中寄一本示余,楮墨古雅,甚为可爱,细视之,乃系外洋板刻,惜通体覆背俱用字纸,殊不耐观。"嘉庆十三年(1808)跋明刻本《圭斋文集》:"己巳二月寒食前一日,五柳陶君从都中寄示惠定宇先生家藏钞本,取对此刻,漫漶多同,缺失亦复如是,益见余所储者为善本矣。"嘉庆十五年(1810)跋宋监本《纂图重言重意互注毛诗》:"今岁夏初,五柳主人从都中归,携有全部宋刻本,行款正同,谓可借以影钞补全。"嘉庆十八年(1813)跋宋刻本《王右丞集》:"此宋刻《王右丞文集》十卷二册,顷余友陶蕴辉从都中寄来而得之者也。先是蕴辉在苏时,余与商榷古书,谓《读书敏求记》中物,须为我购之。今兹八月中旬,有人自北来者,寄我三种书,此本而外,尚有元刻《许丁卯集》及宋刻小字本《说文》。"又嘉庆二十一年(1816)跋宋旧钞本《淮南子》:"余收得宋刻系曹楝亭藏书,故五柳主人于扬州得之,以归余者也。"其中"故五柳主人"一句,则疑蕴辉已于此年之前去世了。

京师琉璃厂五柳居影响虽大,而苏州五柳居则是老店,或也可说是陶氏之"大本营"。郡庙前一家经营善本,顾客主要是学者和藏家,顾广圻跋校钞本《道藏目录》:"道光丁亥闰月,同吴有堂游城隍庙前,至陶五柳家,见架上有钞本此目,首列二序,似较秦刻为善,因取之，复检旧所校，并属有堂重勘焉。"丁亥是道光七年（1827），可见这家书铺还在。胥门的分号，则主要做"马头生意"，即科举类、实用类书籍，但偶也有善本，黄丕烈跋明本《避暑录话》："丙子三月二日，因祭埽祖茔自胥门归，道经五柳居书坊分店小憩焉。店中皆时书，以供马头生意者，惟柜外一二插架稍有旧者，遂从架上获此书，版仅《稗海》中刻耳。内有朱字校改处，及弁首一序，结尾一跋，皆潜夫笔。卷上朱字一行云'壬辰腊月初四日，用叶石君钞本勘'，其次行云'潜夫'，是可信也，遂携之归。主人在家中，不及问其火之价，谅不至视为奇货云。"丙子是嘉庆二十一年（1816）。

至于另一位"掠贩家"施汉英，所见记载不多，赵翼《瓯北集》卷二十八有《赠贩书施汉英》云："我昔初归有余俸，欲消永日借吟诵。汝从何处闻信来，满载古书压船重。我时有钱欲得书，汝时有书欲得钱。一见那愁两乖角，乘我所急高价悬。虽然宦橐为汝罄，插架亦满一万编。我今老懒罢书课，囊中钱亦无几个。愧汝犹认收藏家，捆载来时但空坐。"赵翼描摹了卖书者和买书者的各自心态，饶有兴味。

二〇二三年一月二十三日

新书快讯

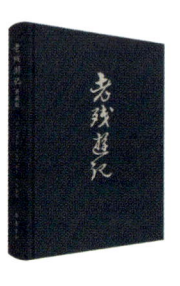

《老残游记》（典藏版）
〔清〕刘鹗 著 严薇青 校注
严民 整理
精装 32开 2024年1月出版
ISBN 978-7-5333-4784-0
定价：128.00元

《老残游记》是清末文学家刘鹗写的一部小说，被列为"晚清四大谴责小说"之一。该书写成于1906年，最初连载于《绣像小说》，后又连载于天津《日日新闻》。小说以一位走方郎中老残的游历为主线，对社会矛盾开掘很深，尤其是他在书中敢于直斥清官（清官中的酷吏）误国，清官害民，独具慧眼地指出清官的昏庸常常比贪官更甚。同时，小说在民族传统文化精华提炼、生活哲学及艺术、女性审美和平等、人物心理及景物描写等多方面皆达到了极其高超的境界。齐鲁书社1981年出版过严薇青校注本（此本1985年修订过），市场认可度很高。此次整理，以齐鲁书社1985年版为底本，参校他本，附录相关评点资料，布面精装，力争为广大读者提供一个阅读与典藏的优良版本。

柳亚子与吴江柳氏藏书

姚一鸣

大年初六，和书友小郑相约去福州路逛书店。新春期间福佑路等旧书市场都关闭，对于书虫来说无处可淘书，亦是有些无奈，所以当小郑提议去福州路逛旧书店时，我毫不犹豫地答应了。在福州路逛了上海旧书店、古籍书店、博古斋和新文化服务社等处，幸好这几家在同一幢楼里。新春期间的书店有些冷清，店内人不多，楼面上仅有寥寥几个读者。因是冲着淘旧书而去的，一楼至三楼走马看花，匆匆而过，直奔四楼博古斋和新文化服务社，那里果然有不少旧书刊，可惜许久未更新了。我们让营业员拿出锁在柜内的旧书刊，标价都比较高，在翻看时落了一地的纸屑。最后，小郑收获了《上海周报》《循环》《实业周报》等一批老期刊，不少是带创刊号的，可惜品相较差；我则买了《文艺月报》《世界文化》等。新春逛书店，也算是有点收获。

逛完几家书店，去了边上的吴宫大酒店喝杯咖啡。乘电梯至三楼，咖啡室也是空无一人。坐下后，小郑让我看了他年前收到的《世界》画报创刊号，这本晚清在法国巴黎出版的画报，是中国的第一份画报，由吴稚晖和张静江、李石曾一起创办，《世界》画报仅出两期，还出过一本增刊《近世界六十名人》。《世界》画报十分的珍稀，在拍场上曾拍出好几万的高价，能亲眼目睹，甚为有幸。小郑的《世界》画报创刊号全，还有第二期的封面封底。为第一期是否缺封底，我们也探讨了一下。

小郑顺便为我带来了一册《民权素》（1914年12月出版的第八集），封面是民初的女性形象，有旧派文学刊物的特色。《民权素》

1914年4月25日在上海创刊，刘铁冷、蒋著超主编，第二期开始由蒋著超一人主编，1916年4月出至第17集停刊，共出17集。《民权素》内容有名著、艺林（诗词）、游记、诗话、说海（小说）、谈丛（笔记）、剧评等，是鸳鸯蝴蝶派作家最初发表小说的主要刊物之一，也是民国早期比较有名的大型综合性文学刊物。《民权素》作者多名人以及原《民权报》的编辑和撰稿人，如康有为、唐才常、章太炎、邹容、戴天仇、于右任、柳亚子、杨了公、刘申叔、王壬秋、林琴南、孙仲容、钱基博、苏曼殊、周瘦鹃等。

后仔细一看，《民权素》封底有"吴江柳氏捐赠图书"章，封面还有"上海图书馆"的圆形图章，这不由得引起了我的兴趣。这个"吴江柳氏"究竟是谁？会不会是南社的柳亚子？他捐赠的图书怎么会流落于旧书肆？

柳亚子是江苏吴江黎里镇人，本名柳慰高，号亚子，中国近现代著名政治家、社会活动家、诗人，清末秀才，早期曾参加中国教育会，后入同盟会和光复会。1909年创办南社，并任南社主任，曾与宋庆龄、何香凝等从事抗日民主活动，他还曾任孙中山总统府秘书，中国国民党中央监察委员、上海通志馆馆长等职。1949年以民主人士身份参政议政，1958年因病在北京病逝。柳亚子著有《柳亚子自传年谱》《磨剑室诗词集》《磨剑室文集》《南社纪略》，编有《南社丛刻》《苏曼殊全集》《柳亚子文集》等。柳亚子一生以从政经历为主，但他同时又是一个文人，工旧体诗，尤其擅长七言律诗，后又和陈去病、高旭等发起组织了以"洗前代结社之弊，作海内文学之导师"为宗旨的南社，也是他最早提出改组南社为新南社的计划，使之成为清末民初有着广泛影响的文学社团。1927年以后，柳亚子当选为国民党江苏省党部委员，后在政坛上多经沉浮，显然已没有更多精力藏书，但他对于文化事业依旧积极参与。如在20世纪30年代初建立上海市通志馆并出任馆长，主持编撰《上海市通志》，出版了两本《上海研究资料》、四期《上海市通志馆期刊》和三部《上海市年鉴》。柳亚子还在抗日战争期间，在桂林从事南明文献研究，撰写完成了《羿楼旧藏南明史料书目提要》一百十七种。

柳亚子藏书，始于他的青年时期。他初以收集辛亥革命前倡导反清排满的刊物及乡邦文献为主，真正大量收藏图书则是在1918年："一九一八年，叔父去世，着我照顾他的家务。他家不住黎里，另外住在吴县的周庄镇，我常常来往两地。我还有一位姑母，是和我从小就最讲得来的，她住在同县的平望镇，我也常去望她。这时候，我还在搞南社，但搞得也有点厌了。后来社中起了内讧，我便辞去主任之职，洗手不干。此时我又在发狂的收买旧书，凡是吴江人的著作，从古时到近代，不论精粗好歹，一律收藏。这样，便花去了一万多块钱，还加上其他的挥霍，渐渐觉得有'床头金尽'的感慨起来。"（《柳亚子自传》）

李海珉《柳亚子与他的藏书楼》一文中曾记叙一件柳亚子淘书的趣事："在辛亥革命前夕，有一本杂志《湖北学生界》，是湖北留日学生在日本出版的。柳亚子缺了一期，发信给日本的留学生会，又发信给国内有关人士，希望补齐，可是没有结果。这件事惊动了许多人，不久有书商拿着那本杂志，认为奇货可居，找到柳亚子的好友沈昌眉，请沈转告。柳亚子得到消息，马上派出书童，以200元的价格买了回来。这犹如历史上的燕昭王，五百金买了一副马骨，结果千里马源源不断而来。柳亚子这一举动也感动了吴地的父老乡亲，大家纷纷把家里的藏本断编残简接连不断地拿来献给柳亚子。"（选自2014年07月03日《人民政协报》）

柳亚子是一位学者型的藏书家，他的藏书内容丰富多样："一是乡邦文献，凡是黎里人的著作，从古到今，不论精粗，一律收藏，后来扩大到吴江，又扩大到苏州地区。内容众多，有诗词、有文章、有书信、有笔记，也有小说，甚至连医药种植之书也尽加收集。为让乡邦文献流传后世，亚子先生可谓煞费苦心、千方百计。他知道家谱、族谱不仅可以研究家族变迁、人口繁衍，同时可以发现很多艺文资料，于是就向家乡邻里友好借阅谱籍，从中辑录了不少吴江文献。"（李海珉《藏书大家遗泽后世——亚子先生黎里藏书札记》）柳亚子藏书除辛亥革命前后的刊物、乡邦文献以外，还收集南明的文献史料，陈燮君、盛巽昌主编的《二十世纪图书馆与文化名人》（上海社会科学院出版社2004年版）一书中曾写道：

"1903年（清光绪二十九年），才十六岁的柳亚子已经读遍了家乡大量藏书,其中也包括当时风行的《新民丛报》和留学生所主编鼓吹革命的刊物等。同年,他就在黎里家乡,创办了《新黎里》(月刊),编写数万言的《中国灭亡小史》。这时他很欣赏龚自珍、梁启超的诗和论述,但更敬仰明末张煌言、夏完淳等志士的为人,就此在日本东京出版的《江苏》刊物上发表《郑成功传》和《磨剑室读书记》。他是近代中国第一个为郑成功作传鼓吹的人。"(《柳亚子:藏书全都捐献给国家》)

1939年11月上海已成孤岛,柳亚子带了全部南明文献史料离沪赴港,抵达香港后柳亚子将自己的书斋取名为"羿楼",以后羿射日自居。柳亚子在港潜心于南明史研究,曾在《大风》《笔谈》等杂志上发表相关文章。1941年12月8日,日军袭击香港,柳亚子在炮火纷飞中逃离了羿楼,于第二年6月到达桂林,他以为羿楼的南明史料已毁于战火,遂写下《追忆劫灰中的南明史料》《还忆劫灰中的南明史料》《续忆劫灰中的南明史料》三篇文章,表达失书之痛:"太平洋战事爆发,我仓皇渡海,一本书都没有带走。后来,港九沦陷,听说敌人占领了我的羿楼,作为他们什么报道部之类。又听说,把我的一切书籍和文件都烧掉了。"(柳亚子《还忆劫灰中的南明史料》)所幸的是,天津《大公报》记者王念枕在香港利用种种方式,设法保存了这批柳亚子藏的南明史料和研究手稿,直到1949年前后,王念枕将这批南明史料、手稿等悉数交还柳亚子,柳亚子激动地写下"文字因缘"表示感谢。

1950年秋,已居北京的柳亚子决定将全部藏书捐献,他将从家乡黎里带来的南明史料和南社相关图书,全部捐献给了北京图书馆,北京图书馆特设了柳亚子藏书室。柳亚子在写给其子柳无忌的信中提及:"在北京的书,我把后明史料、《南社文库》、《革命文库》,都捐给北京图书馆了。他们替我腾空了一间屋子,把这些书放着,算是我的特别研究室。我随时可以去看,非常满意。"

"1950年底,柳亚子又南下,在上海向陈毅市长提出:'要将自己在上海及吴江乡下的藏书全部捐献给政府,由国家来保存。'陈毅欣然同意,由上海文管会组建陈乃乾、尹石公等七人小组清点装箱,此间黎里藏书就有木箱300余只,内贮书籍四万四千余册,柳亚子往来信札400余包。其中各种版本图书、报刊由上海图书馆庋藏。在此同时,他又动员老友朱希祖之子朱偰，希望将朱希祖所藏南明史料捐与国家。朱偰遂将家藏南明史料最珍贵部分整理五大箱，交与柳亚子，全部捐献北京图书馆。柳亚子捐献的图书，在（20世纪）五、六十年代上海图书馆就作了整理，那些庋藏的大革命时期、土地革命时期的出版物，因其稀罕的文化价值，被厘定为一级藏品特藏。"（《柳亚子：藏书于己，献书于国》）

那么柳亚子捐献给上海图书馆的藏书究竟有哪些？是不是包含有《民权素》？柳亚子在上海通志馆的同事、著名的版本专家胡道静，曾写有一篇《柳亚子的沪寓藏书》。20世纪30年代中期，胡道静为通志馆编写《上海定期刊物》时，有幸得到柳亚子首肯，在柳亚子沪寓辣斐德路（今复兴中路）查阅翻看了柳氏庋藏的辛亥革命前后及五四时期的刊物，令胡道静大开眼界。胡道静在文中写道：

> 大约有半个月的时间，每天我就去柳公馆工作。……（柳公）把书橱的钥匙交了给我，要我自己启开书橱取书编目。这才知道，橱中所藏，尽是大量的成套（联号）期刊，从辛亥革命前夕起直到当代（三十年代）的各种进步期刊。两个星期把书橱里的期刊完全清点，编成草目以后，感觉到柳公的所藏有三多：一是辛亥革命前倡导民主革命和反清排满的刊物多。同盟会以及留学生在日本出版的这方面的刊物收藏得非常之多，像《民报》《浙江潮》《江苏》《河南》《湖北学生界》等，在上海出版的则有《女报》《二十世纪大舞台》以及柳公自己在上海举办的《复报》等，《复报》是中国同盟会的外围青年自治会的机关报，在沪编辑，邮寄日本东京印刷，印成运回上海发行。二是五四运动前后提倡新文化、新思想以及文学革命的刊物多。像《新青年》、《新潮》、《每周评论》、前期的《创造》等。国民党的《建设》（由孙中山亲自把舵的）、共产党的《向导》当然不会缺少。还有一个现象使我注意到了，就是商务印书馆出版的一系列期刊，像《东方杂志》《小说月报》《妇女杂志》《学生杂志》等，虽然早已创刊，而且到了（20世纪）三十年代也在持续出版，但柳公所收藏的，却只有这些刊物的"改革"后表现进步倾向的一段时期……三是第一次国内革命失败

以后革命文艺和革命文化接过战旗的刊物多，也就是说左翼文艺和文化的刊物多，像后期的《创造》《洪水》《南国周刊》《南国月刊》《奔流》《正路》《国际文化》等等。从"左联"成立后，联盟所领导的各个文化组织的刊物，几乎是没有缺少的。

看了这段记事，大家一定会问，过了50年，柳公这批期刊藏书现在在哪里呢？1950年10月，柳亚子从北京返回上海一次，小住半月，处理沪寓一切事务，因为此后北归将长久住在首都了。沪寓的藏书，包括期刊和图书，都捐献给了国家，由上海市文物管理委员会接收。后来，上海图书馆成立，文管会就把柳亚子所捐拨给了上海图书馆收藏。(《吴江文史资料 第九辑》，1989年出版)

从胡道静的叙述中，不难看出柳亚子收藏的晚清民国期刊是十分丰富的，这与他的政治倾向和个人兴趣爱好有关。胡道静文章写于20世纪80年代，是对上海通志馆老馆长的回忆，也是当年亲历的第一手材料，对于了解柳亚子的沪寓藏书是极有帮助的。不知上海图书馆在接收了柳亚子的这批捐献后，是否出过相关目录。想起上海文艺出版社20世纪60年代初影印过一批左翼文艺和文化的刊物，如《大众文艺》《正路》《世界文化》《流沙》《拓荒者》等，是不是依据柳亚子的收藏？

时间又过去了将近40年，偶得的这本有"吴江柳氏捐赠图书""上海图书馆"钤印的《民权素》，是不是就是柳亚子的捐献呢？从封底的印章来看应该是的。"吴江柳氏藏书"见得不多，查上海图书馆网站，有孟超著的《爱的映照》(原名《冲突》)，泰东图书局1930年2月出版，介绍中有"印有'柳亚子藏书''吴江柳氏捐赠图书'"的描述。相关钤有"吴江柳氏捐赠图书""柳亚子藏书"的书还有一些，那么《民权素》是柳亚子捐献的藏书无疑了。

对于吴江的柳氏藏书，邱睿在《吴江柳氏家族》一文中曾写道："清末光宣以来，柳氏家族的文学影响力在层累的基础上进一步扩大，实现这个目标的关键人物是柳亚子。柳亚子的曾祖母邱太夫人来自黎里望族邱氏，祖母凌太夫人来自莘塔望族凌氏，是吴江名士凌退修的姐姐，母亲来自吴江望族费氏，是名士费吉甫的女儿，其叔父的原配是凌退修的侄女、继配则为雪巷大族沈氏。家族联姻继续保证了柳亚子一代的家族文学影响力。……从明末迁居吴江，到七世柳树芳进入县志《文苑传》，柳氏的代际财富和文学层累在逐渐进行。柳氏在吴江一地与文学家族的婚姻联盟，让柳氏家族的文学影响力在地方上更加牢固。当家族人物柳亚子得风气之先，引领地域文学的发展与时代风潮相应和时，不仅巩固了家族的地域文学影响力，更将一个地域文学群体推向了时代文学的舞台中央。"（摘自《光明日报》）柳氏家族成为吴江地域文化的代表，其中柳亚子功不可没。

这本从书友手中所得的《民权素》，是柳亚子捐赠藏书，但怎么会流入旧书市场？一方面可能是图书馆对旧藏的常规性剔除，因为《民权素》只是一本旧派文艺刊物，似也并不入流；另一方面，笔者曾就此问题询问过小郑，他也不知《民权素》等确切的来历，他说一起从旧书贩子处买来的有一批，应该是经多次倒手了。只是以前听说过这样的一个故事：某国有大型图书馆，有一批别人捐赠的图书资料，经过挑选后剔出一大批，长年寄放在某学校地下室。后学校扩建，这批保存不善的书刊大多已破旧不堪，由于未入图书馆账户，再加上某图书馆也屡经迁移，不再认这批旧书刊，最后这批书刊资料被人处理掉了。据说这批旧书刊的数量相当大，买下的人也是运了好几天才运完，后来这批旧书刊流入了旧书市场。希望这只是个故事或传言，而不是事实。

新书快讯

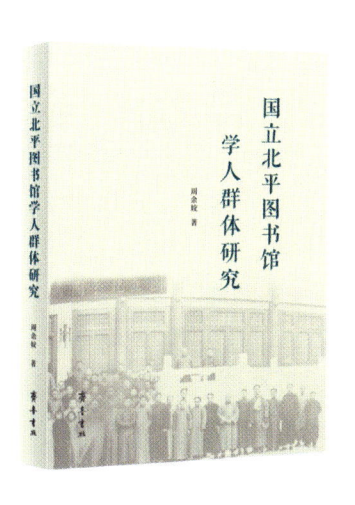

《国立北平图书馆学人群体研究》
周余姣 著
平装 32开 2023年7月出版
ISBN 978-7-5333-4745-1
定价：68.00元

民国时期国立北平图书馆有"中华文化之宝库，中外学术之重镇"之誉。自1909年到1949年间，从该馆走出来了一大批专家学者，形成了一个独特的学术群体，构建了一个世人瞩目的"精英思想世界"。本书上篇是综合研究，下篇是从古籍保护视角开展的专题研究。通过全面的研究与陈述，这一群体的学术贡献为世人所认知，学术形象亦更为丰满鲜明。

笃嗜古书的泉币学者庄恩泽

唐桂艳

庄恩泽（1884—1948），字湛岩，又作湛然、湛言，号厚甫。山东莒县庄氏家族第十四世孙。庄氏是山东旺族，明洪武年间由江苏东海迁至莒县大店（今属莒南县）。战争年代，这里是滨海解放区的军事、政治、经济和文化中心，庄氏庄园也成为山东省政府暨八路军一一五师司令部的驻扎地，刘少奇、罗荣桓、陈毅等都在此工作过、战斗过。

庄恩泽的父亲庄留，字汉侯，号小村，优廪生，鸿胪寺序班加五级，敕授文林郎。恩泽后出嗣庄畴，畴字寿田，号梅村，三品荫生，候选州判，分发广西试用，五品衔，诰授奉直大夫。恩泽清宣统三年（1911）廷试留学生，奖励举人，日本早稻田大学政经科毕业，1917年回国，从事教育事业，曾任山东省教育厅科长，1946年任莒县临时参议会参议长。

庄恩泽一生俸禄多用于收藏金石文物，以镜为例，就有汉代太山神人镜、驺氏镜、杨中羊镜、日光镜、太山镜、美羊家铸镜、南北朝雪月回文镜、水银镜等。他还藏有汉新莽钱范、隋大业五年田良海故妻铭砖，以及当时全国所见年代最早的火炮——元至正辛卯铜炮。他对钱币也颇有研究，是著名学者王献唐口中的山东省有名望的"泉币学"学者。庄恩泽的爱好是很广泛的，而他笃嗜古书这一点，较少有人知晓。

一、藏书雅好

目前笔者所见庄恩泽藏书有137部，另有抄本1部。这些书均有明显特征，这是他的藏书标志，也体现了他的藏书习惯。

（一）钤盖印章

钤章表明所有权，庄恩泽的藏书中均钤有其印章，所见有20余方："庄恩泽章"、"庄恩泽印"、"庄恩泽"（英文）、"庄恩泽藏书印"、"恩泽经眼"、"庄湛岩"、"湛岩"、"庄湛岩读过书"、"湛岩印信"、"湛岩所有"、"庄湛岩家藏"、"庄小兄印"、"城阳庄氏收藏"、"古城阳庄恩泽藏书印"、"寓目"、"泉缘阁"、"泉缘阁藏"等，其中"湛岩""庄恩泽印"各有两方不同形制的印章。清光绪二十九年（1903）上海文明书局铅印本《群学肄言》，英国斯宾塞尔撰，严复译，钤有"庄恩泽"，中英文印章，比较特别。

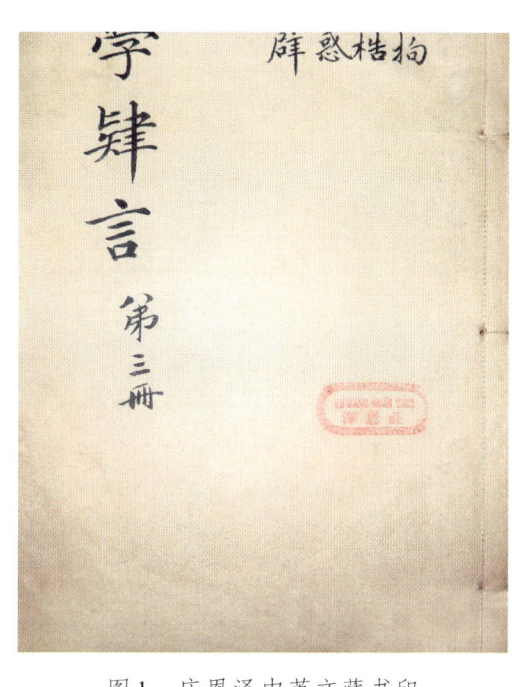

图1 庄恩泽中英文藏书印

（二）书衣题书名、卷次、内容

为方便阅读，对于很多大部头书，庄恩泽喜欢用墨笔在每册书衣题书名、卷次、内容简介，字迹工整，一丝不苟。如《楹联丛话》《说铃》《注解伤寒论》《伤寒明理论》《伤寒瘟疫条辩》《金匮玉函经二注》《吴郡名贤图传赞》《千甓亭砖录》《续录》《池北偶谈》《苏文忠公诗集》《樊榭山房全集》《小谟觞馆诗集文集诗续集文续集诗余》《居易录》《杜工部集》《义门读书记》《啸亭杂录》《李氏五种合刊》《渔洋山人精华录训纂》等。

（三）函套或书衣题识

庄恩泽喜欢在自己的藏书上"处处留痕"，函套、书衣上尤多，或题书名，或记购书、读书时间，或记版本、藏者、装订等信息。如《香祖笔记》函套题："湛岩珍玩。"《渔洋山人精华录》书衣署："己未闰七月题。"《隶辨》函套署："壬午季夏书嵓。"《书林清话》函套署："壬午五月廿八日。"《吉金所见录》函套题签署："壬戌仲春。"《校碑随笔》书衣题："湛岩藏本。"《曝书亭集》上函函套题签署："壬午季夏。"下函函套题："原板初印本。"《杞田集》函套题签署："壬午年端阳月念六日志。"《温飞卿诗集》函套题签署："癸未九月六日。"这些信息，提供了庄恩泽的藏书轨迹，据此，大体可捋出他的藏书纪事。

二、入藏与归属

从庄恩泽藏书的外部特征，可知其藏书的来源与去向。

(一)入藏

庄恩泽藏书渠道有三个，一是购买，二是获赠，三是手抄。

1. 购买

(1)自购于古肆

清都城琉璃厂留云居士刻本《明季稗史汇编》，在《烈皇小识》第八卷末有庄恩泽识："癸酉秋购此书于济南茹古斋。"知1933年秋购于济南茹古斋。茹古斋老板钱汝英绰号"钱眼子"，博山人。张景栻《济南书肆记》说："肆设辘轳把子街路南，门市房一间，而后座房屋院落颇宽广。专营古玩，兼及书画旧书。钱氏精于鉴别古器物，不识字而能望气审定书画之真赝，亦一奇人。"茹古斋在二十世纪五十年代初仍营业，但钱氏时已去世。

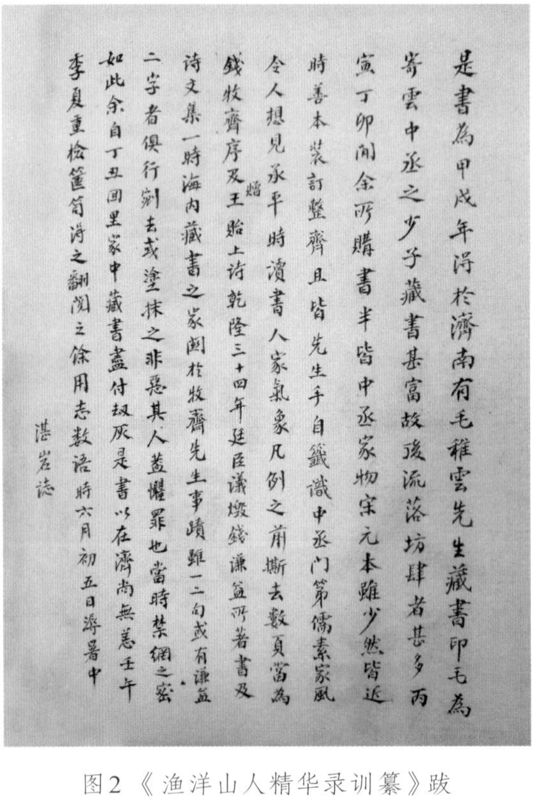
是書為甲戌年得於濟南有毛稚雲先生藏書印毛為
寄雲中丞之少子藏書甚富故後流落坊肆者甚多丙
寅丁卯間余所購書半皆中丞家物宋元本雖少然皆近
時善本裝訂整齊且皆先生手自籤識中丞門第儒素家風
令人想見承平時讀書人家氣象凡例之前撕去數頁當為
錢牧齋序及王貽上詩乾隆三十四年廷臣議燬錢謙益所著書及
詩文集一時海內藏書之家閱於牧齋先生事蹟雖一二句或有謙益
二字者俱行剷去或塗抹之非惡其人蓋懼罪也當時禁網之密
如此余自丁丑回里家中藏書盡付劫灰是書以在濟南無恙壬午
季夏重檢篋笥得之翻閱之餘用志數語時六月初五日溽暑中
湛岩誌

图2《渔洋山人精华录训纂》跋

清惠氏红豆斋刻本《渔洋山人精华录训纂》，系庄恩泽1934年购自坊肆者。此书系济南毛承霖家旧藏，有庄氏跋："是书为甲戌年得于济南，有毛稚云先生藏书印。毛为寄云中丞之少子，藏书甚富，故后流落坊肆者甚多，丙寅、丁卯间，余所购书半皆中丞家物。"丙寅、丁卯间，即1926—1927年间。稚云，即毛承霖，晚清名臣、两广总督毛鸿宾之子。在目前已知137部庄恩泽藏书中，有10部得自济南毛承霖。除了上述一部，其他9部为：清嘉庆二十四年（1819）李氏闻妙香室刻本《金石存》，清道光十三年（1833）粤东芸香堂刻本《史通削繁》，清同治八年（1869）浔阳万氏刻本《文选》，清光绪五年（1879）影宋刻本《管子》，清光绪七年（1881）张寿荣刻本《毛诗后笺》，清光绪八年（1882）钱塘汪氏仿秀野草堂刻本《温飞卿诗集》，清光绪十一年（1885）吴县朱氏刻本《金石三例续编》，清光绪刻本《东塾读书记》，清刻本《曝书亭集诗注》。

购于古肆的，还有清光绪刻本陈奂撰《诗毛氏传疏》，在卷一卷端上有庄氏眉批："辛酉九月二十七日购于古肆。"另有《楹联丛话》，第一册书衣题："壬戌正月十八日购于历下古肆。"

（2）托人代购

所知有托巩金亭代购者两部，一是癸未二月巩金亭代觅《千甓亭砖录》《续录》。一是巩金亭代购清刻本《隶释》，此书有庄氏癸未三月十日志："此书为巩金亭兄代购，云其乡吴氏藏书，故仲怡中丞家物。"吴仲怡中丞，即海丰吴重憙（1838—1918），字仲怡、仲饴、仲怿，号石莲，晚号石莲老人，室名石莲庵。吴式芬次子，潍县陈介祺婿。吴重憙藏书甚富，有《石莲庵藏书目》《海丰吴氏藏书目》，其中不乏宋元旧刊，写本尤多且精。

巩金亭，武定府人，1939年9月前任济南教育局局长，与庄氏同在教育部门，有交往。

（3）不知购书地

庄恩泽的藏书大多不知购于何地，如《吴郡名贤图传赞》《千甓亭砖录》均在书衣墨笔题："湛然购藏。"

尽管不明购书地，但有些书是有来源的，不少来自大藏书家。

曲阜孔继涵。庄恩泽藏清康熙刻本《施注苏诗》，钤有"孔继涵印""荭谷"，知原为孔氏收藏。继涵藏书数十万卷，于群经、子史、天文、历算无不博综。每见罕传之本，必手自抄录。官京师七年，所抄尤多。孔继涵收藏善本颇多，最著者为宋绍熙三年两浙东路茶盐司刊本

《礼记注疏》，即世称为三山黄唐本者。孔继涵藏书有流落在江西者，江西乐平市图书馆有若干部孔继涵藏书入选《国家珍贵古籍名录》。

诸城王玮庆。王玮庆（？—1842），字㴲唐，诸城人。其父王应垣（1755—1822），字紫庭，乾隆五十五年（1790）进士，嘉庆三年（1798）官榆林知县。玮庆为嘉庆十九年（1814）进士，庶吉士，历官吏部考功司主事、户部侍郎，著有《兰台奏议》《沈阳随扈纪程》《㴲唐诗集》《沧浪诗话补注》等。王玮庆的藏书存世的不多，所见仅3部。一是清钞本《国朝闺秀正始集》，二是清康熙间刻本徐乾学撰《憺园文集》，三是清康熙刻本仇兆鳌辑注《杜诗详注》。第三部为庄恩泽所得。

宛平查氏。查氏为父子二人，均在山东济宁。父查筠（1832—1898），历署中河通判、泉河通判、上南同知，诰授中议大夫，诰封通奉大夫。其第二子景绥（1866—1923），字孝先，号星阶，幼随宦济宁，熟于音韵训诂之学，长于诗。居恒留心掌故，于济宁轶事及河上变迁之迹，了如指掌。家藏古书画尤多。父子二人皆藏书。目前所见庄氏得自查氏者有两部。一是清康熙二十四年（1685）刻本《剑南诗钞》，二是清道光二十二年（1842）吴荣光刻自撰《筠清馆金石文字》。

另有来自陶良锦者，如清嘉庆十二年（1807）藤花榭刻本《说文解字》，函套题签有"陶良锦印"，《说文解字标目》下有"陶氏珍藏""陶良锦印""兰石"。陶氏为清同治光绪间人，字兰石。还有得自诸城王统照者，如清同治十二年（1873）西安马存心堂刻本《二曲全集》，钤有"王统照印""剑三"。

2. 赠与

庄恩泽的藏书中，有安丘赵孝陆赠者两部，一是清同治九年（1870）萃文堂刻本《昌黎先生集》，函套题签署："庚申季秋赵孝陆赠。"钤有"安邱赵氏模邕阁所藏"。赵氏此印不常见。庚申为1920年，季秋为农历九月。另一部是清光绪十四年（1888）上海扫叶山房刻本李兆洛辑《李氏五种合刊》，函套墨笔题："壬午端阳月廿六日志。赵孝陆赠。"壬午为1942年，端阳月为农历五月。赵录绩，字孝陆，安丘人。工词曲，酷嗜书，收藏甚富，藏书处为模邕阁。1942年6月9

日，著名学者王献唐在给屈万里的信中说："吾东自孝陆先生归道山，能真知版本者，已罕其人。"称其为"真知版本者"，评价甚高。

庄恩泽接受日照丁惟汾捐赠书有一部：民国十三年（1924）日照丁惟汾刻其父丁竹筠著《毛诗正韵》，书衣墨笔题："甲子夏四月鼎丞赠。"甲子为1924年。丁惟汾（1874—1954），字鼎丞、鼎臣，山东日照人。民国开国元勋。家学渊源，邃于古韵，著有《毛诗韵聿》《尔雅释名》《尔雅古音表》等书。其父丁以此（1846—1921），字竹筠，室名留余堂。早岁受乡人许瀚指导，治文字语言之学。著有《毛诗正韵》，丁惟汾1924年5月刻成于北平。此书刻成后，丁惟汾即赠庄恩泽。此时庄恩泽大约在济南，1923年夏季曾有短暂的绥远之行，秋八月回济。

3. 手抄

亲自动手抄录，也是庄恩泽藏书的一个渠道。所见其抄有臧应詹《伤寒论选注》。臧应詹（1697—1772后），字枚吉，堂号思远堂，清雍正乾隆年间山东诸城名医，"南臧北黄"的"臧"即臧应詹。他一生精于内外科及伤寒的研究，著有《伤寒论选注》《脉诀》《伤寒妇幼三科》《外科大成》《类方大全》等书。其中，《伤寒论选注》最为著名。此书汇集了他一生对伤寒之学的心得和感悟，具有较高的学术价值。但遗憾的是，此书一直未得刊刻，仅以抄本流传。目前所知有5个抄本，庄氏抄本为其一。

庄氏抄本书衣题"壬申小阳月订　庄湛然庄蔼如同抄"，知此本系庄恩泽与庄蔼如所抄，于1932年农历10月抄录完毕。庄蔼如详细资料不可考，庄氏十四世取字多"某如"，如庄陔兰字式如，所以，蔼如为字，应与庄恩泽为同族同辈兄弟。此本钤盖"庄恩泽藏书印"，通观全书，发现抄写字体一致，系一人所为，且与庄恩泽藏书中题跋字体相同，知抄书行为应为庄恩泽主导，由庄恩泽所抄，抄成后归属庄恩泽。故此本基本可认定为庄恩泽抄本。

此本外观精美，开本阔大，行格疏朗，楷书写就，字迹清晰，俊秀飘逸，庄恩泽时年四十有八，读书人抄书郑重其事，其认真态度可见一斑，也可看出庄氏对此书的重视。同时，比较5个抄本字句中的异同，可见庄氏校勘之精。作为名家名著无刻本的手抄本，庄氏抄本不仅保存稀见医籍，传承医学思想，还补充方剂，辨证医方，有自己独到见解,这无疑在臧氏《伤寒论选注》的流传与臧氏医学思想的弘扬中,有重要作用。

(二)归属

1951年,庄恩泽夫人庄丁德萱及长子庄孝倬(字伯立,号楚东),将恩泽一生收藏的古物悉数捐献山东省古代文物管理委员会。计古钱2569枚,金石46件,碑帖136种,石刻拓本200余种,书画4种,古籍15种。

古籍15种,相对于庄恩泽的藏书总量,实在是不多。目前仅见山东省图书馆藏138部,其他现不知藏在何处的图书尚未统计。这138部图书中,有99部是经成通纱厂入藏省图书馆的。成通纱厂由桓台苗海南于1932年在济南创办。1948年,时任纱厂同业公会会长的苗海南捐款5亿元为山东省图书馆购书370册。解放后,他任山东省副省长。他是一位实业家,也是一位收藏家,酷爱收集名人字画,专门雇请济宁李既陶为之购买掌眼。1951年苗海南将所藏清代康熙年间著名画家禹之鼎绘《柴门倚杖图》手卷(有陈奕禧题字),连同王士禛门生9人的诗文书法作品,一起捐赠给山东省古代文物管理委员会,后转入山东博物馆。此年,他也将部分古籍捐赠给省图书馆。

山东师范大学图书馆也藏有庄氏藏书,如清康熙三十八年(1699)顾氏秀野草堂刻本《昌黎先生诗集注》、清乾隆五年(1740)华亭姚氏松桂读书堂刻本《李义山诗集》,皆有庄恩泽录清朱彝尊等人评语。

庄恩泽藏书远不止这些,他在省城济南谋职时,寓东流水街,清光绪思贤讲舍刻清郭庆藩辑《庄子集释》,书衣墨笔题:"庄湛岩行箧书。时丙辰仲冬志于东流水寓所。"丙辰年为1916年,知此书为庄恩泽居济南东流水街寓所时行箧所带。庄恩泽在清惠氏红豆斋自刻本《渔洋山人精华录训纂》中有跋:"余自丁丑回里,家中藏书尽付劫灰,是书以在济南无恙。"知其藏书两地,家里的丁丑年毁。丁丑年即1937年,指日本侵华战争使其藏书被毁,而留在济南的则安然无恙。

三、为读而藏

以目前所见138部书考察,可知庄恩泽藏书内容广泛,经史子集无所不包,其中经部书27部,史部书39部,子部书21部,集部书39部,丛书12部。从各部数量看,史部书、集部书相对较多,史部中则以金石类为最多，集部中则以清代别集最多，相对较少的经部书中，诗类8部，四书类1部，小学类最多，有18部，可知庄氏藏书旨趣所在，即关注小学、金石、清代别集。庄恩泽还注重收藏山东人的著述，如王筠、翟云升、郝懿行、丁佛言的小学类书，赵明诚、初尚龄、段松苓、陈介祺的金石类书，王士禛、曹贞吉、张贞、赵执信的诗文集，这些山东名人的著述均在庄恩泽的收藏范围内。

从版本上看，庄恩泽藏书中没有明代的版本，清乾隆以前的刻本占四分之一，这个数量并不多。比较重要的书有《续金瓶梅》，此书题清紫阳道人编，湖上钓史评，实为诸城丁耀亢著，山东省图书馆藏书中有清抄本一部，系王献唐捐赠，有王献唐跋："旧钞续金瓶梅残本。庚午秋七月得于沛市茹古斋之乱书中。献唐记。"又："此书为诸城丁野鹤撰。前为本馆收一残册，今再以此册移赠，闻全书只莒邑庄氏有一本也。廿六年八月再记。"知庄氏藏有此书的全本，当是非常稀见的。此庄氏当指庄恩泽，因庄恩泽时在济南任职，与赵孝陆、王献唐等人有来往。

另有木活字本1部，四色套印本1部，大部分为清晚期刻本或民国铅印本、石印本，可知庄恩泽藏书并不注重文物性，而注重实用性。这可从其藏书中琳琅满目的标识窥见一斑。

（一）圈评与校勘

清惠氏红豆斋自刻本《渔洋山人精华录训纂》，有庄恩泽朱笔圈点，而清咸丰九年（1859）青箱塾刻本《有正味斋骈体文》，清宣统三年（1911）扫叶山房石印本《墨林今话》，清同治十三年（1874）刻本《小谟觞馆诗集文集诗续集文续集诗余》，上海文瑞楼铅印本《国朝汉学师承记》《经师经义目录》《宋学渊源记》，皆通篇朱笔圈点。

庄恩泽读书不仅有圈点，还有评论，如《墨林今话》卷九"山水草虫各四幅"中"张叔未解元廷济跋倪叔遗画"一条，眉上有庄氏墨笔批曰："倪叔卒于道光三年癸未，见张叔未题跋。"

庄恩泽在读书过程中，以众本校其藏本是经常之事，民国十三年（1924）上海聚珍仿宋印书局排印本《诗毛氏学》，清同治十三年（1874）刻本《小谟觞馆诗集文集诗续集文续集诗余》，眉上均有朱、墨笔校字。

清刻本《史通通释》的批校中，有"《拾补》云"者，有"顾千里云"者,有"一本"者,有"何云抄本"者,有"张之象本"者,有"何义门云"者。《拾补》当为卢文弨的《史通拾补》,顾千里即顾广圻,何义门即何焯,知庄恩泽校书中,所据校本至少有"一本""何云抄本""张之象本"三种,又兼采卢文弨的《史通拾补》及何焯、顾广圻校语。而清嘉庆十二年(1807)藤花榭刻本《说文解字》,庄氏校语中提到汲古阁本、丁少山校汲古本、番禺陈氏校刊本、阳湖孙星衍本、段玉裁注本、陈昌治本等诸本,又有王筠的《说文》相关著述,足见其所据校本之丰富。

《明季稗史汇编》批校最多,有改字、增字、删衍文、存疑、钩乙次序颠倒者等形式,也有注释或解释,如《烈皇小识》卷五第十三叶A面"山东民家垦地,得数颗古凤印,有明凤年号,盖小明王时年号也",将第一个"凤"改为"铜"字,将"明"改为"龙"字,并上批:"小明王卓号龙凤,此'明'字疑讹,且'古凤印'亦疑有讹字,'凤'或为'铜'字。"卷六第十八叶A面"十二月己卯正月兵陷济州",原"兵"字前为空格,上墨笔批曰:"虹隐楼本'囗'皆书'清'字,盖当时皆书'虏'字,故缺,以'囗'代之,后皆改'清'字。"

(二)过录与抄补

庄恩泽在读书过程中,随时过录他人有价值的批注、按语。如清康熙三十八年(1699)顾氏秀野草堂刻本《昌黎先生诗集注》,过录朱彝尊等批注。清光绪刻本《诗毛氏传疏》,过录王筠批校。清光绪三十一年(1905)仁和朱氏刻本《金石录》,过录钱坫校语及题跋。

庄恩泽在莱阳初尚龄著《吉金所见录》一书中所录他人识语最多,录刘喜海按语有数十处,系刘氏在其所藏翁方纲稿本《古泉汇考》上所订正之语,如卷一第一品"宝货"、卷六"汉伪品"中"次布九百",都是大段的过录,其中有不少为刘喜海的考证,如卷十二"南宋正品"末就抄录刘喜海对于宋钱的考证。其次为翁方纲、翁树培父子的识语,有十余处之多。也有王懿荣的题跋、按语,如卷十三"金正品"中"泰和重宝""泰和通宝"后录王懿荣对"至宁元宝"的考证。另录胡义赞、何梦华等人按语。

庄恩泽补抄《吉金所见录》最多,因为此书第一次刊刻是莱阳初氏古香书屋刻于清嘉庆二十四年(1819),后来在道光七年(1827)、二十一年(1841)先后补刻。庄氏收藏的此书为初刻本,缺少后来补刻的部分,所以,他在阅读此书时,依据后刻后印本补抄了相关内容,如卷八"六朝正品(隋)"中"隋文帝小五铢钱"后,补抄大篇幅内容,并署:"此两条乃后刻入,初印本无之,壬戌春二月初八日补抄,时正天阴欲雪,春寒料峭。"卷十四"明正品(钞)"中"大明铜钞"末补抄:"又明《通鉴纪事本末》云:'崇祯十二年(1639)十一月前庶吉士张居请行铜钞,从之。'此用铜钞之始,右钞禁例内谓己卯年改铸造,洵不诬也。"并识曰:"壬戌正月十八日借刘云浦新购刘燕庭藏初渭园手校本补钞。"知初尚龄有手校本,被刘喜海所得,后归刘云浦,庄氏据此补抄。

(三)题跋与识语

庄恩泽在读书、校书过程中,每有所得,即下按语,仅所见《吉金所见录》一书,即有识语23条。他在题跋与识语中,或鉴别,或考证,或评判,或述校书之勤、校书之苦、藏书之难,兼及藏书旧事。

如,庄恩泽在清康熙五十七年(1718)项氏玉渊堂刻清顾蔼吉撰《隶辨》上有识:"是书刊于康熙戊戌,板藏銮江群玉山房,乾隆庚申不戒于火,板尽毁,计刊自戊戌距庚申仅二十有三年,其间当事者颇珍秘是书,不轻发印,故流传甚少,而印本皆精好。后广陵黄氏重为翻刻,欲广其传,而精善不及原板,且有讹字,书贾每抽去后序,冀充赝鼎,识者恒鉴别之,用是原本益贵,购者弥难。是本得自济南,原本精印,可宝也。"初刻、初印、翻刻、作伪,原原本本,述刊刻史实甚是详明。

又如,1917年旧历八月十九日,庄恩泽借赵孝陆藏钱献之校本《金石录》,过录钱坫校语于自藏之仁和朱氏刻本之上。据庄氏跋语,可知其在八月十九日,刚刚手抄王筠校段氏《说文》结束,又借到赵孝陆氏藏钱献之校本,开始在济南东流水寓所过录钱校并校手头之本,当日即校完前十

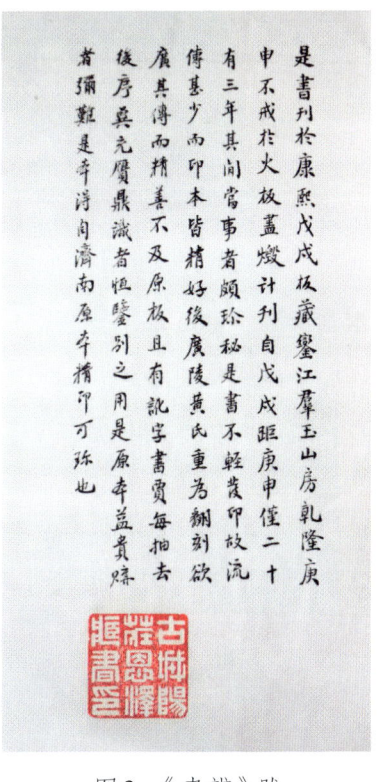

图3 《隶辨》跋

卷。八月二十日未刻校完十六卷，八月二十二日午正一刻校完二十卷，八月二十四日灯下校完二十六卷，八月二十五日校完全书，因内缺三页，复于二十六日夜半十二时手抄补足。七日之内，校完全书三十卷，录完钱坫所校语，可知其校书之勤。而"方苦头眩，勉强从事""时正苦头眩也""病中无俚""陶情养病"之语，时见笔端，可见其校书之苦。一部《隶释》，庄氏"觅之三十年，未获一善本"，体现其藏书之不易。

四、家族积淀

庄恩泽出身于收藏世家。早在乾隆年间，庄履中（字和庵）就"赋性朴拙，笃好诗书，至老不倦，尝手录经传以贻子孙，寿逾七十"。至近代，庄氏以收藏古物为主。十三世庄余珍酷爱金石，藏有汉平莒男子宋伯望地界碑、汉阳古镜、北齐武平元年乔洛祖造像、后周郎君长安造像等。十四世庄长泽（字庚西）藏有汉黄羊镜、魏晋永嘉砖砚。十四世庄厚泽藏魏晋正元砖、元大德七年犁范。十四世庄钰（1874—1893），字式如，号鞠侪，其斋号为两汉石斋，曾为浙江候补同知，藏平邑侯里麃孝禹刻石、汉熹平残石、汉赏明残石、民国十五年（1926）滕县出土汉画像刻石、"富乐未央，子孙益昌"汉砖、汉千秋瓦当、汉马字瓦当以及宋崇宁四年刘君墓碣。其中，汉河平三年（前26）八月丁亥的平邑侯里麃孝禹刻石最为有名。对于这块刻石，作为庄钰堂弟的庄恩泽有跋，云碑出费县平邑集，同治庚午（1870）泰州宫本昂（字子行）权泗水令，访得之。后归南海李山农观察（李宗岱），藏济南东流水李氏园。越五十年岁庚申（1920），此石归庄钰。庄钰长子维屏，字树庭，藏书最富，据抗战胜利后1946年9月"山东省汉奸逆产清理保管委员会保管组讫证"及"行政院山东青岛区敌伪产业处理局济南办事处接收逆产物品分类贴签"上所标书籍号，其藏书至少有187部。这样浓厚的家族收藏氛围，自然对庄恩泽有很大的影响。

庄恩泽的藏书亦得其外祖家支持，其外祖父为安丘县景芝东庄赵氏，或为赵葵畦。葵畦字荔浦，又字智如，光绪二十八年（1902）例贡生，官顺天府粮马通判，署涿州知州。笃嗜金石文字，搜集周秦汉魏六朝墨拓甚多，尤多旧本。葵畦有子二，长子赵录绩，字孝陆，藏书处为模罂阁。次子赵录绰，字孝孟，受业于胶州柯劭忞，任北京图书馆馆员，致力于目录版本及金石文字学。赵孝陆曾赠两部书与庄恩泽，上文已述。因为赵家藏书丰富，庄氏校书多从赵家得校本，如借赵孝陆藏王筠手批本《诗毛氏传疏》，过录王筠批者于书眉，借赵孝陆藏钱坫校本《金石录》，过录钱坫校语于自藏光绪本之上。

庄恩泽藏书得其夫人帮助者尤多。夫人赵孝德，亦来自安丘赵家，与赵孝陆同辈。赵孝德主要是帮助庄恩泽进行藏书的装订、修缮。如《千甓亭砖录》一书，"特此书虫蛀水湿，残缺不完，内子又手自补缀装订，竭十余日力，裨归完整，其快慰又何如耶"。因"虫蛀水湿，残缺不完"，赵孝德用了十多天"手自补缀装订""裨归完整"。又如《义门读书记》书衣题："戊辰中秋孝德重装。"夫妻二人有着共同的爱好，夫唱妇随，宝爱古书，颇令人艳羡。

五、德学兼修

庄恩泽藏书为读、为学，从而成就其为山东省民国时期一专门学者。

1937年7月5日，济南王湘岑致王献唐函："献唐兄大鉴：兹有内政部服务之友人调查下列二事：1. 本省富有声望之专门学者姓名、住址（与文献、考古、宗教、礼乐有关之学者）。2. 记载当地特殊风俗之书籍。嘱为转询，用特烦请吾兄赐示，以便转达为荷。敬颂公绥。弟王湘岑谨启。"此函上有墨笔书：赵孝陆（考古、文博），丁惟汾（小学、音韵），淳于鸿恩（经学），陈鹤侪（史地），丁稼民（史地），栾调甫（诸子学），庄湛炎（泉币学），黄西岳（金石），傅斯年（史地、考古），吴禹铭（考古），柯燕舲（金石），詹澄秋（音乐）。

按："庄湛炎"，应为"庄湛岩"。李勇慧女史考证此单为王献唐开列，则知在近代著名学者王献唐眼中，庄恩泽即为本省富有声望之专门学者，其专门之学为"泉币学"。1951年5月9日，王献唐致省古物管理委员会副主任王景宋函中说："亡友莒县庄湛岩先生，一生喜聚古钱，自周至清，已成统系。""在抗战以前，山东私人藏古泉，以彼为第一。"

庄恩泽不惟学问做得好，还热心公共文化事业，悉出所藏，积极参加当时的文物展示活动，以弘扬国粹，启迪民智。1933年11月，庄恩泽参加由省府秘书长张绍堂倡议的"山东金石书画物品展览会",翌年5月出版《山东金石书画展览会物品纪略》。1936年12月13日,山东省立图书馆的新藏书楼——奎虚书藏正式开幕。为配合开幕,图书馆特向济南市各收藏家征集所藏书画,在一楼阅览部办公室,举办书画展览。主持其事者,即庄恩泽与李既陶、辛铸九、孔云光、黄西岳、邢仲采诸先生。庄恩泽悉出所藏,有胶州高凤翰自题云烟过眼图横幅(纸本画像)、凤翰瘗鹤铭旧拓本(附高氏临本)、诸城焦礼堂女士隶书立幅(纸本)、曲阜桂馥隶书联(纸本)等。馆内另拟选辑楼中陈列精品,编印《奎虚书藏落成纪念金石书画集》,庄恩泽又与李既陶、黄西岳、关友声、辛铸九诸人,共任鉴定编辑事宜。其中所收金石钱币,即有庄氏之周错金燕节、曹公子戈、新莽十布等,皆属奇品。

  以此可知,庄恩泽德学兼修,情济天下,不吝所藏,将辛勤搜访的文物、古籍公之于众,嘉惠后人,是一位有情怀的学者、藏家。他的这种化私为公的精神,也感染了家人。在他去世后,其夫人与儿子,"愿以周衾及全部古钱捐归公,不求代价,只愿为庄湛岩作一生心血所聚在文化上之纪念"。

新书快讯

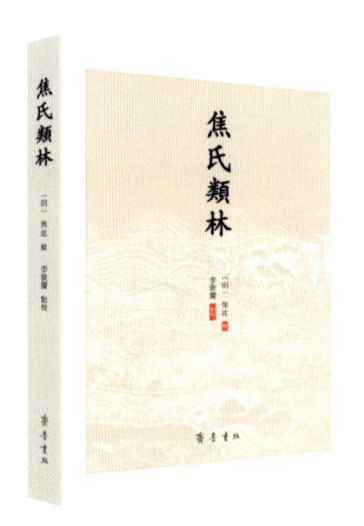

《焦氏类林》
〔明〕焦竑 辑 李敦庆 点校
平装 32开 2023年8月出版
ISBN 978-7-5333-4755-0
定价:78.00元

  《焦氏类林》八卷,明焦竑辑。本书广泛辑录先秦至明代各种文献资料,内容赅博,以类相从,分五十九个门类,举凡人物言行、典籍器具、冠服节序、山川地理、术艺技法等,无所不包,体现了焦竑学问淹贯驳杂的特点,是明代"世说体"笔记的重要代表作之一。本项目以国家图书馆藏《焦氏类林》为底本,以《粤雅堂丛书》本为对校本,参校以内阁文库藏八册本、《续修四库全书》本,标点准确,校勘精当,是学界考察焦竑其人,尤其是其知识框架建构的重要研究材料,对学界从资料选择、顺序编排、文本增删等编纂行为角度动态考察焦竑前期学术思想形成,具有颇大助益。

高桥智致杜泽逊答日本
尊经阁文库"学"字印

[日]高桥智

前记：1月3日凯里学院赵广升先生来信，问日本尊经阁文库藏孤本文献明任瀚《春坊集》二卷嘉靖二十四年（1545）陆体仁刻本天头钤"学"字隶书圆印为何人藏书印。附寄书影。余无以对，乃致函日本庆应大学高桥智教授请教。6日接高桥智教授回复，来龙去脉，原原本本，粲然俱备，曷胜钦佩！既转广升先生，复念同好或可一读，因荐之齐鲁书社《藏书家》编辑杨德乾先生。《藏书家》周晶先生创刊之初请顾廷龙先生题签，高桥智教授尝负笈沪上从顾先生问学，得其目录版本之传，今刊登来信，亦别有渊源也。1月7日杜泽逊记。

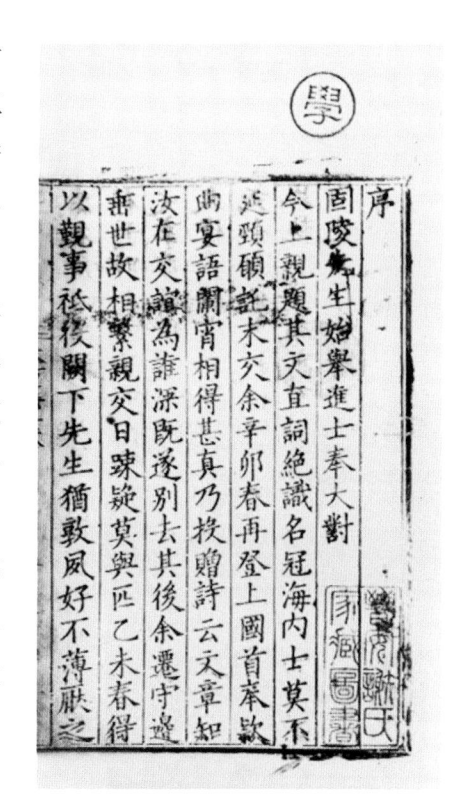

图1　钤"学"字印书页

杜教授：

您好。新年好！

教授的高足沈畅同学来信，准备在上海师范大学工作，很好。

教授问的藏印是尊经阁的藏印。他们的藏书都有此印。特别中国刻本是这样。尊经阁是江户时代著名的大名前田家收藏之所，其中国刻本是17世纪中期收集的。这部书是福建藏书家谢在杭旧藏，当时谢氏旧藏大量来日本，德川家等著名的大名竞争买他的旧藏。

"学"字印是前田家所在的金泽（现在的石川县金泽市），明治时代以后创立的学校的印。可能一时前田家的藏书寄托其学校里，当时被盖的东西。大名的藏书，明治时代，废藩置县政策下，多有这个情况。现在有的大名藏书在公共图书馆里，有的像前田家这样，由大名家自己创办的财团管理。因此，"学"字盖印古籍确是尊经阁前田家的藏书。他们收藏的明刻本应该是不错。明人明刻的东西多。看书有些麻烦是遗憾的事。

这样情况，我在此回答，教授请参考，谢谢。

高桥智　拜上
2023年1月6日

新书快讯

《鲍思陶文集》
鲍思陶 著
精装 32开 2023年10月出版
ISBN 978-7-5333-4761-1
定价：478.00元

本书是鲍思陶先生遗稿，共分为三类内容：第一类为学术研究，也是本书的主体内容。这一类书稿，除了《中国古典诗歌创作论》，多由教学讲义整理而成。第二类为古籍整理，以五种《酒经》为主体。第三类为学术类、文学类等文章，多已发表。本书基本代表了鲍思陶的学术思想及成果，尤其是学术研究，涵盖了古代语言学、文献学、天文学以及诗学等领域，功底扎实，涉猎广泛，具有较高的学术价值。

全书共分三册：第一册收联绵词研究、古汉语讲义，第二册收文化语言学讲义、中国古典文献学讲义、古代天文学讲疏、酒经五种注译、酒文化概说，第三册收中国古典诗歌创作论、得一斋文钞。

书话三题

韦 泱

冯雪峰《灵山歌》

时光如梭,今年值冯雪峰先生诞辰一百二十周年,这是现代诗坛上一位值得纪念的早期诗人。

冯雪峰给人们最大的印象,似乎不在诗歌上。但不可否认,他的人生道路最早是从写诗开始的。因为《湖畔》的出版,也有了"湖畔派"这一现代诗歌流派,这"湖畔诗社"的冯雪峰、应修人、汪静之、潘漠华四人,就在诗坛占了一席之地。

在中国现代诗歌史上,还没有谁像冯雪峰那样,以文化人的身份,活跃在政治舞台上。更没有一个诗人,有他那样诡异、跌宕的丰富经历。

冯雪峰(1903—1976)原名冯福春,浙江义乌人,笔名雪峰、画室等,1921年就读浙江第一师范学校,结识了潘漠华、汪静之等,并开始诗歌创作。第二年,他创作的《小诗》刊发在《诗》刊上。在游西湖时,又结识了应修人,四人合议出版诗集《湖畔》,后又合编了《春的歌集》。1925年到北京,借了潘漠华的"北大"旁听证去旁听。开始从事翻译,并认识鲁迅,在未名社的《未名》等刊物上发表文章。在"四一二"大屠杀的血腥中,他加入了中国共产党。因一部他翻译的书稿上,写有"献给为共产主义而牺牲的人们"而被捕。出狱后逃往上海,在鲁迅的指导下,筹备成立"中国左翼作家联盟"(简称"左联"),后任左联党团书记,并协助鲁迅编辑《萌芽》《前哨》等。

1936年4月从陕北又回到上海，住在鲁迅隔壁的地下室，每天与大先生彻夜相谈，使鲁迅知道了红军长征、遵义会议及建立抗日民族统一战线等情况。鲁迅知道他是代表党中央的，所以对他是"俯首甘为孺子牛"。直到10月鲁迅病逝，由他主持大先生的丧事，他与宋庆龄、蔡元培等商定的治丧委员会名单中，人们赫然看到了毛泽东的名字。

这就说到了冯雪峰与毛泽东的关系。早在20世纪20年代后期，毛泽东时在南方，看到冯雪峰的诗文，托别人转告，说他喜欢冯雪峰的诗，并希望他到南方来参加革命工作。1933年，冯雪峰到江西瑞金，任中共党校副校长，此刻毛泽东受到"左"倾机会主义者的排挤，情绪十分低落，冯雪峰却与他走得最近，两人一见如故。他似乎预测到毛泽东日后会力掌乾坤。有时见党校杀猪，就请毛泽东来会餐，有时口袋里有点小钱，两人也会一道下馆子，称兄道弟一顿胡侃，给毛解闷。又跟着毛泽东随大部队一起，参加了举世闻名的二万五千里长征。途中，毛多次跟他谈及已牺牲的夫人杨开慧，以及未成年的几个孩子。长征结束，受党中央派遣，冯雪峰秘密到上海工作。他到达后就寻机打探，终于在一户人家中找到了毛岸英和毛岸青，并派人把他们送到莫斯科学习。

皖南事变后，他在上饶集中营关了两年，受尽折磨，几近丧命，但他始终坚贞不屈。在狱中"最灰暗的日子里"，他重拾诗笔，数量超过十多年前在"湖畔"时的作品。毛泽东、陈云得知冯雪峰被关押在上饶后，电告重庆的周恩来、董必武设法营救。最后由宦乡等保释出来，一直在国统区做统战工作，后来又因特务伪造上饶集中营"集体脱党声明"，成了他无法说清的冤案。1943年出狱后，冯雪峰在重庆出版了第一本个人诗集《真实之歌》。过了三年，他在作家书屋出版了第二本诗集《灵山歌》。抗战胜利后的1946年9月，在上海印了"沪一版"。

图1　冯雪峰《灵山歌》书影

此书是六十四页的小册子，共十七首诗。作者在《序》中说明，灵山是"现代中国史上的圣迹的名胜"，但在初版时，为了避开检查，只得"隐瞒它的来历……现在把初版时的假托的'云山'改正为原有的灵山，我觉得是应该的。同时我还把它取来作集名，就因为我们对于不屈的英烈的哀念和敬慕，始终和我们一切更为真实的情感相联结着的缘故"。这个灵山，就是诗集中第一首诗《灵山歌》后的注释中写到的"在江西上饶境内，其雄伟挺拔之美，令人神往。又因这地带即为1928年后工农民主革命军方志敏部的战区，这山和方志敏之名更为当地人民所崇敬"。

抗战胜利后，冯雪峰坚持在上海从事地下工作，迎接上海解放。在上海第一届文代会上，被选为文联副主席（主席是夏衍），又与唐弢一起主编《文艺新地》，其实这两项都属虚职，不需要他操多少心。他另有一个头衔是"鲁迅著作编刊社社长"，主要精力放在鲁迅著作的编辑上，写作出版了《回忆鲁迅》和电影剧本《上饶集中营》。后来，他调往北京，担任了人民文学出版社社长。反右运动后期，这位从20世纪20年代开始就与鲁迅相识，鲁迅最服帖的学生和战友，却要自认反党，自认挑拨了党与鲁迅的关系，并被开除出党。他何其痛苦！"文革"中他拖着病躯，下放劳动，还想着要利用手头的资料，写一部研究鲁迅的著作，还要将几十年搜罗的太平天国史料，写一部长篇巨著。可是，他的身体状况已不容许他的想法一一实现。1976年1月，他没有等到文艺的春天来临，没有等到恢复他的党组织关系，就黯然长逝。

冯雪峰的诗，主要是年轻时的两个短暂时期。前期"湖畔派"的诗，是在1922年杭州读书的一年间写的，收在《湖畔》和《春的歌集》，共二十八首，是朱自清称许的"清新和缠绵的风格"。后期是1942年囚禁在上饶集中营时写的，全收在《真实之歌》中，共三十九

图2 冯雪峰木刻肖像

首诗，而《灵山歌》只是《真实之歌》的一个选本。这些在狱中写的诗，与早期的诗明显不同，变得"雄浑、深沉"，是他坚毅的人格的诗，诗人绿原说他"诗人和战士是一个神的两个化身"，却依然是继承"五四"新诗传统，是自由、浪漫和象征的作品，却又是不定型的，或称"雪峰型"也未必不可。不能因为他是革命家、理论家、鲁迅研究专家，而忽视了他的诗人身份。

我查看收藏的《灵山歌》，有时会想，怎么会淘得两本？有一本还是签过名的："意焕先生指教　雪峰　一九四六、十、八。"太珍贵了！

苏曼殊的才情

比起李叔同来，同样是才情横溢，同样是出家当和尚，苏曼殊要冷清许多。我手头有一套"曼殊小丛书"，是吴钧陶老师的旧藏，由广益书局初版于1929年，此为1933年4月续版，时希圣编，小丛书共七册，《曼殊小说》A、B、C三册，另有《曼殊诗文》《曼殊手札》《曼殊笔记》《曼殊轶事》各一册，均为六十四开本，可谓小巧玲珑，携带方便，是真正的口袋书。它们外面还加了一个黑色烫金的函套，十分精致。

在第一册《曼殊小说》A中，编者所写《曼殊小丛书弁言》指出："曼殊诗文画稿，当代人士如沈尹默、柳亚子等均有编纂，西译则仅梁社乾一种，即本局所出为世盛称之《断鸿零雁记》也。曼殊之文学地位，所以跻于最高，不能不归于《断鸿零雁记》创作之成功，然则其他诗词、笔记、手札之类，亦有可观者在焉。广益主人魏君，有继续《断鸿零雁记》并汇刊曼殊遗稿之动机，俾读者得观全豹，以作发扬光大之一助，爰将辑事见委。予惜曼殊之才而悲其遇，深表同情之感！乃广搜其遗著，旁及轶事，加以整理，计七册，盖以此书出版之后，他日风行，推为精本，则本丛书为不虚刊矣。"这段话，写出了此书的出版缘由及编者的想法。

接着，有胡寄尘的《曼殊小丛书序》，他说："曼殊以绝代才华，写为小说，极哀感顽艳之致，诗词短简，亦复高逸绝伦，而《断鸿零雁记》，尤多写身世之感。十年前，余以藏本与友人魏君炳荣谋刊行于世，此吾等一段文字因缘也。今魏君及时君希圣复搜罗曼殊他作，合刊小丛书，嘱序于余。余谓曼殊文字流传虽广，然多此一刻，亦不嫌其重复。至初刻《断鸿零雁记》之意，尤殷勤可念也！"

《断鸿零雁记》创作于1912年，当年5月至8月在《太平洋报》连载，1919年4月

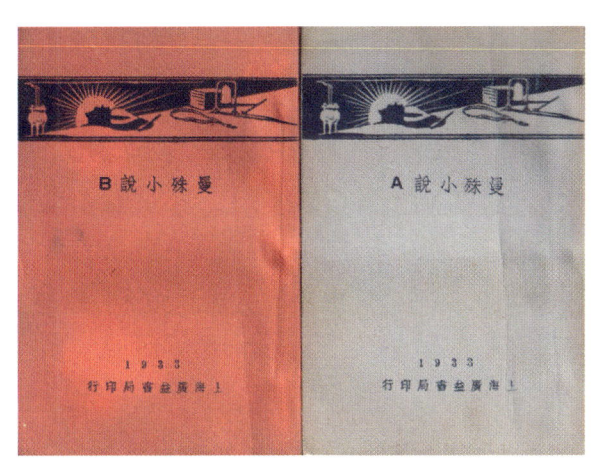

图3 《曼殊小丛书》书影

出版单行本，后由梁社乾译成英文，于1925年由商务印书馆出版。有多人在原版时写过序文，如胡寄尘、魏炳荣、时孟邻等七人，都一一收入。正如柳亚子在《关于〈断鸿零雁记〉》一文中所写："我以为曼殊这一部自叙的小说，和旁的小说有些不同，比如《少年维特之烦恼》，歌德只是表现他恋爱的一幕，而《断鸿零雁记》却是曼殊全本的自传。《儒林外史》上吴敬梓假名为杜少卿，而曼殊却直用三郎的真名，又用了河合的母姓，毫不讳饰。所以我对于书中的人物，以为都是写实和真名而并不是影射。"这就是说，柳亚子不相信外面的传言。看来，对于文学创作的对号入座，古已有之，不足为奇。

《断鸿零雁记》共二十七章，第一章开首写道："百越有金瓯山者，滨海之南，巍然矗立。每值天朗无云，山麓葱翠间，红瓦鳞鳞，隐约可辨，盖海云古刹在焉。"文字古雅且干净。小说以第一人称的写法，写少年三郎孤独、漂泊的生活，以及凄婉的爱情故事，通过这样一个人物的遭遇，来抨击扼杀年轻生命的封建礼教和世俗偏见。手法上是情节曲折，故事完整，描写简洁，又多吸收西方描写自然环境、人物心理等特色，颇具文学性、可读性，被誉为"民国初年第一部成功之作"。小说后来改编成多种剧本上演，具有积极的社会效应。

除了《断鸿零雁记》，小说还有《天涯红泪记》《绛纱记》《焚剑记》《碎簪记》《非梦记》。《曼殊诗文》则由《曼殊诗稿》和《曼殊文录》组成。诗稿开头部分，是他的译诗，如《哀希腊篇》等，以及创作的旧体诗词。他的诗风缠绵悱恻，千回百转，状物形象逼真，且诗中

有画，情景交融，郭沫若评说："苏曼殊的诗很清新。"文录主要是他的序跋。《曼殊笔记》是他的文章选编，主要是《岭海幽光录》《燕子龛随笔》《娑罗海滨遁迹记》。《曼殊手札》是他与文友的通信，如柳亚子、刘半农、马君武、叶楚伧等。《曼殊轶事》则是他的好友写与他交往的回忆，共五十四则，另有梁社乾撰写的《曼殊英文传略》，有柳亚子的《苏玄瑛传》和《苏玄瑛新传》。最后有个附录《苏绍琼女士轶事》，即华侨闺秀、苏曼殊的侄女传记。

苏曼殊（1884—1918）祖籍广东香山（今珠海市沥溪村），生于日本横滨，父亲苏杰生是赴日本的广东商人，娶日本人为妻。曼殊六岁返回故里，在沥溪就读于简氏宗祠，深得启蒙教师苏若泉先生的厚爱。后回日本读横滨大学、振武学校。回国后任教苏州吴中公学，1903年在广东惠州削发为僧。后到安徽公学执教，与陈独秀相遇，一起东渡日本省亲。南游暹罗、锡兰等国时勤习梵文。又到上海，参加《太平洋报》工作，计划与鲁迅等筹办《新生》杂志未果。他身世孤独，一生漂泊，半僧半俗，能诗善画，通晓日文、英文，为南社重要成员。鲜为人知的是，他亦属革命志士。早年与孙中山相识，一起在日本鼓吹革命。中华民国成立，孙中山任临时大总统于南京，曾力邀曼殊襄助，他却以身世有难言之隐，辞弗就职。他嗜酒如命，饮食无度。去世前一个月，还在给好友柳亚子的信中说：病卧半载，至今仍不能起立，日泻五六次，此疾盖受寒过重耳。其实，他患的是肠胃病（很可能是癌症），在上海广慈医院辞世，年仅三十五岁。临终留下"一切有情，都无挂碍"，让后人无尽感慨！柳亚子、柳无忌为他编了五卷本的《曼殊全集》。上海中央书店出版过《苏曼殊诗文集》，我手头的一册，已是民国三十七年（1948）五月第十次印刷本，可见这些珍贵的文学遗产，颇受读者欢迎。

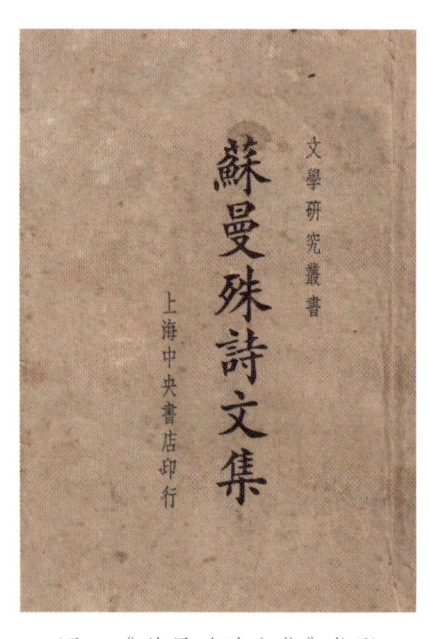

图4 《苏曼殊诗文集》书影

谁还识得韩侍桁

时光把许多当年赫赫有名的人物，冲刷得了无痕迹。有个韩侍桁，现在人们还记得他吗？我手上经常翻阅他的书，尤其是《文学评论集》和《十九世纪文学主潮》（四卷本），读着读着，让我陷入沉思。

先说《文学评论集》。此书由现代书局出版于1934年4月，印数两千册。共收评论文章二十篇，前面有作者的《序》，他写道："真实的文艺批评，对于中国文坛的重要性，我想这是无需申说的事实，而且也是我们文坛上普遍地在要求着

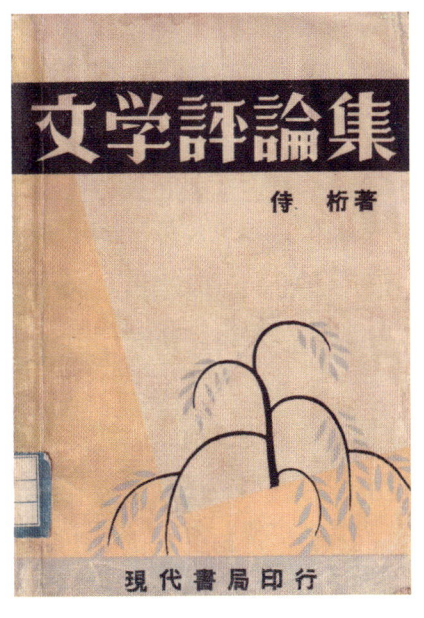

图5 《文学评论集》书影

的。但至今我们是没有像样的文艺批评；不流为谩骂，就是奉承。……造成这风气是极有害于批评界的。"韩序一针见血地指出了文艺批评存在的痼疾，时过九十年，联系当下现实，仍感觉此话似乎并没过时。

在全部二十篇文章中，作者所评论的范围十分广泛，有评论中国文学和外国文学的，有论述文艺理论观点和主义的，更有关于作家与作品的。比如第一篇《杂论中国文学》，开头即对《元曲选》的解析。他说："四十八本书终于一一地读完了。在回思中我检讨了元曲的思想、题材、形式以及词藻，我觉得它们给我们最大的利益是保存下一些未成熟的材料，而其本身不能算是完成的艺术的作品。"作者言别人所未言，是真正的一种文学批评。集中还有对沈从文、梁遇春、郁达夫、鲁迅等作家的评说，虽是个人所感，不能说句句正确，但有一说一，有二说二，没有市侩气、庸俗气，显示出作为一个真正文学评论家的胆识和勇气。面对谩骂和奉承的评论现状，作者说："我自问尚没有这种毛病，可是有时也不免过于偏激，如这里收集的对于沈从文先生的那文章，就是一个例吧……总之文艺批评在中国还是一片荒地，急需要真实的工作者的。"

·文津茶座·

韩侍桁（1908—1987）原名韩云浦，笔名侍桁、东声、索夫等。生于天津，从天津国文书院毕业后留学日本。1930年归国后到上海，参加"左联"，并加入当时的相关论战。在双方争执不休中，出来一个第三者，即后来被称作"第三种人"的，作者是赞同那位第三者论点的，所以他写了《论"第三种人"》，说"第三种人创作的第一意义是要具有艺术价值的作品，他们在根本上并不是反左翼的，他们也将像左翼作家同样地可以为求光明的人的群集，他们将观照中国的现状，或是给左翼斗争上以援助"。

前辈作家欧阳文彬跟我说起过韩侍桁，我就把这些真实的轶事如实写下来。20世纪40年代中期，欧阳文彬所在的桂林新知书店遭到破坏，换名亚美书店到重庆开业。经地下党联系，亚美书店经常作为地下党领导冯雪峰的秘密接头地。冯雪峰还让欧阳去他暂住的姚蓬子开的作家书屋，帮助代销书籍。欧阳觉得姚的名声不好，冯说：住在好朋友这里，不是更安全嘛！欧阳提出想学外语，冯雪峰就把另一好朋友韩侍桁介绍给她，说韩开文风书店，在中央通讯社任社长，还管图书杂志审查，他是"第三种人"，你只跟他学英文翻译，思想上不受他的影响。韩侍桁态度温和热情，不但认真施教，还把欧阳翻译的第一篇习作《虹》，拿到他主编的《文风》杂志上发表，给了欧阳不小的鼓励。1944年，有特务闻讯亚美书店出售进步书刊，派人勒令查封。冯雪峰知道后，当天晚上就带着韩侍桁来到书店，韩对着小特务，显出一副国民党高官的派头，说"这是我妹妹开的书店，有什么问题我来担保"。特务只得悻悻离去。

再说韩侍桁的评论。他曾说："我的文艺上的见解，只有两个人，因为我翻译他们的作品的关系，教育我的时间比较长，而对于我文字上与理论上的影响也就最大了。一个就是小泉八云，一个就是勃兰兑斯。"韩侍桁译过小泉的《文学的畸人》，这里说说他翻译的勃氏《十九世纪文学之主潮》。此书由丹麦作家乔治·勃兰兑斯撰著，由中山文化教育馆编辑，商务印书馆出版，1936年出版一、二册，即第一册《移民文学》和第二册《德国的浪漫派》，1939年出版第三册《法国的文学的反动》和第四册《英国的自然主义》，第五、第六册因故未能出版。抗战胜利后，韩侍桁将创办的国际文化服务社转到上海续办。

他把此书中的相关内容抽出单独成书，如《拜伦评传》《海涅评传》《法国作家评传》等，在国际文化服务社陆续出版。韩侍桁的这部译著，是我国五四以后首次完整译成中文的西方文学史巨著，为中国读者了解西方文学打开了一扇亮窗。译者认为此书有两个特点：首先，它把初期的民主主义的精神输进到文艺园地里来，并以此为衡量文艺价值的标准；其次，它不把批评作为学究的说教，而造成为有机的活的艺术。

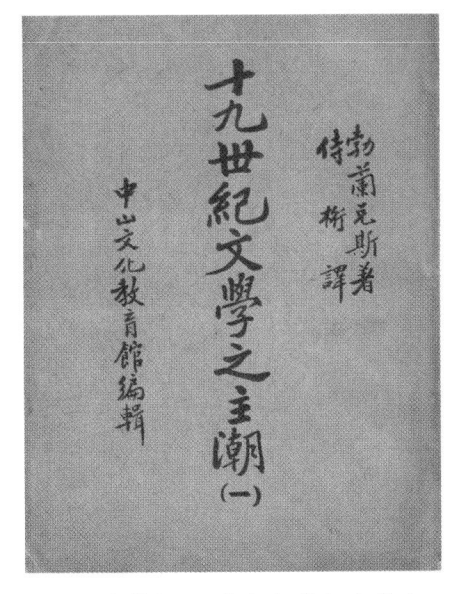

图6　韩侍桁译《十九世纪文学之主潮》书影

关于此书，还有一个小插曲。我在旧书店里淘得此书，见扉页上有"吴青云一九六六、一月六日于沪"的字样，吴青云不就是上海新文化服务社吴经理嘛。于是，我在逛这家旧书店时，把此书带上准备"物归原主"。吴老一看，顿时激动不已，提笔在书的最后一页上写道："本书为寒斋旧藏，'六六'大破四旧，以封资修查抄而去。不意四十年后，老友伟强先生购于文庙书市送来，意欲合璧还珠，盛情可感。我已年长垂垂老矣，无力阅读，还请先生带回留为永恒纪念吧。物聚散无常，惟先生古道热肠，殊令人钦佩感激。"吴老是我相识且敬重的旧书店"老法师"，我曾经写过他的文章，此书却被疏漏了，现补叙于兹，亦书坛佳话也。

回到韩侍桁。除了《文学评论集》与翻译小泉八云和勃兰兑斯的著作，他还出版了评论集《参差集》《浅见集》等，翻译上还有《近代的文艺论集》《西洋文艺论集》，现代日本长篇小说《铁甲列车》，美国霍桑长篇小说《红字》，俄国列夫·托尔斯泰长篇小说《哥萨克人》等几十部译著。他对自己的文艺评论或译作，都有相当的要求。他说："我时时刻刻在要求着使用自己的笔，写出自己的所想，自己的所见，自己的感觉。（成为）不为时代潮流所左右，为批评而批评的作家。"

上海解放后，国际文化服务社与上海杂志公司、文化工作社、文光书店、棠棣出版社共五家私营出版社，于1953年成立上海文艺联合出版社，由韩侍桁任总编辑，地址位于上海园明圆路一六九号，到1956年公私合营最后一年，它并入新文艺出版社（上海文艺出版社前身），完成了历史使命。之后，韩侍桁一度到山东任教齐鲁大学外语系。后回到上海，进了草婴主持的上海编译所，后转入上海译文出版社任外文编辑。1987年五月因病去世，享年七十九岁。上海文艺界为他举行了追悼会，以纪念这位中国翻译工作者协会名誉理事、中国作家协会会员，学贯中西、著译等身的文学前辈。

好书推荐

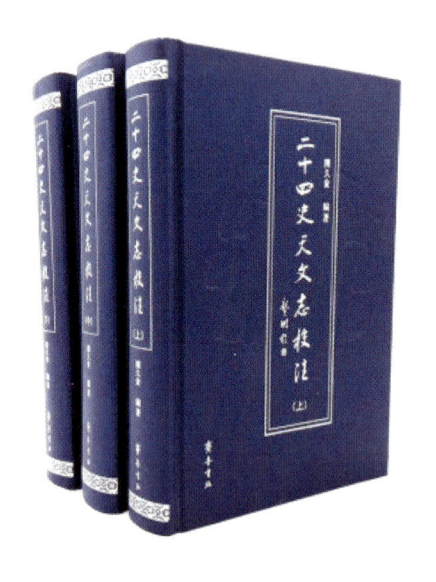

《二十四史天文志校注》
陈久金　编著
精装　32开　2021年12月出版
ISBN 978-7-5333-4542-6
定价：390.00元

　　本书荣获第八届中华优秀出版物奖图书奖。

　　中国古代天文学不仅是现代天文学的基础，而且与古代王朝历史紧密关联。天文学在中国古代称"历象之学"，为中国古代自然科学四门显学（农、医、天、算）之一，是中国传统文化的重要部分，拥有深厚的历史渊源、丰富的文献史料，取得了卓越成就，同时在我国古代正史系统"二十四史"中，从《史记》开始，有十七部断代史列有天文学方面的专志，形成了以历法、天象观测为中心的完整而富有特色的天文学体系。这些天文学史料在中国历史上负有特殊使命，即在"天人合一"哲学思想的统领下，对中国古代王朝的政治、军事、宗教、礼仪系统都产生了举足轻重的作用。

　　有鉴于此，针对目前我国天文学系统史料整理方面的空白，本书将我国古代天文志加以校正、注解，以"二十四史"中的天文类志书为基本研究对象，在中华书局《历代天文律历等志汇编》基础上，借助于近百年来国内外天文学研究成果，从天文学角度对这些史料进行注解，既辨正原有整理成果的失误，又对天象记载史料加以梳理、解释、补充，为天文学相关领域的科学研究提供了一部具有很高参考借鉴价值的古籍学术整理研究之集成性著作。

艰难守护，化身千百
——瞿启甲与铁琴铜剑楼

韦 力

铁琴铜剑楼为中国晚清四大藏书楼之一，瞿启甲是该楼的第四代楼主，此楼所藏之书的遭遇，也跟随着中国近现代的波谲云诡而为之起起伏伏。

瞿启甲的父辈赶上了太平天国战乱，铁琴铜剑楼所藏受到了不小的损

图1 铁琴铜剑楼门额

失。咸丰十年（1860），太平军攻破清军的南北大营，忠王李秀成率军占领苏州，第三代铁琴铜剑楼主人瞿秉渊、瞿秉清兄弟把楼中所藏珍本分藏在乡下不同的地方，这个过程中几经辗转，楼中藏书损失不少，直到同治二年（1863）四月，太平军撤出常熟，藏书方运回楼中。在这场战争中，瞿氏兄弟为了保存铁琴铜剑楼藏书，先后七次大搬移，同治五年（1866）秋，瞿秉渊、瞿秉清兄弟请画家绘成《虹月归来图》，以此纪念家中藏书安然返回。此图经过多位名家题跋，也成了书界名物。

·天禄寻踪·

铁琴铜剑楼所藏传到瞿启甲手中的过程，也颇多劫难，张鸿所撰《常熟瞿君墓志铭》中称："清季端方开府两江，假枢府意，讽献书阙下，饵君以京卿，君不之动。长洲叶昌炽劝影钞百种以进，其事始寝。"

端方打铁琴铜剑楼藏书的主意，跟陆心源的皕宋楼藏书被日本人买去有直接关系。陆心源之子陆树藩因为经商失败需要偿还所欠款项，故欲出售皕宋楼藏书，然遍寻国内名家竟然无人出价，后来这批书经过岛田翰介绍，最终卖到日本，进入了著名

图2　瞿启甲小影

的静嘉堂文库。两江总督端方闻听此事，决定阻止善本外流，经过一番运作，他命缪荃孙在光绪三十三年（1907）买下了丁氏八千卷楼的藏书，而后建成了江南图书馆。

图3　铁琴铜剑楼院落

皕宋楼和八千卷楼均为晚清四大藏书楼之一，端方在买下八千卷楼后，下一个目标就是购买铁琴铜剑楼藏书。当时日本人也在觊觎这批书，岛田翰在《皕宋楼藏书源流考》中写道："今苕上燔矣，罟里亦求售矣。""罟里"是铁琴铜剑楼所在之地，岛田翰听说此楼也有出售之意，这个消息又令其蠢蠢欲动，端方闻信后，想抢在日本人之前拿下铁琴铜剑楼之书。

事实是，铁琴铜剑楼要出售藏书其实是误传，瞿启甲并无售书的想法。光绪三十四年（1908），端方跟瞿启甲商量买书之事，瞿启甲没有答应。而后端方通过叶昌炽来做瞿启甲的工作，端方给叶发密电，叶将此事载入了日记中：

> 启函则转递午帅一密电，洋洋数百言，为铁琴铜剑楼藏书，宗子戴、曾孟朴先后往，不能得要领。又闻良士来苏，以为就不佞商榷，恐更生阻力，为此先发制人之计，其言咄咄可畏，作作有芒。不佞度陇归来，未尝重叩琅嬛，良士之来在二十日，舟中相见在廿二日，而宁垣已如烛照，不惟有伥，且有谍矣。此电宁垣今晨拍发，而当夜即到渎川，可谓神速。不佞空山一老，何敢与制府抗。苏章借故人，以立威流为于禁，源怀文章道义之交，亦安足恃，敢不惟命是听。允即日作函招良士，并就灯下详悉作一书告朱观察，请先行转达。巧偷豪夺，出于岩岩具瞻之臣，尚言立宪哉。

函中的午帅即端方，因为其字午桥。那个时期，张之洞也想把铁琴铜剑楼藏书买下，将其归为京师图书馆。端方听说瞿启甲将去苏州，所以给身在苏州的叶昌炽发电报，请他做说服工作。但叶本人对端方的所为有看法，认为端方的购买方式近似于巧取豪夺，所以叶在给端方所回的电报中，反而劝对方放弃购买瞿家之书。后来叶见到端方时，再次强调自己的主张。叶昌炽在日记中又写道："得瞿良士函，传示浭阳尚书致虞山绅士一电云'瞿氏书籍归公，俟帝室图书馆成立，当赞成。与学部诸君同阅，欢喜赞叹，莫可名言。图书馆在静业湖上，月内即可入奏，先此电谢'云云。此真强硬手段也。虞山诸公揖让而成之，非鄙人所敢与闻。"

端方的强硬手段确实有些效果,曹培根先生在其专著《瞿氏铁琴铜剑楼研究》中说道:"《京师图书馆档案》载,宣统三年(1911)三月,京师图书馆监督缪荃孙奉旨回江南,催瞿氏进呈书。五月,缪荃孙回京,带上瞿氏书50种。其中,抄本37种、元明清刊本13种。宣统三年八月十九日,辛亥革命爆发,清帝退位。瞿启甲担心藏书遭损将宝藏移置上海,未久又返回故居。"

此事由于溥仪退位而告一段落,但接下来瞿启甲仍然麻烦不断。民国十三年(1924)齐、卢军阀混战,瞿启甲担忧楼书由此被毁,多次跟当地藏书家徐兆玮商议将藏书转到安全之地。瞿启甲在写给徐的信中谈到了因战争而产生的恐惧:"近日风云甚紧,谅有所闻,际此岁阑,能不寒心,吾家万卷琳琅,益深恐惧。吾公当教以万全之策,藉慰先人为幸。"

经过几次商议,徐兆玮建议把藏书中的重要部分运往上海,曹培根在专著中写道:"民国十三年冬,瞿启甲购中号牛皮纸数令包扎铁琴铜剑楼的藏书,再在外面用夹板捆固,使人望之即知是书,免疑为贵重物品。如此,将古里铁琴铜剑楼的藏书趁夜冒险转移到了上海爱文义路(后改为北京西路)1475里11号租屋内密藏。民国十四年春,因军阀战争,瞿氏全家避难至上海爱文义路租屋。"

然而书运到上海后,又引来了麻烦,有人无中生有地举报瞿启甲将善本书售给外人,曹培根在文中写道:"民国十八年,铁琴铜剑楼藏书遭遇人为麻烦,孙舜臣、郑亚风等向教育部呈控瞿启甲有私藏祖遗藏书出售外人之事。经上海特别市府调查,并无孙舜臣、郑亚风其人。有关当局欲查封藏于法租界的瞿氏运沪之书,因交涉手续日期颇久,为蔡元培等所闻,并作证瞿书无外售,瞿书才未被查封。"

这真可谓空穴来风,不明白是什么人在匿名举报,他们的目的是什么也无从知晓,好在瞿启甲认识一些能说得上话的朋友,比如他通过关系找到了蔡元培,而后蔡在给张元济的信中写道:"瞿氏藏书事,已与蒋梦麟兄谈及。教育部得证明函,即可销案,请勿念。"张元济给蔡元培的回信中也谈到了此事的化险为夷:"呈寄与董康等联名保证瞿氏藏书公函。我兄护持文化,加以梦麟兄调庇善良,必能消弭于无形也。"

蔡元培通过教育部给上海某部门发出了特别函，以此担保瞿启甲并没有将家中藏书出售给外国人，大藏书家董康也为此事作了担保。在这么多人的保护下，铁琴铜剑楼藏书才躲过了这一劫。两年后，社会上依然有传闻说瞿启甲要出售家中的藏书。1932年1月，傅增湘在写给张元济的信中称："顷闻瞿氏以宋版秘籍二十七部，皆目中所载完好精善者向潘明训（诵芬为之作缘）质银四万两，月息九厘，以六年为期，届时不赎，即归押主。此等古书，一入金匮石室，便有长门永巷之嗟，无复再见天日之日，可叹也。公能密告良士能别为计否？仆亦可助力也。"

傅增湘的这段话说得颇为详尽，其听说瞿启甲想把27部宋版抵押给潘宗周，以此来贷款四万两白银，甚至说出了贷款的月息以及期限，并且是由董康做的牵线人。潘宗周是银行家，其实力雄厚，傅增湘担心铁琴铜剑楼的好书一旦到了潘宗周手里，就再无人能够见得到，所以他想通过张元济来劝瞿启甲不要这么做，而傅增湘也知道瞿启甲把善本书抵押贷款是因为缺钱，故他说自己也会想办法给瞿启甲筹钱。然而，这件事毕竟是传闻，故后来没有了下文。

躲过了人祸还有天灾。《申报》1934年6月16日第9版刊出《著名藏书楼险遭焚毁》一文："中国著名藏书楼瞿氏铁琴铜剑楼，建于本县东门外古里村。惟内藏佳本书籍均迁至上海。现该地仅古楼一座及普通书籍而已。前日下午，该地瞿氏姓家，突告火警，以乡间缺乏消防器械，移时即呈燎原。乡民虽众，终无扑灭方法。铁琴铜剑楼，适于左近，形殊危险。众皆惊慌，因急用电话向城区消防会雇用汽油船赶往施救，幸即熄灭。藏书楼无恙，仅毁瞿文卿家之房屋多间及右邻朱姓酒店，损失颇不赀。"

古人认为书有四厄：水、火、兵、虫。古代消防能力有限，一旦着起大火很难扑灭。好在铁琴铜剑楼处在一条宽阔的河边，同时救火船及时赶到，才没有让这座著名的书楼彻底化为灰烬。

民国二十六年（1937）秋，日寇入侵，对常熟一带狂轰乱炸，瞿家在古里镇的老宅以及铁琴铜剑楼部分房屋受损，房屋中所藏的书籍全部化成了灰烬。在这个阶段，瞿启甲跟乡人共同参加抗日活动，连续工作了三个多月，致使心力憔悴，在民国二十八年（1939）十二月初七日于上海去世。瞿启甲之子瞿凤起先生在《人生最伤心事》中写到了这件事："吾父生于清同治十二年，在周甲之后福体尚称健。'八一三'外寇入侵之前，因与邑人商议地方事，迟迟未能离去。未几，常沪交通断绝，仅长兄在侧，遂侍奉流亡郡中洞庭东山作客他乡。逾年，萑苻稍靖，因取间道来沪，始获全家团聚。嗣闻敌机轰炸故乡，古里旧居除藏书楼外，悉遭焚如，城寓亦被毁，古籍文物无有幸存者，同归于尽。遂郁郁不乐，忽患流注，当时尚无特效药，无以消炎，遂于民国二十八年十二月初七日谢世。"

通过这些经历可见，瞿启甲为了保护祖上的藏书可谓耗尽心血，私家藏书之不容易，由此可见一斑。这些苦难的经历会让瞿启甲认真考虑藏书的最终归宿。按照传统的观念，藏书家大多编有目录，这些目录不仅仅是对于书籍的整理，同时也是雁过留声的证据。为此瞿家也编有相应的藏书目。对于家中的藏书情况，瞿启甲在其所辑《铁琴铜剑楼藏书题跋集录》的自序中称：

> 余家藏书，肇自先曾大父荫棠公，时当逊清中叶，海内承平，郡中黄氏士礼居、汪氏艺芸精舍、邑中张氏爱日精庐、陈氏稽瑞楼先后凌替，遂承其敝。先大父子雍公更事搜罗，续有增益，先后得十余万卷。

这段话高度概括了瞿家藏书的历史以及重要来源，对于该楼的编目情况以及书的散失，瞿启甲在自序中又称：

> 厘订部居，成《书目》稿二十四卷，以授先嗣父镜之公、先君濬之公而寿之梓。经部甫葳，适逢咸丰庚申之季，先嗣、先君抱书出亡，散失宋元本卷以千计，如宋刊前、后《汉书》，《晋书》，《通典》，《丽泽论说集录》，《邓析子》，《窦氏联珠集》等，而明刊本及钞本、校本数更倍蓰，尚不与也，至若当时未入《书目》之明清人著述，则又不可胜数矣。

除了编目，瞿启甲还选择楼中所藏善本进行影印，他的影印方式有两种，其中之一是效仿杨守敬制作出了一部《铁琴铜剑楼宋金元本书影》。在此之前，杨守敬制作了一部《留真谱》，其方式是将难得一见的善本仅影刻每书的一两页。那个时代能够看到大量的善本书很不容易，用《留真谱》的方式，则可管中窥豹地通过一两页了解原书的版刻风貌。但影刻的方式毕竟不能百分之百还原底本的模样，故瞿启甲虽然是效仿杨守敬的《留真谱》，但他却将影刻改成了影印，这种做法基本上可以还原底本的各方面细节。瞿启甲在自序中谈到了这件事：

> 更拔世之罕见孤行者，或影印零种而单行，或附庸《丛刊》而传世；更别取各种宋元本择一二叶影印成编，颜曰《书影》，聊资研究版本之一助，藉欲使其与《书目》能互相阐扬也。

此序中谈到的《丛刊》，乃是指张元济在商务印书馆主持的《四部丛刊》影印工程。这部体量庞大的丛书专门挑选古书中的稀见版本，铁琴铜剑楼藏有那么多的善本，故此楼藏书当然纳入了张元济的视野。从历史记载来看，是大藏书家叶德辉给瞿启甲去信商量使用底本之事，《郋园山居文录》收录有叶德辉所写《与瞿良士借印四部宋元善本书启》一文，叶德辉在此文中先给瞿启甲讲解影印书的妙处，以及哪些藏书家都做了这样的善事："自昔江左为人文荟萃之区，珂乡为历代藏书之府。执事椠书世守，今之鲁殿灵光。昔人有言，坐拥百城，南面王无以易。此乃洞天之清禄，岂同世俗之浮云！侧闻贵邑人士金称执事流通古籍，有朱竹垞、曹倦圃之遗风。时晤徐积余观察，云其《随庵丛编》仿宋刻诸书大半影摹出于尊藏，为之叹美不置。又见交通图书馆影印唐李推官《披沙集》、宋钱昊之《离骚集传》两种，皆本邺架之储，传古人不敝之精神，开书林方便之条例，此当如顾嗣立刻《元诗选》，夜夜有古衣冠拜于床下者也。"

而后叶德辉谈到了他面见张元济时商量过的借书之事："今春重来海上，晤鞠生同年，再申前议。袖出拟印各种书目，商酌去取异同，弟一一为之覆勘，颇有增渚。惟乞邻之举，则视执事一言为重轻。如蒙雅意玉成，则借娜环二酉之奇珍，以续《警悟》《百川》之巨制，执事洵无愧于竹垞、湘灵诸老，弟等亦获如俞邰、雪客追逐后尘，岂非盛美之业哉！"

其实用不着叶德辉这样的苦口婆心，因为瞿启甲早已答应了此事，他给《四部丛刊》提供了81种宋元珍本作为影印的底本，这是私人为该丛书提供底本最多的一家。此后不久，张元济和孙毓修跟随瞿启甲乘船来到了铁琴铜剑楼，而后商议好拍照之事。曹培根在专著中写道："民国九年春，商务印书馆做影印《四部丛刊》准备工作，以巨舶运照相机等工具至古里。摄影设备设于瞿氏茶厅，一切事务包括借书还书由朱桂负责。工作人员数人寄宿古里后街马姓家。拍摄之书，每晨专册记载，当晚用毕交还，拍摄工作至年底结束。"

除了提供底本之外，瞿启甲也影印了一些所藏珍本。2009年第四期《文献》季刊载有丁小明整理的《瞿启甲致孙毓修信札十一通》，这些信札所谈内容基本上是影印善本之事。比如瞿启甲在第十封手札中谈到："元刊《中原音韵》用金属板印行，业经代为付刊，深感之至。"此书为铁琴铜剑楼所藏孤本，后世对该书的著录几乎全是影印本，而瞿启甲在此明确地说，该书是金属板印行。这句话也是重要的印刷史信息。对于该书的印量，瞿启甲在第十一封信中又写道："全运来京，未免太多，将来运往回常亦觉周折，拟请分运五十部来京，余二百五十部，仍请运至常熟。"

此书总计印了三百部，该书的印量也是其他资料未曾提及者。由此可见原始史料的重要性。

除了影印善本，瞿启甲对当地的文化传播也做出了不小的贡献。民国四年（1915），常熟县知事赵黻鸿任命瞿启甲为当地图书馆筹办主任。瞿启甲上任后，除了筹集资金，同时动员社会各届给该馆捐赠书籍。瞿启甲以身作则，捐出了许多大部头的书给常熟县图书馆。在他的带领下，常熟许多的藏书家都捐书给该馆。在捐书的同时，瞿启甲还派人前往苏州和杭州等地购买图书，使得该馆的藏书迅速丰富了起来。等到县图书馆正式成立时，经相应部门批准，瞿启甲被任命为该馆馆长，此馆即当今常熟图书馆的前身。当我到该馆参观时，现任馆长李烨先生向我详细讲述了瞿启甲为该馆建设所做出的贡献。

瞿启甲是如此爱书，但他在临终前却留下了这样的遗言："书勿分散，不能守，则归之公。"新中国成立后，铁琴铜剑楼旧藏全部捐献给了国家。瞿凤起在《先父瞿良士先生事略》一文中称："遗命书勿分散，不能守则归之公。新中国成立，经济苍、旭初两兄同意，归诸北京图书馆，遂先父之志也。"

2018年5月30日，我再次前往常熟地区寻访，这次麻烦的朋友是翁同龢纪念馆馆长王忠良先生和当地文史专家曹培根先生，带我们前往者则是翁同龢纪念馆的宗先生。我们开车前往古里镇文化站，在该站见到了原站长钱惠良先生。钱先生是一位书法家，他的办公室里到处都是书法作品。寒暄过后，请钱站长上车，而后驶入一片田野之中。我们的车停在了一条田间小路的入口，宗师傅说汽车不好开进，于是我们几人步行走入小径中。

这条小径的两侧支着许多竹架，看上去此处种植的植物均为一棵棵的小树。王忠良走入田地中，用手机拍照后告诉众人，这里种植的均为珍贵树种。看来种粮食远不如种珍贵树种收入多，因为这片区域看上去有几百亩的地方，种的全是小树。

这条小路的长度约有五六百米，沿途没有任何的标牌，如果没有熟人领路，想打听到瞿启甲墓的位置几乎不可能。走到此路的顶头位置右转，眼前有一片树木，走到这里才看到有墓葬的痕迹。穿入树林中，果真看到了瞿启甲墓的文保碑。找到了目的地，钱站长站在旁边抽烟，我跟王忠良弯着腰穿入树林走入了墓园。

瞿启甲墓占地约半亩，四围用青砖砌起了圆形的围墙。入口处的两根方形石柱看上去像小型的望柱，墓园内种植的十几棵柏树把光线遮挡得很暗。站在墓园中，过了几分钟眼睛才适应过来，由此而看清，在墓园的后方有三个圆形的墓丘，这三个墓紧挨在一起，墓的前面均无墓碑，不知道三位分别是何人。墓的后墙上嵌着一块碑，因为光线很暗，看不清上面的字迹。转到墓的前方，看到地上摆放着几个发了霉的橘子，说明此前不久有人来这里祭奠过瞿启甲。

拍照完毕后，跟随钱惠良又回到了他的办公室。以事先的想象，我觉得瞿氏家族墓应该很庞大，钱站长告诉我，瞿家祖坟在常熟市内的虞山，并不在这里。现在瞿家后人有一些在上海，他们每年都要到虞山去扫墓，具体位置则在虞山公墓内。钱惠良告诉我，瞿家后人中

图4　瞿启甲墓文保碑

有位老太太到虞山公墓扫墓的时候，有关部门让她交管理费，老太太说，瞿家的房子都捐给了公家，为何还要收墓葬管理费。后来钱惠良找到了相关部门说明情况，故瞿家之墓不再收费。

既然如此，那为什么瞿启甲不葬在瞿家祖坟墓地呢？钱惠良也说不清具体原因，但他告诉我，瞿启甲墓其实距虞山并不远，此墓前方有一个水塘名叫照塔浜，此名之意是这里的水面可以映到虞山城内的方塔倒影，所以瞿启甲虽然葬在这里，但仍能够看到虞山。然而，乘宗先生的车从常熟开到古里，我觉得有挺长的一段路，更何况站在瞿启甲墓前只能看到附近的田地，根本看不到虞山。钱先生解释说，现在此处看不到虞山，一是因为这些年建起了很多的高楼，二是因为空气污染，这两个原因使得当地原有的美景消失了。

对此，王忠良先生另有解释：按照当地的风俗，每过三代人要换一个墓地，是另立门户的意思，所以瞿家的祖坟墓地也有多处。

对于瞿启甲墓的管理，钱惠良说，常熟市文物局请了一位老先生来看管此墓，每年给此老先生五百元的管理费。这笔管理费就是通过钱惠良转给老先生的。但我眼前看到的瞿启甲墓并无维护的痕迹，钱先生说，他没想到老先生并没有去管，如今自己退休了，可能也没人再督促此事了。钱惠良又说，当年瞿启甲墓占地面积很大，后来被拆除掉了。为了能够说清楚瞿启甲墓所在的位置,钱惠良拿起一支笔,在我寻访单的背面画出了草图,他原本就是文化站的站长,果然对当地的地理人文特别熟悉。

而后我们一同前往镇政府,见到了镇人大副主席钱英杰先生以及古里镇现任文化站站长王宇先生,又一同参观了铁琴铜剑楼。

这座著名的藏书楼虽然我已来过多次,但正如歌中所唱"读你千遍也不厌倦,读你的感觉像春天"。虽然春天已过,但来到此楼前,我依然感到了春风拂面。在王宇站长的带领下,我们仔细参观了书楼,在那里看到了《虹月归来图》的复制件,并且得到了赠送的线装书。

关于这座藏书楼楼名的来由,大多数资料都会称,瞿家的藏书楼原名恬裕斋,后来因为得到了一张铁琴和一把铜剑,才将藏书楼改名为"铁琴铜剑楼"。然而书楼的第五代主人瞿凤起在《漫谈清代四大藏书家》一文中称:

> 邑东南郭外旧称宾汤门,出宾汤门十二里,有村曰古里……书库中与宝藏作伴者,有文物两件,一为铁琴,一为铜剑,主人作为镇库之宝,因以"铁琴铜剑"名其藏书之楼……另有斋曰"恬裕",亦书室也。藏书楼原为先代住宅,系荫棠先生之祖建于乾隆中,为某房住宅之最后一进,为坐北朝南三楹旧式楼房,前后相连,中有天井。楼下后间为家祠,前间右方有梯登楼,后楼为铁琴铜剑楼藏书,依类次分藏十余橱。其余归入恬裕斋者,分置前楼东西两壁书箱中,多为乡邦文献以及未收入《铁琴铜剑楼藏书书目》之宋元明本及旧钞批校诸书,以长编巨著为多,累计比储前楼者为少。此两楼之书,除部分外,移藏沪寓,未遭劫火。其余历代各房分居,书室中均有应用阅读之书,以及厅堂中为招待宾客备用参考之书,内有各家校读之汲古阁《十七史》等,丁丑事发,仓猝不及提携,城、乡两宅,悉成灰烬。

如此说来,以"铁琴铜剑"给藏书楼命名的同时,另外有个书斋依然叫恬裕斋,因此这两个楼名并非前后继承的关系。对于该楼原本的情况,1959年陈从周在《常熟铁琴铜剑楼》一文中写到了他的所见:

今第一第二两进已毁，从现状来看，此二进似为门屋及花厅，现存第三、第四两进是主要的藏书之所。藏书楼南向，面阔三间，垂檐硬山造，用迭落山墙，江南呼为马头墙。下檐施撑拱，雕有精巧的夔龙纹，似为当地手法。楼前院中列古木山石，其西原有一廊，已毁，楼后有小天井一方，又有一楼，单檐硬山造，也是面阔三间。楼的结构及装饰都显示了苏南一带的一般作法和风格。

二十年来，我去过铁琴铜剑楼多次，每次去都能看到这里的一些变化。如今前往铁琴铜剑楼的道路两侧平房已经改成了仿古步行街，这些门面房大多关着门。走入修复好的铁琴铜剑楼正堂，正前方挂着曹大铁所绘《铁琴铜剑楼》。曹大铁的旧藏我得到了多部，然此图的原件我却未曾看到过，此刻站在这复制件前，依然能够感受到当年瞿氏庄园的雄伟。在这里我还看到了复制的铁琴与铜剑，如今铁琴原物藏在国家图书馆，铜剑则不知所踪。按照钱惠良的说法，剑为凶器，有可能瞿家早已处理掉了。如今馆里摆放着一把复制的铜剑，我觉得有可能是本自越王勾践剑的造型。

此次参观该楼，我留意到这里摆放着许多装饰用的竹竿。上次来时这些竹竿就在这里，我却没有留意竹竿上刻着字迹，而其字体颇像汉代简牍上的隶书。

经王宇站长的同意，我等几人登上了铁琴铜剑楼的二楼。王宇介绍说，此处就是铁琴铜剑楼的善本书室，房屋的原结构没有变化，地板也是当年的原物，只是他们在维修时，在地面涂装了大漆。走在这样的地板上，听着脚下木纹里的断裂声，还是有些心惊胆颤。王宇对楼内的一草一木都很熟悉，他指挥着我们哪块地板可以踩，哪块不可以踩。我想象着自己的脚步叠踏在了大藏书家的足迹之上，心中不由得又兴奋起来。

铁琴铜剑楼及其楼主

曹培根

瞿氏铁琴铜剑楼与山东聊城杨氏海源阁、浙江钱塘丁氏八千卷楼、浙江归安陆氏皕宋楼合称为清代后期四大著名藏书楼,又有"南瞿北杨"的美称。瞿氏藏书以求精、重用见长,历经瞿进思、瞿绍基、瞿镛、瞿秉渊、瞿秉清、瞿启甲、瞿济苍、瞿旭初、瞿凤起等递藏,在新中国成立后捐献给国家,事迹感人。

一、铁琴铜剑楼的文物价值

铁琴铜剑楼位于今江苏省常熟市古里镇铜剑街1号。南临青墩塘,西枕西港河。占地457.2平方米,东西宽10米,南北进深55米,平面呈狭长方形,是瞿氏住宅的东轴线,藏书楼原有四进,坐北朝南,第一进门厅和第二进前楼于1937年毁于战火,仅存金山石基础,现作为遗址展示。第三、四进,即原来瞿氏藏书阁书之

图1 铁琴铜剑楼

所，保存完整，两侧以廊道相通，成走马楼式，中间形成天井。南楼下檐施撑拱，雕有精巧的夔龙纹，前院中列古木山石。楼为苏南民居风格，硬山顶封火山墙，传统木构架承重，砖墙围合。前楼开间比后楼开间大，整体楼群并非完全中轴对称。二层靠天井面均向外挑出。前楼三间六架椽，通面阔 8.99 米，通进深 6.09 米，正间底层为月梁，上层为圆梁，通柱穿斗式，脊桁标高 6.97 米，檐桁标高 5.48 米。底层前檐出挑一披檐，二层北作一船蓬轩。后楼三间，正帖及西面边帖为六架椽，东面边帖多一步架，故北墙是斜墙，通面阔 8.46 米，通进深 6.22 米，梁架型制与前楼相同，脊桁标高 6.88 米，檐桁标高 5.30 米。

铁琴铜剑楼是在中国古代藏书史上具有重要影响的藏书楼，也是完整保存至今的江南私家园林式藏书楼的典型。

二、五代楼主的藏书精神

瞿氏先祖为当地富户，又有着尚文重教的传统。这使瞿氏有足够的财力购置经史典籍，延师教子，过着耕读传家的小康生活。

瞿氏先祖有厚德善举的传统，为善于乡，有着亲善和谐的邻里关系，在当地颇有名望和影响力，这为瞿氏家业发展壮大营造了良好的外部环境。

至瞿进思（1739—1793）"延名师，庋置经史坟素，教诸子咸有声庠序"，有了一定的藏书基础。

瞿氏五代楼主在铁琴铜剑楼藏书、读书，并开放藏书与名人交往。

第一代楼主瞿绍基（1772—1836），进思子，读书乐道，"自奉谨约，有一裘三十年之风"，平生惟好聚书，建铁琴铜剑楼，另有恬裕斋。瞿绍基辑《海虞诗苑续编》六卷，屈振镛校订，稿本，今上海图书馆藏。另辑有《启祯宫词合刻》二卷，包括清秦兰征《天启宫词》、王誉昌《崇祯宫词》各一卷，有嘉庆十六年（1811）"海隅铁琴铜剑楼瞿氏"刻本，今国家图书馆等藏。瞿绍基继承家族遗书，喜欢抄书，曾抄录宋程大昌《考古编》十卷等，以专用抄书纸印上墨格，书版心有"恬裕斋"三字。瞿绍基聚书之时，常熟城中大户稽瑞楼陈氏、爱日精庐张氏亦广收书籍。稽瑞楼、爱日精庐两家藏书先后散出，瞿绍基遴其宋元善本之半，增置插架，于是"恬裕斋"日渐赢得藏书"甲吴中"

的声名。铁琴铜剑楼匾额横式，长1.8米，宽0.45米，银杏木质，石绿填字，上书篆体"铁琴铜剑楼"五字，落款为："篆请荫棠师台老大人正画，伯渊孙星衍。"匾额题款人孙星衍（1753—1818），字伯渊，阳湖（今常州）人。匾额未注明落款年份，当题书于1818年前。瞿绍基曾请无锡张式绘《荫棠先生检书图》以明志。张式所绘《荫棠先生检书图》先后有道光十八年（1838）至民国十二年（1923）杨文荪、陶贵鉴、季锡畴、翁远封、黄廷鉴、王振声、潘维恭、李兆洛、许廷诰、张尔旦、庞大堃、姚福增、杨希钰、吴庆增、蒋宝龄、庞鸿文、邵松年、陈韬、路朝銮、闵尔昌、孙雄诸家题咏，其中保存了瞿绍基藏书的重要史料，以及时人对瞿氏藏书事业的高度评价。瞿绍基的藏书印有"虞山瞿绍基""瞿氏鉴藏金石记""恬裕斋藏""求古居"诸印。

瞿绍基的书斋名"恬裕斋"，取自《尚书·周书·梓材》"引养引恬"、《尚书·商书·仲虺之诰》"垂裕后昆"句中的"恬"与"裕"两字。引，长；养，奉养；恬，安静；裕，富足；后昆，子孙后代。垂裕后昆，为子孙后代留下功业或财产。瞿绍基以"恬裕"名书斋，意即让子孙后代享受读书乐道这份恬静安逸的生活。常熟黄廷鉴在瞿绍基逝世四年后的道光二十年（1840）应绍基子镛嘱撰《恬裕斋藏书记》介绍当时"甲吴中"的恬裕斋藏书："出宾汤门外十里，其塘曰南塘。辛峰左峙，清水东潴，有村曰古里。沃壤千畦，桑竹弥望，故学博荫棠先生隐居在焉。有斋曰恬裕，其藏书之所也。君裔出晋高士硎之后，世有隐操，以耕读传家。至屺堂赠公益扩大之。延名师，庋置经史坟素，教诸子咸有声庠序。而君尤擅隽誉，以明经选授广文，一试职即归隐。读书乐道，广购四部，旁搜金石，历十年，积书十万余卷。昕夕穷览，尝绘《检书图》以寓志。时城中稽瑞、爱日两家竞事储藏，称鼎峙。未几，两家先后废散。君复遴其宋、元善本，为世珍者，拔十之五，增置插架，由是恬裕藏书遂甲吴中。"

铁琴铜剑楼第二代楼主瞿镛受父熏陶，克承先志，笃学嗜古，酷爱藏书，搜罗不懈。他在《铁琴铜剑楼词草·望江南》词十首中，述古里村居之胜、书斋收藏情况，并表达了其对藏书事业的深深热爱。

其一：

吾庐爱，占得好春光。
绕岸一湾溪水绿，当门十里菜花黄。
垂柳又垂杨。

其二：

吾庐爱，书室最清华。
入座香生连理树，沿阶艳放合欢花。
径曲小山遮。

其三：

吾庐爱，幽馆紫荆栽。
瘦石几拳仓鲜绕，浓阴两南绿窗开。
只许燕巢来。

其四：

吾庐爱，藏弄一楼书。
玉轴牙签频自检，铁琴铜剑亦兼储。
大好似仙居。

其五：

吾庐爱，金石阁中藏。
汉印百枚缪篆古，唐碑千种墨花香。
清剜可相当。

其六：

> 吾庐爱，地志手常披。
> 不事芸香驱脉望，宛同芥子纳须弥。
> 供我卧游宜。

他还请常熟蒋宝龄为其绘《子雍先生柴门临水图》，表达其读书藏书乐此不疲的心愿。瞿镛时的藏书处既有"恬裕斋"，斋名为其父所书，在瞿宅前楼；又有"铁琴铜剑楼"，在瞿宅后楼。瞿镛名其词集为《铁琴铜剑楼词草》。瞿镛继承父亲遗书，抄录了汉蔡邕撰《蔡中郎文集》等图书，购得长洲汪氏艺芸书舍散出的宋元旧椠精品，使瞿氏藏书名震天下。瞿镛继承了虞山派藏书家"读书者之藏书"的优良传统，好读书、校书，其藏书读书成果甚富，如有《恬裕斋藏书目录》《恬裕斋藏书记》《铁琴铜剑楼集古印谱》等。

铁琴铜剑楼第三代楼主瞿秉渊、秉清兄弟藏书的年代，正值太平天国崛起，社会战乱不宁。当时，常熟在军事方面，既有绿营兵、淮军，还有庞钟璐、徐佩瑗、王源昌等的团练。在太平军中，既有李秀成系统的，还有陈玉成系统的。清军、团练与太平军，战事不断，各种力量之间亦互相争斗，错综复杂，混乱不堪。在这样的社会大动荡时期，当时江南各藏书家多遭兵燹，甚至连范氏天一阁也未能幸免。瞿秉渊、秉清精心呵护铁琴铜剑楼遗书，打了一场惊心动魄的护书战。从咸丰十年至同治二年战乱四年，瞿氏避乱将铁琴铜剑楼藏书七次大迁移，先寄存古里之北的荷花溇（今森泉）、古里之西的桑灞和香塘角、古里之东的周泾口（今碧溪）张

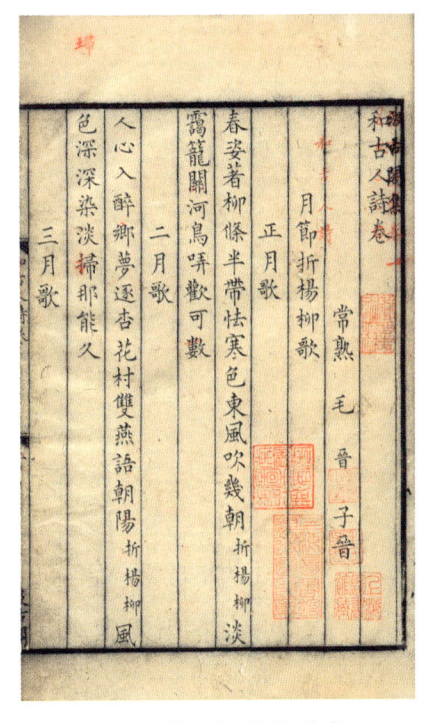

图 2　铁琴铜剑楼藏书

家，再寄存归市（今徐市）董家祠堂楼，又转移到张市（今东张）秦家、桂村（何市）徐家，又运到毗邻的太仓县鹿河唐家、太仓王秀定心潭苏家，后又将古书藏到了江北的海门县大洪镇。同治五年（1866）秋，秉渊、秉清兄弟请画家吴俊绘成《虹月归来图》，以志庆幸。秉渊、秉清兄弟继承家学，不懈益勤，除了精心护书，还悉心校跋藏书、抄录古籍，刊刻《瞿氏集古印谱》《汲古阁集》，购置善本，聘请叶昌炽、管礼耕、王颂蔚校订《恬裕斋藏书目录》，整理其父所编《铁琴铜剑楼集古印谱》。

铁琴铜剑楼第四代楼主瞿启甲藏书年代，铁琴铜剑楼藏书也险遭三劫，瞿启甲精心呵护瞿氏先辈藏书不受损失，为功甚巨。第一次险遭劫难，时在光绪末年，瞿启甲力避清廷购书。第二次险遭劫难，时在民国十三年（1924）冬军阀齐（燮元）、卢（永祥）混战时，瞿启甲及时转移藏书。第三次险遭劫难，时在日本侵华战争时，瞿启甲再次转移藏书，将上海爱文义路1475里11号租屋内的藏书移藏于租界。民国二十六年（1937）秋，日军入侵，狂肆轰炸，瞿氏住宅被毁，藏书楼幸存。瞿启甲与邑人踊跃参与抗日活动三月余，昼夜辛劳，心神交瘁，迨邑城既陷，启甲矢志不渝，子入洞庭东山。至民国二十七年（1938）春，瞿启甲自洞庭东山返沪，直至民国二十八年（1939）十二月初七日殁于沪寓。瞿启甲发扬先辈藏书精神，在整理铁琴铜剑楼藏书和传播家藏文献方面做出了巨大贡献，先后出版《铁琴铜剑楼藏书目录》，影印《铁琴铜剑楼宋金元本书影》，汇辑《铁琴铜剑楼藏书题跋集录》，校跋藏书甚多，并参与重修《常昭合志》。瞿启甲公开私藏，方便学者利用瞿氏私藏，整理出版铁琴铜剑楼所藏图书，提供藏书影印铁琴铜剑楼所藏精品。民国九年（1920）至民国十四年（1925）上海商务印书馆影印《四部丛刊》初编、续编、三编，瞿启甲提供了铁琴铜剑楼所藏宋元古籍珍本81种作为影印底本，成为当时《四部丛刊》诸编采录私家藏本之冠。瞿启甲在家乡倡设公立图书馆，任首任馆长，并捐赠家藏图书。瞿启甲临终遗命家人"书勿分散，不能守，则归之公"。

铁琴铜剑楼第五代楼主瞿炽邦、耀邦、凤起遵父临终遗命，新中国成立后，将铁琴铜剑楼藏书、文物捐献国家。1950年1月7日，瞿炽邦、耀邦、凤起三兄弟将家藏宋、元、明善本书52种，通过文化部文物局捐赠北京图书馆。对瞿氏三兄弟慷慨捐赠私家藏书的爱国行动与可贵品质，党和政府作出了高度评价。文化部时任副部长郑振铎代表中央人民政府致函瞿炽邦、耀邦、凤起："铁琴铜剑楼藏书，保存五世，历年逾百，实为海内私家藏书中最完整的宝库。先生们化私为公，将尊藏宋、元、明刊本及抄校本五十二种一千八百十六册，捐献中央人民政府，受领之余，感佩莫名。此项爱护文化信任政府之热忱，当为世人所共见而共仰。"

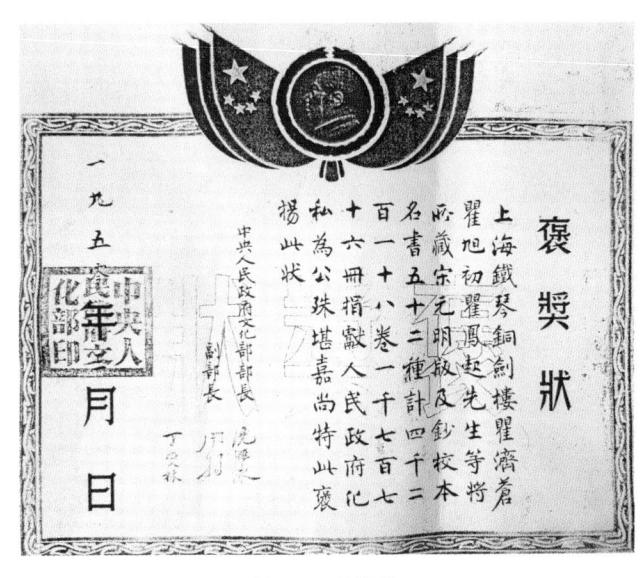

图3　褒奖状

1950年3月7日，瞿氏三兄弟将家藏宋、元、明善本书20种捐赠北京图书馆。1953年，瞿氏三兄弟将家藏善本书99种100册捐赠北京图书馆。1954年，瞿氏三兄弟将家藏善本书270种600册捐赠北京图书馆。1958年10月19日，瞿炽邦代表瞿氏三兄弟将古籍88种1052册捐赠常熟县文物管理委员会。1958年10月20日，瞿凤起将古籍27种80册捐赠常熟县文物管理委员会。1982年，瞿凤起将珍藏的王翚《芳洲图》、商戈、周代青铜禾盖捐赠常熟图书馆（现藏常熟博物馆）。1983年12月31日，瞿凤起将一方汉"建武铭"砖砚捐赠常熟市文物管理委员会。1984年7月30日，瞿凤起将小玉砚一方、白端砚一方、清"竹田"刻铭蕉叶白端砚一方、孙心青题铭"韫玉楼鉴赏"印一方、《前明常熟瞿氏四代忠贤遗像》一册捐赠常熟市文物管理委员会。1984年12月8日，瞿凤起将《明汪俊书乔白山献六十寿书卷》一件、《明张承祚临钟绍京书卷》一件、《明刘荣嗣致邵公书卷》一件、《明瞿汝稷致稼轩书卷》一件、《明刘铎致起田公考授应召书序卷》一件、《明董其昌仿王右军书卷》一件、《明祝允明草书小楷书卷》一件、《明杨西亭设色杂花卷》一件、《清蒋文肃设色四季花卉卷》一件、《清红豆花图诗册》一册、《谢雅柳花鸟江庸书扇》一把、《沈京似松曹元燕书扇》一把、《瞿旭斋书扇》一把、《王同愈山水曾农髯书扇》一把、《杨无恙书画扇》一把、《清吴石亭山水屈华卿书扇》一把、《鸡翅骨扇骨》一把捐赠常熟市文物管理委员会。1985年春，瞿凤起将五代刻本《一切如来心秘密全身舍利宝箧印陀罗尼经》捐赠常熟市文物管理委员会。1986年，瞿凤起将翁同龢、陈摩等书画，及铁琴铜剑楼印章共34件捐赠常熟市文物管理委员会。

1987年3月1日瞿凤起逝世，同年7月1日，瞿炽邦子瞿增祥代表铁琴铜剑楼瞿氏首次将瞿凤起遗书399种、920册捐赠常熟市图书馆。1988年4月20日，瞿增祥代表铁琴铜剑楼瞿氏第二次将瞿凤起遗书89种、126册捐献常熟市图书馆。1988年，瞿增祥将陈祖范等书画6件捐献常熟市文物管理委员会。1990年，铁琴铜剑楼瞿氏将罗振玉等书画5件捐献常熟市博物馆筹建处。

三、今日铁琴铜剑楼

新中国成立后，铁琴铜剑楼得到很好保护。1950年春，铁琴铜剑楼一度成为常熟县古苏区委会干部的宿舍。成自邦撰《忆铁琴铜剑楼二三事》说："当时，这幢古色古香的楼是区委会部分同志的宿舍。""我们住在这里像住在图书馆的书库里一样，周围都是书。每个同志都自觉执行'三大纪律，八项注意'，保护古籍，没有人私自拿一本书，也不随便翻阅。出门时将门锁好，防止丢失。那时镇上没有电灯，晚上我们都是用的火油灯，人人火烛小心。土改时瞿家将这里的藏书全部献给了国家图书馆。"

1959年，陈从周在《常熟铁琴铜剑楼》一文中，介绍铁琴铜剑楼的建筑和他的考察印象："藏书楼在瞿氏住宅之东，门临清流，绿杨环列，平桥曲水，是个环境优美的地方，正如瞿氏所咏的：'绕岸一湾溪水绿，当门十里菜花黄，垂柳又垂杨。'今第一第二两进已毁，从现状来看，此二进似为门屋及花厅，现存第三、第四两进是主要的藏书之所。藏书楼南向，面阔三间，垂檐硬山造，用迭落山墙，江南呼为马头墙。下檐施撑拱，雕有精巧的夔龙纹，似为当地手法。楼前院中列古木山石，其西原有一廊，已毁，楼后有小天井一方，又有一楼，单檐硬山造，也是面阔三间。楼的结构及装饰都显示了苏南一带的一般作法和风格。此楼在当时的使用情况，除第一进为门屋，第二进为花厅迎宾之处，第三与第四进楼上供藏书之用外，第三进楼下则为读书的地方，第四进楼下似为收藏古物、石刻的地方。"

20世纪80年代初以来，铁琴铜剑楼经多次修缮。1982年11月17日，常熟县人民政府公布铁琴铜剑楼为县第一批文物保护单位。1986年7月，江苏省人民政府拨款维修铁琴铜剑楼，时任中央纪委副书记、中央顾问委员会委员、常委、国务院古籍整理出版规划小组组长的李一氓，为新修的铁琴铜剑楼题写了匾额。1987年1月7日，铁琴铜剑楼修复竣工。1990年5月起，常熟市筹建铁琴铜剑楼纪念馆。1991年12月5日，铁琴铜剑楼纪念馆举行开馆仪式。全国人大常委会原副委员长楚图南为铁琴铜剑楼纪念馆题词。

2006年6月5日，铁琴铜剑楼列为江苏省第六批省级文物保护单位。2008年6月11日，常熟市人民政府公布瞿绍基、瞿镛故居为常熟市首批名人故居。

2006年12月15日，铁琴铜剑楼修缮恢复工程奠基。2009年5月16日，铁琴铜剑楼修缮恢复工程竣工并对外开放。同日，铁琴铜剑楼与中国藏书文化学术研讨会暨第五届中国现有藏书楼联谊会在常熟市图书馆报告厅举行，"铁琴铜剑楼藏书文化研究会"宣布成立。

2010年4月21日至24日，古里镇人民政府在铁琴铜剑楼举办"书香古里：2010华夏阅读论坛"。2011年4月28日，古里镇人民政府举办第二届"书香古里"阅读节暨海峡两岸铁琴铜剑楼藏书文化论坛。此后，古里镇人民政府每年举办"书香古里"阅读节。

2018年12月21日，铁琴铜剑楼举行"典籍回家"仪式。古里加大铁琴铜剑楼藏书建设，购买《中华再造善本》和复制铁琴铜剑楼珍贵文物，让铁琴铜剑楼贡献给国家的原藏典籍"回家"，实现了铁琴铜剑楼有楼、有书、有物。

2019年4月23日，首届铁琴铜剑楼藏书文化高峰对话在铁琴铜剑楼举行。

保存国粹　表扬国光：
国学保存会藏书楼志略

王安功

晚清新政时期，从中央政府到地方疆臣，全国范围内大开兴办图书馆之风，新型政治文化团体、先进士绅文人也纷纷参与创办藏书楼、图书馆、出版机构等公共事业。随着国粹、国学等社会思潮的广泛传播，国学保存会及藏书楼就应运而生。

一、国粹思潮与国学保存会藏书楼成立

19世纪末20世纪初，日本兴起了一股民族主义性质的国粹思潮。戊戌变法失败后东渡日本的梁启超在横滨创办《清议报》（1898年底），开始介绍"国粹"。1902年4月，梁启超在致康有为书中将"保存国粹""国粹说"与开民智等政治观念联系在一起。1902年12月30日，黄节在自办的《政艺通报》上发表的《国粹保存主义》，则从民族存亡与文化存亡的一致性、重新肯定旧学价值的倾向等角度正面介绍日本国粹思潮，正式打出了"国粹保存"的旗帜，在国内造成相当大的声势。

辛亥革命期间，新式社团与社会思潮都不免带有革命色彩。国粹主义者从"激动种性"而主张"复兴古学"的学术理路出发，在中国本土文化资源中寻求救亡图存、建立民族国家的思想依据，因此在救亡建国等问题上，中国教育会（1902年蔡元培等发起）内部分歧渐大。与中国教育会大多一味醉心新学不同，会下附属的国学社则讲国学，进而国学社在"苏报案"后从中国教育会中分出，邓实、黄节、刘师培等以《中

国白话报》《政艺通报》为园地，借国学宣传革命。虽然在国学保存会成立前，1904年3月，黄节还在《政艺通报》上发表《国粹学社发起辞》《国学报叙》，意欲成立国粹学社、创办《国学报》，但未见实际活动。随着国粹思潮的传播，1905年初，邓实、黄节等人在上海成立国学保存会，《国粹学报》作为其机关刊物也随后正式发行。1906年，刘师培在《国粹学报》发文呼吁"藏书之楼必宜先设"，既代表国粹派"抒怀旧之蓄念，发思古之幽情，爱国之心既萌，保土之念斯切，国学保存，收效甚远"的保存国粹的主张，又密切回应了朝野官绅创办图书馆事业的新政期盼，基本上反映或代表了清末新政时期公共图书馆的主流思想。冯自由在《革命逸史》中就验证了刘师培的主张被"各地士子多响应之"。

1906年11月19日，国学保存会举行开楼礼，来宾到者甚众。午后一时开会，创办人邓实首先报告国学保存会所办的公共事业五科之事，设立藏书楼就是其中重要事项。邓实云："藏书楼所庋之书由创办人所捐及同志诸君子所赠者共七万余卷，其中孤本钞本之书一万余卷。"报告后，会员来宾合影一张。三时，提议扩张藏书之办法。次日，国学保存会藏书楼"开楼售券，任人览阅，一日券每张五分，一月券每张一元，长年券每张十元"，售券处、藏书楼及《国粹学报》发行所均有出售。藏书楼"开办伊始，装置书架，分列号数，编定目录，一切颇费经营"。藏书楼原设美租界爱而近路，地嫌僻远，阅者不便，1907

图1　国学保存会藏书楼合影

右二：沈廷埔，右五：黄节，右七：邓实，右十：高天梅，右十二：朱葆康，右十四：马和。摄于光绪三十二年（1906）十月初四日。

· 天禄寻踪 ·

年12月遂迁往四马路惠福里中东面辰字二十六号，并整理书籍，重编目录，暂停阅书。1908年2月，邓实重编藏书楼书目，一改藏书楼书目开办时仓促编就、仅有写本、所分门类不能十分精审之不足。而且随着捐赠书籍陆续邮至，均宜编入。将书籍逐一检阅、编号、分类庋放，将破损者一一装订修补，又将所有图书号数、册数及版本、著者姓氏、捐赠寄存者姓氏一一登载，以免书籍散佚而书目不存。这时的藏书楼虽有公共服务功能，但所采取的有偿方式显示出在现实困境中，宣传保存国粹时不得不实行精英路线。

饶是如此，藏书楼及事务所开销也入不敷出。1909年7月，《国粹学报》又载"迁移广告"详明藏书楼与报社合归一处，办事较便，虽地方幽静，稍植花草后于阅书尤宜，也"不过为苟安之计，他日若能筹积经费，当于郊外择地自建楼所始为久远之局。本会同人久蓄此愿，不知何日成之耳"。可见楼址及藏书楼建设一直是一个很严重的问题。1908年8月的《国学保存会报告》第24号、1909年2月《国学保存会报告》第30号俱载同一"附启"，对藏书楼搬迁与建设情况进行说明："本会藏书楼自迁移后，撙节用度，不开饭食，不用杂役，省之至省，每月开支仍五十金。仝人勉力维持，时形竭蹶，全赖海内君子随时慷慨捐助，俾仗群力，得使此楼长存天壤。十余万卷之旧籍因而保存，其造福先民，惠兹来学，宁有既极。本楼开办至今已历三载，聚书日富，每月捐书总在千卷以上，积以时日，不难伟为巨观，所愿爱国君子之终与有成也。"两处说辞都表明藏书楼建设之不易，除了节俭办馆勉力维持，海内藏书家的慷慨捐助保障了藏书楼长存天壤，以"造福先民，惠兹来学"。直到辛亥革命前夕，在风雨飘摇艰难维持的五年中，国学保存会藏书楼"藏书日增月盛，计已编成目录者已达二十余万卷。中间虽以经费支绌万分困难，同人等惟有苦心孤诣，勉强维持，未尝受官家分文之资助，亦未尝受外人丝毫之捐款。盖二者均于本楼独立之性质有所关碍，故宁撙节用度，全仗二三同志之力以自支给。规模虽小，宗旨极坚"。

1911年2月，国学保存会也总结了藏书楼得以持续存在的重要原因："今幸所编印各书次第流布，为学者所不弃，得以收回书价，藉资补助。从今年起，其每月应需各项均并入《国粹学报》社开支，倘遇海内君子忧其不逮，慷慨捐助，仍当题名册端，以志盛谊。苟得集腋积有成数，当择地自建楼所以为久远之计，受赐多矣。"可见，编印书籍所得利润、海内藏书家捐助，都对藏书楼的正常运行帮助很大。从初步的统计来看，国学保存会藏书楼所接收的捐赠物品有图书、金石、拓本、画像、照片等大类，图书又分古籍、新学书籍，捐赠者达到520余人，捐赠物品数量几达24910册（部、种、本、束、纸、副、套、卷、函）之多。《国学保存会报告》不仅刊登捐书题名，还摘选刊发名家书信对各类学术问题、典籍征求搜访问题进行探讨，也对国学保存会出版、刊刻古籍图书情况广而告之。

二、《国粹学报》典籍征采与表彰捐助

作为一个有着明确革命立场的文化社团，国学保存会从开始准备成立的时候，就从各个新知识社团那里获得了足够多的思想资源。正是在欧化昌隆而古学不兴的民族文化危机日益严重的时刻，国学保存会藏书楼着眼于怀旧、思古、存古、开新，通过公开征集、会员访求、书贩收购等途径，以邓实、黄节、刘师培私人藏书为基础，累积20多万卷。这个成绩的取得与邓实等带头捐书、广泛征书有密切关系。1905年《国粹学报》创刊号刊登《国粹学报略例》就征书发声："本报'撰录'一门，搜罗我国佚书遗籍，征采海内名儒伟著，皆得之家藏手钞未曾刊行者，为外间所希见之本，至可宝贵。""本报首每号附中国历代学人遗像一二幅，皆搜求采访得之极难者，海内收藏家如有此种遗像尚希见寄（无论绘本木刻），本报摹绘刊刻后仍可奉还。""本报刊行，原欲与我国学人讲习实学，俾收切磋之益。海内通儒如有专家著述，皆可惠寄本馆，代为刊登。"同时，邓实在《国学保存会小集叙》中也说明了征书和研究国学的目的："绸缪宗国，商量旧学。摅怀旧之蓄念，发潜德之幽光。"他大声疾呼："念铜驼于荆棘，扬秦灰之已死。文武之道，今夜尽矣。同人吾为此惧，发愤保存。"在1906年发表的《国学保存会简章》中亦宣称："志在收罗遗籍，其有古人已毁板之书，或尚有板而不多见之书，或写定未刊之书，或久佚之书，海内君子如有以上各书，皆可投寄本会，经同人审定，重版印行，还以印成之书若干部用答雅谊。""本会设藏书楼一所，凡海内君子有以古今载籍捐助者，当题名

册端，以志盛谊。"1907年5月，《国粹学报》发布《募捐小言》，感谢"海内外大夫君子慷慨捐助，俾集众力而成此公益不朽之举，何幸如之。西国藏书楼皆有地方公款，吾国民德未兴，骤难语此，然近日国家主义渐渐发明保存孤学、发扬国光，斯亦二三君子与有同责也"。

《国粹学报》1908年3月刊载张采田信，云该报"以保存中原文献为宗旨"，在民族危机十分严重的时刻，为使"吾道统绪不绝"，故"网罗天下放失旧闻"，以"见拾遗补艺之盛心"。1908年12月，《〈国粹学报〉今年及明年之特色》一文再次强调征书用意是"为中原文献之不坠"，"萃海内之菁华尽归于是"，并设"图画"专栏，凡征集之遗像、美术精妙之品皆用之博物图画。1910年，《国粹学报》发文《致谢海内寄赠书品诸同志》也总结了藏书楼开办以来，经海内收藏名家、好古君子的书籍、墨本、影片捐赠，弥补搜访之不足，并称捐赠"合兹众美，伟成巨观，使神明故胄耿光长留"，有助爱国怀旧之思。凡海内君子寄赠之品，藏书楼将"庋之藏书楼中，以留久远，并题名报告内。其有遗书轶籍，复为镂版印作丛书。金石墨本，则制成玻璃版铜版，印入《国粹学报》《神州国光集》。即有镂制不及，亦必谨慎收藏，以待次第印行，藉酬诸君子表扬国光之盛谊"。对典籍捐赠的意义、用处再次进行说明。

同时以名人名义发表的各种征书广告、表扬文章，也对国学保存会藏书楼馆藏发展起到了重要作用。1909年4月，叶公侠在《征求博物书籍》中说，我国博物之学源远流长，但古书多散佚，致使专家绝学沦没不彰。近来西学东渐，学校教育兴起，各种术语新旧并存，莘莘学子有过于崇尚西学而不知"吾国所固有"之学，因此"拟编中国博物学史志"，由于藏书所缺尚多，希望海内同志将各书寄上海《国粹学报》馆代收转交，他将估价寄奉。由于《国粹学报》的广泛宣传，诸多学术名家都投身到搜访遗书的工作中去。1910年10月，江苏东台人袁承业致书邓实说，抱病三载，足不出户，日事搜罗乡邦文献，搜得《季大来遗稿》及其遗像。并云东台遗老"如季大来先生者共十人，均能负气节、著文章，不入流俗"，准备将这些学者的撰述搜求汇刻为"东淘十一子"，希望各界支持。

国粹派还有一个重大的学术贡献，就是重新发现了被乾嘉考据学的历史尘烟所淹没的孙奇峰"夏峰北学"。1907年,《国粹学报》第9期载有汪国垣的一通书信:"读本年第五期报知《夏峰文集》尚未搜得,夏峰为北方大儒,其著述之富实与亭林、梨洲、船山三先生相埒,志节学行亦复相似。惟三先生之著述久已传播,禹域家有其书,而夏峰以一代大儒,其学行虽卓著于一时,而遗书几湮没于后世。……仆自抵板垣即留心搜访,前三年路过苏门,曾往访征君后裔,得其全书计十余种,尔后南北奔波,其书运回故里。今存行箧者尚有《夏峰文集》十六册、夏峰遗像一纸、《夏峰集外遗文》六篇。今由邮寄奉聊为后日作绍介,亦所以表章先哲于义不容辞也。"汪氏还详列了所搜访《夏峰遗书》的种数:《理学宗传》六函、《日谱》六函、《读易大旨》一函、《晚年四书近指》一函、《四书近指》一函、《中州人物考》二函、《畿辅人物考》二函、《年谱》一函、《孝友堂家乘游谱》共一函、《夏峰文集》四函。"夏峰北学"由此被挖掘,历史意义不可谓不大。

从1906年开始,国学保存会开始在《国粹学报》刊登《国学保存会报告》,每期中都备列《捐书题名》,揭示了藏书楼馆藏来源以表彰捐公。其中,"邓秋枚续捐基本书"条目下典籍最多,从中我们可知邓实是国学保存会藏书楼的基础馆藏捐赠人。除邓实之外,黄节"蒹葭楼"部分藏书亦成为藏书楼的基础馆藏。报告第一期《捐基本书题名》后有一段说明揭示了藏书楼的馆藏发展史:"本会藏书楼开办伊始,聚书约五六万卷,皆系集合邓秋枚、黄晦闻、刘光汉三君之书作为基本书籍。随后广征以图扩充。"1907年5月末,国学保存会藏书楼正式编撰馆藏书目。虽然藏书楼自开办后即编印书目,但以捐赠图书陆续而至,难免挂一漏万。加之所欲征求之书尚有多种,多方搜罗未获,故而迟延。"今计所庋之书刊本已有二万余册十五六万卷,仝人等遂决议开编书目,分别部类,务期详审,而书之属何版本、何人所捐均为详志。"藏书楼书目在当年秋天正式刊印,并对订阅《国粹学报》《国粹丛编》全份者,给以特别优例作为酬谢。而且如有续捐、新搜求之书收入藏书楼,将续编入目,每年发刊一册,这样可"使内地人士无由到楼阅书者,均可按目而求"。从《国粹学报》1908年分期所录《国学保存会藏书志》典籍可知,藏书楼馆藏多来自私人捐赠,如邓实"风雨楼"藏书、番禺沈氏藏书、仪征刘氏藏书等。

三、《国学保存会藏书志》的学术特色

1908年2月,邓实在开始发表《国学保存会藏书志》时,写了一篇类似序言的文字,颇可体现总结藏书发展、回应现实问题、志在发扬国光的学术思想。

通过梳理中国古代藏书与目录学术发展而得出"典籍者天下之神物,不能为帝王一家所私有",这样一个颇有革命性质的学术观点。在该序说中,据引了晚清著名经学家宋翔凤《铁琴铜剑楼书目序》。宋翔凤认为目录之学始于刘向、刘歆父子,《别录》《七略》《汉书·艺文志》体系相继,曹魏时期四部法的形成及宋、齐、梁、隋后各朝据"秘阁所藏,监令所掌"纂录官方簿籍;以梁处士、阮孝绪《七录》为最早"私行之目录",宋代晁公武《郡斋读书志》、陈振孙《直斋书录解题》作为后继私家编辑之书目详明曲畅,也开启了"典籍者天下之神物,不能为帝王一家所私有"的学术方向,仅就官府收藏多有忌讳、意有取舍而言,私家藏书"往往有人间珍帙而反为秘府所不收者",即便号称规模最大的《四库丛书》所录亦遗缺甚多,杭州丁氏八千卷楼藏书就收录了四库未收典籍达八千多种。他又指出了"私行之目录"与官本的不同,唐代《群书四部录》、宋代《崇文总目》等这些"官本多阙略",反而不如晁公武《郡斋读书志》、陈振孙《直斋书录解题》等"私家编辑之详明曲畅"。引言及此,邓实反问为什么,由此得出"典籍者天下之神物,不能为帝王一家所私有"这个具有革命意义的观点。邓实非常赞赏私家藏书不像官府收书"多有忌讳,意有取舍"而"往往有人间珍帙而反为秘

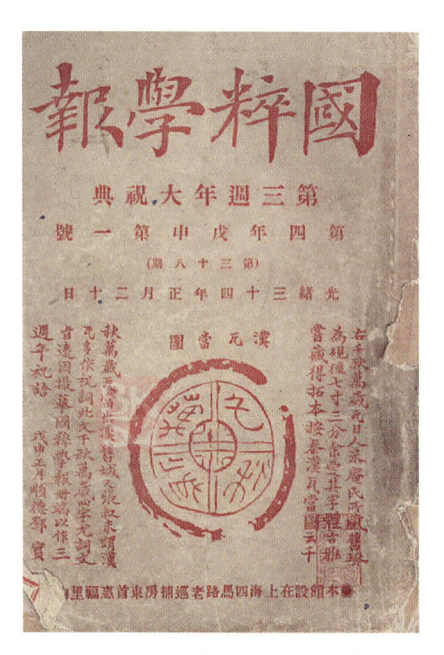

图2 1908年《国粹学报》第4卷第1号第38期封面
《国学保存会藏书志》首发此期,同时在《政艺通报》1908年第7卷第1期《湖海青灯集》(戊申上)发表。

府所不收",并云私家所录"虽断简残编靡不有其精神所在"。那么这种精神又是什么呢?邓实对后世小儒"每挟曲见私意妄为弃收,使古人精神不克尽见于后世"的行为,及"以一王之法令范围古人"的评价标准洞察甚深,痛惜非常。邓实对私家录存书目的高度评价是因为他们的"断简残编靡不有其精神所在",即便往往由于不少藏书家挟曲见私意妄为弃收,使"古人精神"不能全面流传,但这种精神被国学保存会继承下来了。加之,自晚明至晚清,私家聚书如范氏天一阁、钱氏绛云楼、毛氏汲古阁等收藏虽为繁富,但常受易代影响而多散佚。近代海内号为藏书家者如平湖陆氏皕宋楼、杭州丁氏之善本书室、常熟瞿氏之铁琴铜剑楼均刊行藏书志,虽有搜罗之勤、用志之苦,但亦不免星散零落之悲剧。皕宋楼所藏出售给日本财团,善本书室"以商业折阅"亦不能保其固有,后归之金陵图书馆。只有瞿氏子孙能珍其所守,至今犹存。邓氏慨叹,"天下之神物原无常在,惟善守者乃克长有"!

百年之间,东南旧家藏书的三种不同命运:一远在海外,一典于官家,一又僻在乡壤。读者阅书常有"江湖之阻,舟楫之劳",堪称无涯之憾。官府藏书也灾厄不断,尤其是庚子一役(1900年八国联军侵华),使"玉轴扬尘,遗弃道路",《永乐大典》寸简无存,导致厂肆朴架空存,"古香古色之可爱"书籍欲尽读而无从收罗。有鉴于此,国学保存会藏书楼从1905年至1908年,凭借各方捐赠借购,日积渐多,并已编成书目,其中孤本钞本多为海内所未见。但是,由于规则所限"不克登楼以观,仅读目录,则语焉不详",故仿照晁公武《郡斋读书志》、陈振孙《直斋书录解题》体例撰写藏书志,"条其源流篇目,间录原书序跋",那么"异书佳帙不必人人得读而人人无不知有是书,或因是编之绍介而益以搜求而遍读焉"。如此,即便遇到兵燹尽为灰烬,也有藏书提要以见典籍精妙法门。正因书籍别有择载,突遭陷乱后,也能"糟粕虽亡而精华不泯"。在晚清"世变之日亟,中原兵火之将羹沸"的危机之下,国粹保存者致力学术以示无悔之心。

邓实《国学保存会藏书志》从1908年发表到1911年,总共选取了39部典籍进行叙录,虽与国学保存会所接收的捐赠图书数量相去甚远,但多精校名跋、刊本抄本并存,以元明本为主,并重视宗教类和清代以来未能广泛流传的所谓违禁图书，如明遗民学者群体的著作。藏书志的写法与晚清山西藏书家耿文光《万卷精华楼藏书记》体例基本一致。以"《肇域志》十册"条为例，先列版本、藏书来源，次述各卷册传抄、校刊情况，次录该书自序及梁同书、阮元、梁章钜、吴钟、汪士铎等29位名家跋语以证书籍的递藏情况和学术价值，如汪士铎从汪梅村文集录出的《肇域志跋》《校刻肇域志商例》，充分体现出"造成有用之学"、保存国粹的学术思想。

总体上来看，国学保存会及其藏书楼带有典型的近代文化保守主义色彩，虽然在保存文献、学术研究方面做了一些有益尝试，对推进学术文化发展起到了积极促进作用，但其抑西扬中的指导思想在本质上与西学相抵牾，一定程度上限制了中国文化的现代化。

新书快讯

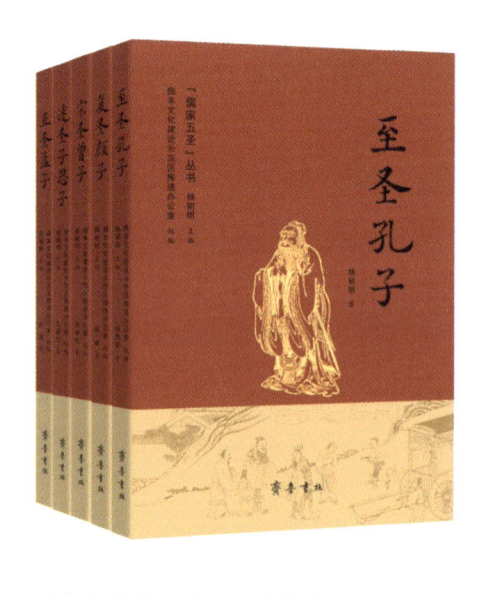

"儒家五圣"丛书
曲阜文化建设示范区推进办公室 组编
杨朝明 主编
平装 16开 2023年9月出版
总定价：260.00元

在中华传统文化中，圣人是最为崇高的人。在中国，中华民族最伟大的文化圣人主要指至圣孔子、复圣颜子、宗圣曾子、述圣子思子、亚圣孟子等。欲推进文化自信，就必须文化自知；要了解中华民族文化，不了解"儒家五圣"几乎不可想象。

"儒家五圣"丛书分别阐述了至圣孔子、复圣颜子、宗圣曾子、述圣子思子、亚圣孟子的生平事迹、思想观点及时代价值等，是一套通俗化、普及性的儒家历史文化读本，是济宁市文化"两创"工作的标志性成果之一。本丛书是杨朝明先生主编的扛鼎力作，首次将诞生并成长于邹鲁之乡的儒家圣人中最重要的五位，作为一个整体进行研究和呈现。这套丛书的出版发行，将有助于让更多的读者了解孔孟之乡、了解儒家文化，进而学好用好以儒家文化为代表的中华优秀传统文化。

长乐书屋藏书题跋（一）

李国庆

近期得暇赴海南，有幸登友人长乐书屋藏书楼，看其所藏历代善本古籍。检选若干种，草就题跋，分辑刊出，以飨同好！

一、两张用金粟山藏经纸缮写的书法作品题跋

今见两张用金粟山藏经纸缮写的书法作品。

先看金粟山藏经纸。

所谓金粟山藏经纸，乃北宋金粟山大藏经用纸者也。这部北宋缮写的《金粟山大藏经》的问世，实在特定背景下产生的。宋初太祖赵匡胤提倡佛教，全国抄经盛行。开宝年间印制《开宝藏》。北宋中期，金粟寺专为皇家寺院抄写藏经，自产写经用纸，就是这种金粟山藏经纸。当时，由浙江海盐金粟寺广惠禅院发起并组织缮写的一部佛教大藏经，其卷端往往写有"海盐金粟山广惠禅院大藏"，所以，自宋以来人们习惯称其为《金粟山大藏经》。缮写之余，有些金粟山藏经纸自寺院流出，成为后人追捧之宝物。

天津图书馆收藏一部《佛说广智经》，是现存不多的北宋金粟山大藏经的零本。正文钤盖文渊阁和杨守敬印章。据此得知，此书经明代文渊阁收藏，自流出宫廷后，转入民间，近代归杨守敬收藏，嗣后辗转入藏天津图书馆。此经展卷自有惊人之处，诚如明代胡震亨在《海盐县图经》中的记载一样：金粟山藏经系用硬黄茧纸，内外皆蜡磨光莹。以红丝栏界之，书法端楷而肥，卷卷如初出一手。墨光黝泽，如髹漆可鉴。纸背每幅有小红印，曰"金粟山藏经纸"。

《金粟山大藏经》为历代收藏家所重视，被奉为至宝。而金粟山造的大藏经用纸，流传于世者，更是稀罕物，千金难求。乾隆皇帝甚是喜欢金粟山大藏经纸，自己都省着用。曾多次赋诗咏之，如《赋得金粟山》等。曾用金粟山大藏经纸，御笔书写了《斗鹿赋十条屏》。曾御笔题《秋花图》轴，此乃金粟山大藏经纸本。曾仿制金粟山大藏经，并在纸上钤盖"乾隆年仿金粟山藏经"长方朱文印（四角无楞）。还用仿制金粟山大藏经纸，雕版印制了《御制妙法莲华经》一书。此书原本在故宫博物院，笔者曾有幸见过。展卷可见，纸乃浅棕黄色，带有豹皮图纹。

　　因为笔者对天津图书馆收藏的这部《佛说广智经》亲自进行过编目，研究再三，对北宋金粟山造的大藏经用纸的颜色、界行、纸性及钤印等细微之处，了然于胸。又因为笔者见过清代乾隆皇帝仿制的金粟山大藏经纸，其雕版印制的《妙法莲华经》一书，自己也曾把玩再三，除得手感外，更知其纸色与图文模样。笔者用上举北宋金粟山大藏经零本《佛说广智经》，乾隆皇帝用仿制金粟山大藏经纸来雕版印制《妙法莲华经》，来印证长乐书屋所藏两纸，是因为长乐书屋所藏两纸与北宋金粟山藏经纸完全一样，别无二致。也就是说，长乐书屋所藏两纸是北宋金粟山藏经纸，绝非乾隆皇帝仿制的金粟山大藏经纸，更不是一般习见的书法用纸。

　　再观书法作品。

　　用传世的金粟山藏经纸写字，多由名家为之。究其缘由，不外乎两点：其一斯纸名贵，千金难求，一般书家既无此奢望，更无力为之。其二斯纸利于写字，较之一般宣纸，更可以尽兴发挥。

　　用稀世的北宋金粟山藏经纸写字，笔者知见者尚有几家。例如，明代王宠草书《李白诗卷》，书于"金粟山大藏经纸"上；明代文徵明梅竹图及行书《中秋诗》，书于"金粟山大藏经纸"上。两者均为人间罕物。

　　用稀世的北宋金粟山藏经纸写字，最有名者，当推元代赵孟頫。赵孟頫十分喜欢用自己珍藏的金粟山大藏经纸写字，曾用它写《般若波罗蜜多心经》等。他写的小楷《汉汲黯传》，被后人赞为神品。小楷《汉汲黯传》，末尾题署："延祐柒年九月十三日吴兴手抄此传于松雪斋。此刻有唐人之遗风，余仿佛得其笔意如此。"此小楷册页，共计10页。每行十六至十八九字不等。乌丝栏，高广17.6厘米×17厘米。赵孟𫖯小楷《汉汲黯传》，文中缺197字，系明代文徵明所补。赵孟𫖯自称《汉汲黯传》得唐人遗风笔意。清代冯源深评云："此书方峻，虽据欧体，其用笔之快利秀逸，乃从《画赞》《乐毅》诸书得来。"倪瓒也说："子昂小楷，结体妍丽，用笔遒劲，真无愧隋唐间人。"

两纸册页书法作品，文字内容照录如下：

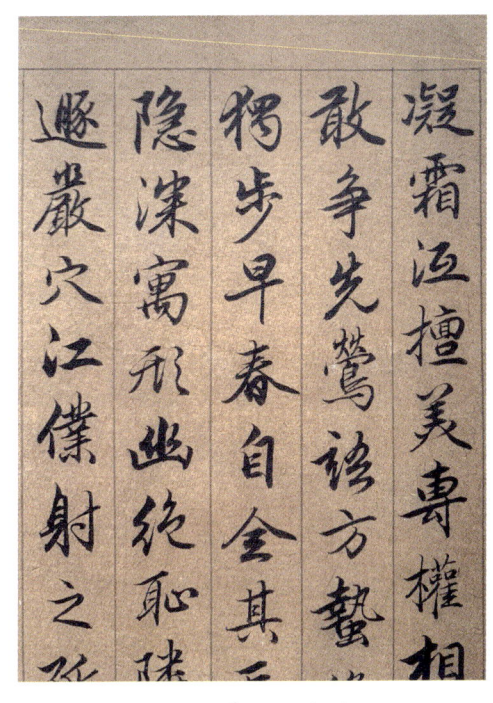

图1　第一纸书法

凝霜冱擅美专权相彼百花孰敢争先莺语方蛰蜂房未喧独步早春自全其天至若措迹隐深寓形幽绝耻邻市廛甘遁岩穴江仆射之孤灯向寂不怨凄迷陶渊明之三径投间曾

（以上文字为第一纸）

无惰结贵不移（此处原缺一字）于本性方其俪于君子之节聊染翰于寄怀用垂示于来哲从父见而勖之曰万木僵仆梅英载吐子善体物永保贞固

（以上文字为第二纸）

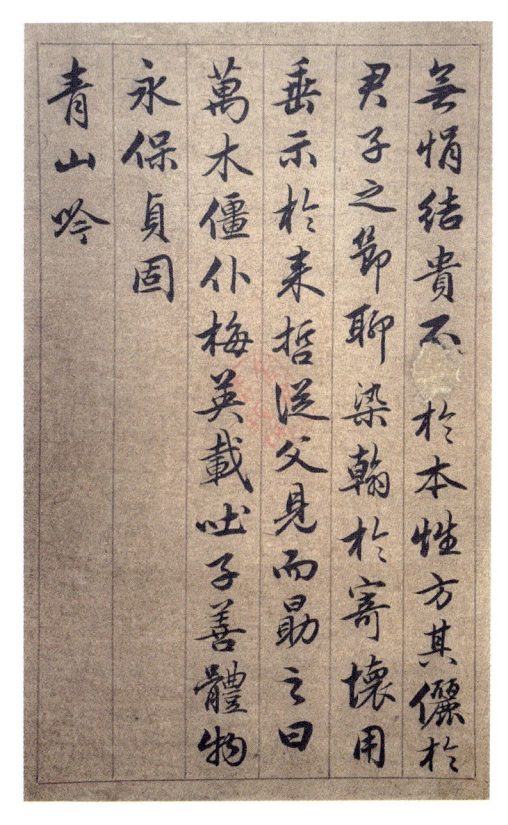

图2　第二纸书法

观其文字，乃唐代宋璟所撰《梅花赋》之片段。观其纸乃淡黄色，乌丝栏，每纸六行，行十二。观其书法风格，端楷书写，高清墨迹，敦重典雅。观其钤章，在第二纸的上面钤有一枚小红印，曰"金粟山藏经纸"。观其书法风格，与赵孟頫小楷《汉汲黯传》在笔意、运笔、字形完全一样，如出一辙，几乎达到了神似。

据此笔者大胆推测，长乐书屋藏两纸书法作品，存在两个可能：其一，出自赵孟頫之手，这最有可能。两纸书法是赵孟頫传世的又一作品，若此推测成立，将是一个重大发现。其二，可能模仿赵孟頫笔意而出自元明某书法高人之手，这种可能的存在，微乎其微，有待来者证之。

二、稿抄校本《春秋左氏疑义答问》题跋

长乐书屋珍藏一部善本古籍《春秋左氏疑义答问》，其特别之处在于集稿、抄、校三者为一体，且均出自三位近代中国革命先驱、国学大家之手。稿者，章炳麟誊清稿本是也；抄者，黄侃缮录是也；校者，钱玄同校雠是也。兹述其详如次。

章炳麟（1869—1936），清末浙江余杭人，号太炎，后以字行。清光绪二十三年任《时务报》撰述，二十六年入"张园国会"，力倡革命排满。二十八年赴日本，发起"支那亡国二百四十周年纪念会"，图求推翻清政府。后与蔡元培共组中国教育会，设爱国学社，于《苏报》发表《驳康有为论革命书》及《革命军序》等。"苏报案"后被捕入狱。出狱后至东京，入同盟会，任《民报》主编，抨击改良派。辛亥革命后归国，任总统府枢密顾问。后曾因策动讨袁遭软禁。晚年寓苏州。立章氏国学讲习会，从事讲学活动。对文字学、声韵学、经学、诸子学都有精深研究，著述宏富。他的革命著作、哲学著作主要有《訄书》、《文始》、《国故论衡》、《驳康有为论革命书》、《诸子学略说》、《无神论》、《建立宗教论》、《俱分进化论》、《排满评议》及《驳建立孔教议》等，大都收在《章氏丛书》、《续编》和《三编》中。他是中国民主革命先行者之一和近代国学大师。

章太炎早岁入诂经精舍，从名家俞樾学经史。后应聘充任张之洞幕僚。张之洞在《书目答问》中说："由小学入经学者，其经学可信；

由经学入史学者，其史学可信。"章炳麟师从名家，其在小学、经学及史学等领域均有建树，成就斐然，影响深远。

近代一批学者均从其游，后多成名家。其中，钱玄同、黄侃二人，在早期求学、从事革命活动等方面始终追随业师，堪称章炳麟得力门生。

钱玄同（1887—1939），于清光绪三十二年（1906）留学日本，入早稻田大学读文学。又从章太炎习文字学。长期从事音韵训诂学研究。在日期间受业师影响，加入同盟会。

黄侃（1886—1935），早岁肄业于湖北文普通学堂，后东渡日本留学，师从章太炎。擅音韵训诂之学，兼及文学，尤善填词。精书法，尤善籀篆。受业师影响，在日期间加入同盟会。

在政治方面，于民主革命时期，师徒三人同为同盟会成员，携手共进，为早期的中国民主革命事业贡献了力量，遂成中国民主革命的先行者。其事迹，名载史册。在治学方面，师徒三人合作，曾共事一书，或撰述，或缮写，或校雠，斯事世人知者甚少。

说撰述。章太炎撰《春秋左氏疑义答问》五卷。

此书正文，以自问自答形式行文。先以"问"字立目，次以"按"字解答。每条答问，各为一段，条理清晰。例如卷一开篇第一个问答。文载："问：孟子言，世衰道微，臣弑其君，子弑其父。孔子作春秋，而乱臣贼子惧。今国体变易，臣弑其君，典刑已绝；子弑其父，不涉国事。委诸狱吏耳。将春秋果垂法万世，抑无用于今邪。按：君臣之与长属，名号少殊，典礼有隆杀焉尔。之纲之纪，亦何差池。作乱犯上之诛，于今仍未替也。且左氏谓春秋之称，惩恶而劝善"云云。

《春秋左氏疑义答问》是章太炎晚年讲解经学的代表作之一，其中不乏对孔子的独创性见解和阐释，反映其晚年经学思想。1932年，章太炎为了劝说张学良出兵东北，不顾年老毅然北上，并将最擅长的国学传播广大青年学子，以激发青年们的爱国思想。号召青年要洞察社会经济和历史演进，宣扬爱国精神，鼓励抗日。

《春秋左氏疑义答问》的传世版本还有：民国二十二年（1933）刻《章氏丛书续编》本、民国二十四年（1935）章氏国学讲习会单行铅印本，以及解放后出版的几个版本。

说缮写。章太炎的弟子黄侃，为其缮写《春秋左氏疑义答问》五卷书稿。

弟子黄侃缮写书稿的缘由，大致推测，是这样的：《春秋左氏疑义答问》五卷，章太炎完成撰述后，将手稿本交给弟子黄侃缮写。小楷缮录，字迹俊秀，一丝不苟。这部黄侃缮写本，应该是章太炎手稿的誊清稿本。黄侃缮写的这部誊清稿本十分重要，后出诸本，悉从此处。

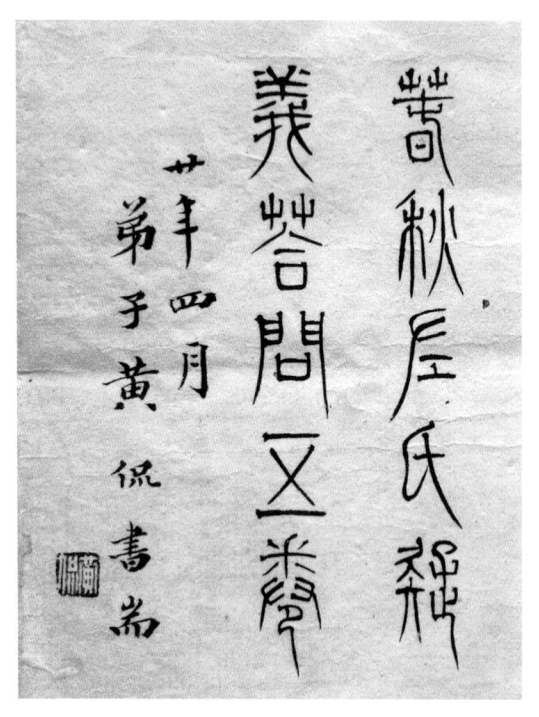

黄侃缮写本，一册，开本为15.6厘米×27厘米。卷首扉页，黄侃墨笔篆字题写书名："春秋左氏疑义答问五卷　廿年四月，弟子黄侃书耑。"钤盖"黄侃"白文方印。

图3　黄侃题《春秋左氏疑义答问五卷》

正文每半页10行，行17字，小字双行字同。四周单边，白口。每页左栏外下题"黄侃"二字。据此得知，此书是用刊有"黄侃"题名的特制蓝色方格稿纸缮写而成。全书凡168页，3万余字。《黄侃日记》（2001年江苏教育出版社出版）第680页载："上先生书，双挂号寄上《春秋左氏疑义答问》二册。"据此获知，这部黄侃缮写本全书为二册。今存其中一册，即卷一至卷二下。其余阙如，不知今藏何所。待持币征访，以求珠联璧合。斯事若成，章公九泉含笑，亦乃一大幸事也。

全书正文，主要由弟子黄侃缮写而成。黄侃在为《春秋左氏疑义答问》所作的后跋中说得更加明白："章公《春秋左氏疑义答问》五卷，侃幸先得受读而缮写之。"饶有趣味的是，正文除了主要由黄侃缮写的部分，弟子钱玄同还用墨笔缮写了15页。这些细微之处，尽显两位弟子的尊师之道。

说校雠。章太炎用朱墨笔通校《春秋左氏疑义答问》。

弟子黄侃完成缮写本后,呈交师尊章太炎。章太炎用朱墨笔通篇批校。其中有6处,章太炎把批校文字直接写在了宣纸签条上,然后粘在书眉处,足见其重视程度。还有一处,正文有批语,眉端写签条,例如:第一卷第十六叶,章太炎先在正文处批语:"昭公经晋荀,吴帅师败狄于大卤。大卤传作大原,二家经亦作大原。"后把这段批校文字写在宣纸签条上,粘在书眉处。

翻检正文,不难发现,还有11处是钱玄同批校文字。例如在一处眉端,批云:"此'书'字不可通,检左疏,是'去'字,已授改正。玄同。"

这部《春秋左氏疑义答问》,后来被收入《章氏丛书续编》中。弟子黄、钱两人,还参加了《续编》本的校刊任务。

章太炎在中国近代历史上属于叱咤风云的人物,革命先驱者之一。其弟子黄侃、钱玄同一生追随其左右,遂成一代名家。这种由师徒携手合作完成的书稿,十分罕见,洵为孤本秘籍。其具有特别重要的文物、文献及书法艺术价值,在

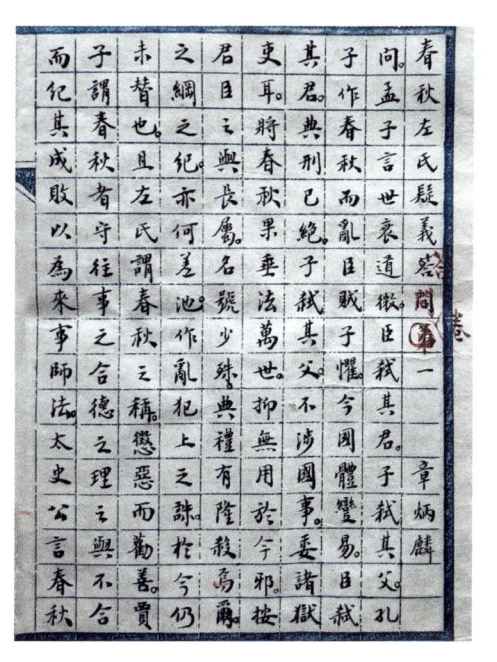

图4 章太炎朱墨批校

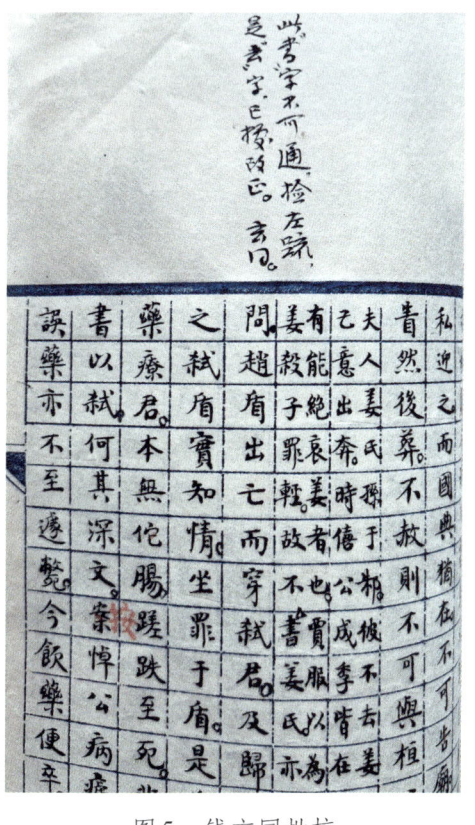

图5 钱玄同批校

· 雪泥鸿爪 ·

中国近代史和文化史上占有特殊地位。师徒三人共事一部书而各尽其才、各施其技、各擅其能，造就了这部稿抄校本《春秋左氏疑义答问》，堪称一部具有传奇色彩的惊人秘籍。

今略述颠末，是为跋。

好书推荐

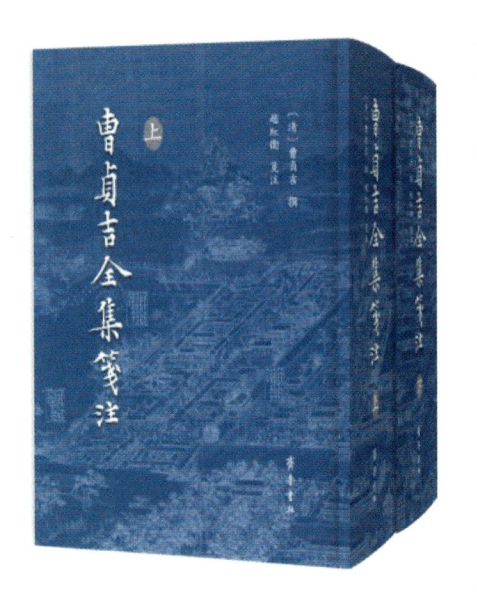

《曹贞吉全集笺注》
〔清〕曹贞吉 撰 赵红卫 笺注
精装 32开 2022年6月出版
ISBN 978-7-5333-4545-7
定价：258.00元

本书为2011—2020年国家古籍整理出版规划项目，2017年度国家古籍整理出版专项经费资助项目。

曹贞吉（1634—1698），山东安丘人，清康熙时期著名文学家。以词名世，风华掩映，寄托遥深，与纳兰性德、顾贞观并称"京华三绝"。《四库全书》著录清人词集，独取曹贞吉《珂雪词》。其诗气清力厚，情感真挚，风格遒劲。本书收录曹贞吉《珂雪词》《珂雪初集》《珂雪二集》《珂雪三集》《珂雪三集古近体诗》《朝天集》《鸿爪集》《黄山纪游诗》《珂雪文稿》，另有诗、词、文补遗若干。共计得词257首、诗1255首、文40余篇。《珂雪词》以清张潮康熙刻乾隆增刻本为底本，《珂雪初集》《珂雪二集》《朝天集》《鸿爪集》《黄山纪游诗》以各集的康熙刻本为底本，《珂雪三集》《珂雪三集古近体诗》及《珂雪文稿》以《安丘曹氏家学守待》钞本为底本。此次整理包括"校订""笺注""辑评"三项内容。校订底本与各校本之异同；笺注古典、今典、成句、名物等；辑录王士禛、朱彝尊、陈维崧、赵执信等人的评语。书后附有序跋、题记、诗话、词话、题评，以及曹贞吉的相关传记资料，以知人论世。

蒋藩梧荫楼藏书《陶靖节诗注》题跋辑释

马 珂

蒋藩(1871—1944),字恢吾,号蓼庵,祖籍河南睢县,后迁杞。光绪二十八年壬寅(1902)补行庚子、辛丑(1900、1901)恩正并科河南乡试举人,朝考大挑一等,授职拣选知县(未任)。晚清及民国年间河南著名学者之一。蒋藩博览群书,学力深厚,其居室"梧荫楼"藏书数万卷。平生潜研经史,文宗昌黎,诗法少陵,史尊马班,造诣精深,尤擅长史志,精于金石考证,曾受聘纂修《杞县志》《河阴县志》《河南通志》。蒋藩方志学思想前人已有相关研究成果,其藏书研究可见韦绪智《不见经传的藏书大家——蒋恢吾》、范凤书《河南近代大藏书家蒋藩梧荫楼藏书》、赵长海等《建国初期蒋藩、武福鼐捐赠河南省图书馆史事考》等文。既往研究成果对于蒋藩藏书情况及捐赠河南省图书馆做了整体宏观研究,但还未深入细致。

蒋藩喜欢陶渊明集,所收不下十数本,即仿宋刻本者亦不下五六本,光绪十一年丁艮善在陈州仿宋刻本汤汉注《陶靖节诗注》是其藏书之一种。新中国成立后,蒋藩藏书多归河南省图书馆收藏,该书即为河南省图书馆馆藏蒋藩藏书之一种。

一

宋汤汉《陶靖节诗注》四卷,这个注本主要以诗为主,文只有后附的《桃花源记》和《归去来辞》。汤汉字伯纪,饶州安仁(江西余江)人,南宋理宗时任秘书少监知福州,度宗时为兵部侍郎、直学士,传见《宋史》卷四三八。汤汉《陶靖节诗注》有南宋原刻本存国家图书馆，此外，又有乾隆四十五年（1780）吴氏刻本、嘉庆元年（1796）吴骞拜经楼丛书本和光绪年间会稽章氏重雕《拜经楼丛书》本、光绪十一年（1885）丁艮善在陈州据乾隆本重刻本。

蒋藩所藏即为光绪十一年（1885）丁艮善在陈州据乾隆本重刻本宋汤汉《陶靖节诗注》四卷。蒋藩尤爱此书，据此刻本另抄一本丰富其藏书，又在此书上过录杨时、沈德潜、薛瑄对于陶诗的评价或诗作。蒋藩又五次题跋该书，其题跋时间跨度长达几十年，基本上贯穿了蒋藩的一生，其时境不同，读《陶靖节诗注》一书的心境亦不同。兹将蒋藩过录杨时、沈德潜、薛瑄对于陶诗的评价或诗作和蒋氏题跋，录文并作释读，以飨读者。

（一）蒋藩过录之文

1. 杨时评价陶诗之文：

杨文靖公曰："陶渊明诗所不可及者，冲澹深粹，出于自然。若曾用力学诗，然后知陶诗非着力之所能及。"

杨文靖公，即杨时，过录之文系出于《龟山先生语录》一书。

2. 沈德潜评价陶诗之文：

沈确士云："清远闲放，是其本色，而其中自有一段渊深朴茂不可几及处，唐人王、储、韦、柳诸公，学焉而得性之所近。"

沈确士，即沈德潜，过录之文系出于《古诗源》一书。

3. 明河东薛文清公读陶诗五古云："靖节一何高，理凿时运表。返耕甘苦饥，弃世乐枯槁。所以见诸诗，淡泊出天造。掩卷思其人，清风起林杪。"光绪乙未（1895）春三月初旬。恢吾手录简端。

薛文清公，即薛瑄，字德温，号敬轩，谥文清，有《薛文清公文集》。蒋藩过录薛瑄《读陶诗》一诗。

（二）蒋藩题跋

1. 1902年，蒋藩第一次题跋

清光绪壬寅（1902）十月二十七日，蒋藩首次题跋《陶靖节诗注》一书。

壬寅初冬，余初试乡闱，劳劳往返，经涉弥月。迨命驾东归，幽居多暇，偶检旧本陶诗，玩诵流连，爱不忍释。其词旨高妙，前人言之至矣。余独叹其超然物外，与道大适。凡其所为吟诗嗜酒，皆属寄托。清节类伯夷，而不为首阳之饿；穷苦似颜渊，而不闻郭田之入。观其所存，非仅古高士之所能侪矣。乐天知命，遁世无闷，吾于靖节仿佛遇之。光绪壬寅（1902）冬十月念七日灯下，八警居士题辞。（注：蒋藩大字题跋）

在此题跋中，蒋藩提到了自己参加乡试之事："壬寅初冬，余初试乡闱，劳劳往返，经涉弥月。"参加乡试后，蒋藩东归回杞，闲暇时，在书箧中检得是书，"玩诵流连，爱不忍释"。蒋藩过录前人评价陶诗之文和诗作，还对陶渊明诗作做了自己的评价："余独叹其超然物外，与道大适。凡其所为吟诗嗜酒，皆属寄托。"将陶渊明的清节与伯夷类比，穷苦与颜回类比。从陶渊明的"乐天知命，遁世无闷"之人生境界，蒋藩关怀到自身，"吾于靖节仿佛遇之"。蒋藩遇到了陶渊明，如同遇到与自己同样的人。

2. 1917年，蒋藩第二次题跋

此册余于光绪丁亥（1887）秋七月望日购诸杞城北关小书摊上，价不满百，其后晨夕翻阅，久而愈亲，今三十一年矣。偶于故箧中检得，重加装潢，以示珍秘意意云。丁巳（1917）冬十月，望日，识于朱襄。（注：蒋藩小字题跋）

在此次题跋中，蒋藩提到了自己收藏《陶靖节诗注》一书的时间和地点，此时距蒋藩购藏该书已经过去三十一年了，蒋藩又重加装潢保护之，并题签"仿宋本陶诗注，丁巳（1917）冬十月，恢吾署签。恢吾重装于柘城公署之西斋"。

3. 1918年，蒋藩第三次题跋

其一：余平生无他嗜好，惟有嗜书癖，四十年来竭力搜罗，计不下十万卷，而此书之获为时独早，其珍惜亦愈甚。一若欧阳之于旧本韩文也者，每一展诵不觉意移，匪独陶公之诗之佳，亦以早岁所肄周旋最久，有非他书所能及尔。戊午（1918）四月五日识。（注：蒋藩小字题跋）

其二：此余三十二岁时所题文，虽不工，颇有悟适之趣。未几，乡榜报捷，尘缘垄接，而潜居蛰处之夫遂转而为东西南北之人矣。忽之十余年，劳攘未息，乃思蓬蒿满径，静对古人，时况味迥不相若，安得远转高卧,追寻旧日之乐,以偿此夙愿,而诵读平生未见之书耶?书竟,为之怅然。戊午(1918)夏四月浴佛前三日。(注:蒋藩小字题跋)

此次题跋,蒋藩作了两则。第一则讲述了自己性喜藏书,收书长达四十余年,收藏了数十万卷书。而《陶靖节诗注》一书由于收得较早,蒋藩经常诵读展玩,有了深情。第二则题跋则是对于光绪壬寅冬十月题跋的进一步解释说明,并抒发自己的人生感慨。蒋藩于光绪壬寅参加乡试之后,由杞县一地走出来,从"潜居蛰处之夫"遂转而为"东西南北之人"。从此尘事烦扰,蒋藩不能再像以前一样静心读书。追寻旧日之乐,诵达平生未见之书之心愿也达不到了。书完此则题跋,蒋藩怅然若失。

4. 1939年,蒋藩第四次题跋

此余二十五岁馆许氏书于学舍者,至今四十有五年矣。展视,不胜今昔之感。己卯(1939)夏四月五日记。(注:蒋藩小字题跋)

此次题跋,蒋藩作了一则,是则题跋是对于光绪乙未春过录薛瑄之诗作的说明。光绪乙未春蒋藩过录薛瑄之诗,时年蒋藩二十五岁(虚岁),在许氏家当老师。蒋藩感慨岁月悠忽,展示《陶靖节诗注》一书,睹旧物伤神,遂有不胜今昔之感。

5. 1943年,蒋藩第五次题跋

其一:余性爱诗,尤深嗜渊明集,所收不下十数本,即仿宋刻者亦不下五六本,而此册题识凡五则,自得书至今五十有七年矣。癸未(1943)正月十日记。(注:蒋藩小字题跋)

其二:余今年七十有三,目力昏眊,不能作细字,然犹欲勉为之,以与昔年较优劣,殊不自知其涂抹可笑也。癸未(1943)正月十日。(注:蒋藩小字题跋)

其三:余所见陶诗靖节像多近方板,惟此刻有萧然尘外之致,展对之余,为之起敬。蓼盦老人识,癸未(1943)正月十日。(注:蒋藩小字题跋)此跋题在《靖节先生小象》页。

其四:此本乃吴仲怡中丞守淮阳时所刻,流行豫中者颇广,余得书时距初印仅年余,犹若新椠,后此所得亦无甚优绌。然已不知其孰为先后矣。癸未(1943)上元前五日题于梧荫楼之西窗,时年七十有

三，恢吾。（注：蒋藩小字题跋）

1943年，蒋藩将要走到人生的尽头，第五次作题跋。此次题跋，蒋藩作了四则。题跋一，蒋藩提到了自己性爱诗，尤其深爱陶诗，收集不同版本的陶诗达数十本之多，仿宋刻本者亦不下五六本，而对于此书尤其喜爱，自称题跋五则。题跋二，由于年老体弱，视力下降，蒋藩作小字的能力大不如以前，还勉强尽力作之，与壮岁所作比较优劣，蒋藩自嘲此举"殊不自知其涂抹可笑也"。题跋三，蒋藩评价了是书中陶靖节先生小像，称此像"有萧然尘外之致"，展对之余，蒋藩起了敬心。题跋四，蒋藩则记述了该书的版本，"此本乃吴仲怡中丞守淮阳时所刻，流行豫中者颇广"。蒋藩在该书刚刊刻行世时，即收得之，"余得书时距初印仅年余，犹若新椠"。此后所获其他版本陶诗较多，蒋藩都记不得孰先孰后了，"后此所得亦无甚优绌。然已不知其孰为先后矣"。

从蒋藩过录之文和题跋可知，蒋藩于清光绪丁亥（1887）秋七月望日在杞县城北关小书摊上购得《陶靖节诗注》一书，日夕诵读，手不释卷，喜爱之情溢于言表。在此后的人生当中，五次题跋该书，反映了不同的人生境况。蒋藩爱看陶诗，自己也喜作诗，留存下来的诗集有《梧荫楼诗稿》《梧荫楼诗钞》等。

蒋藩具有明确的古籍保护收藏意识，通过重新装潢《陶靖节诗注》，对其进行了保护。同样是通过重新整理散乱的书页，装潢成书，起到保护古籍作用的还可见蒋藩所藏《今是园文存》一书。蒋藩在《今是园文存》一书题跋中称"余购此册时卷帙零落，篇幅散乱，因详加校订，珍而藏之箧笥。光绪丙申初夏朔，恢吾题识"。经蒋藩重新装订的还有明万历本《沈石田先生落花诗附刻四家和韵》，封面题"恢吾重订于静娱书室"；《古今源流至论》封面题"徽吾手重订"；《临漪园诗集全卷附文集一卷》，封面题"恢吾装订于大梁寓馆"等。

二

蒋藩不仅在刻本上过录杨时、沈德潜、薛瑄之文，五次题跋该书，同时还据该刻本，另抄一本以丰富收藏。

蒋藩于1918年手抄《陶靖节诗注》，行款与刻本同，绿格稿纸，版心印"松茂恒",封面题"汤注陶靖节先生诗集,戊午初夏恢吾手钞于朱襄"。卷四卷末题"戊午夏四月浴佛节前二日写后一日讫,恢吾识于柘署之寄轩"。钤"徽吾印""恢吾过眼""夜静则书瑰自生""恢吾""蒋藩字徽吾印"。

蒋藩通过抄写方式丰富的藏书不止这一种,用"松茂恒"抄纸的还有《白香斋词谱》一卷,(清)舒梦兰编;《遽怀堂诗集》一卷、《遽怀堂诗集后编》一卷,袁翼著,封面题"白香词谱,丁巳春重装,恢吾手钞于大梁"。《珠玉词》一卷,(宋)晏殊撰,附《闻者轩帖考》一卷,(清)孙承泽述,《醒花轩词选》一卷,(清)姚诗雅著。《珠玉词》中记有蒋藩《己巳嘉平月所得书》书目一份:《使粤日记》二卷,李钧。《绛帖》十册,黄绫旧裱,6元。《圣教序》、《百门陂碑》一册,1元。《齐太公碑》以下五种一册,1元。《盘山志》五六两卷,残本,赠。《钱注杜诗》八册,15元。《宋诗纪事》三函。《步天歌》钞本一册。《金石丛书》两函十六本,2元。河南省图书馆馆藏《杜工部集》二十四卷,清康熙六年(1667)泰兴季氏静思堂刻本。该书第一册封面题"钱注杜诗,第一册,梧荫楼藏本",即为上述书单中《钱注杜诗》一书。

蒋藩抄本还有"笃雅堂日抄"用纸,如河南省图书馆藏《弢峰日记》一书。是书二卷,(清)胡具庆著,蒋氏笃雅堂抄本,版心下印"笃雅堂日抄",卷末蒋藩题跋一则:"右日记二卷,乃先生晚年在石泉任时及归里后所记,至属纩前数日始绝笔。大都随事发明,随时体认之语,而晰理之精、向道之勇、自治之密,洵曾子所谓仁以为己任,死而后已者。盖平日慎独之学,至是而益深矣。曩从先生孙雍甫孝廉假得此稿,移写副本,冀得公之于世,不至湮没云。辛未春日后学蒋恢吾敬识。"在此题跋中,蒋藩评点了胡具庆《弢峰日记》一书的内容和特点,记述了其抄写成书的经过。

蒋藩从事抄书工作不只是他一人,还有其他人相助。河南省图书馆藏蒋藩抄本《读书录》十一卷、《读书续录》十二卷,(明)薛瑄撰,封面题"恢吾氏读本",卷末题"清光绪十九年癸巳秋九月既望,求愧作斋主人抄于槐堂","此书余抄于八月晦前日,至十月十九日始竣,襄其事者刘生铭堂、李生联芳、舍甥克昌也。识此以明助予者"。由卷末蒋藩题跋可知,抄本《读书录》系由蒋藩与外甥克昌和刘铭堂、李联堂于光绪十九年合力抄写完成。《读书作文谱》十二卷，清唐彪著，封面题"蒋藩手校钞本"，卷二卷端题"门人李庆霄代钞"。

蒋藩抄书不仅抄古籍，亦抄近现代文人作品。如近代文学家、翻译家林纾所著《文微》一书，河南省图书馆藏有蒋藩梧荫楼抄本。

三

韦绪智《不见经传的藏书大家——蒋恢吾》一文探讨了蒋藩梧荫楼藏书不为人知的原因，在于记载蒋藩藏书信息的《梧荫楼文钞》印刷时间是在1943年日伪时期，且印量少，只用以分赠好友，故不为藏书界所知。范凤书认为，由于没有文献记载，不见书目，蒋藩到底都有哪些珍贵之藏，不甚详知。而新中国成立之后蒋藩后人捐献蒋藩藏书给河南省图书馆，由于此事不见文献记载，具体有多少数量和种类捐献给河南省图书馆，亦不得而知，是一笔糊涂账。河南省图书馆周新凤在多年的古籍编目和古籍普查工作中，对蒋藩著述及其藏书进行了关注，在《建国初期蒋藩、武福鼐捐赠河南省图书馆史事考》一文中，以目录形式罗列了河南省图书馆有关蒋藩的著作和收藏图书。

蒋藩爱书成癖，撰有《癖书文》一文表达自己藏书之癖，上述《陶靖节诗注》一书蒋藩五次题跋该书，也体现了蒋藩藏书爱书之痴。蒋藩藏书、抄书的数量和品种，还有待于进一步的揭示和研究。经蒋藩收藏过的书籍，除了钤有蒋藩藏书印，一般还有蒋藩拟题，少量有题跋。河南省图书馆馆藏蒋藩藏书，有蒋藩题跋的还有《怡古堂书录》一卷，（清）常茂徕撰，稿本；《礼记类诠》十卷，（清）胡具庆撰，清抄本，等等。随着全国古籍普查工作的开展，普查工作著录文献的书名、责任者、版本、批校题跋及收藏信息，无疑将对深入探讨蒋藩在藏书方面的成就起到直接的推动作用。

黄裳旧藏题跋七种辑释

宋文娟

近几年，随着古籍工作的推进，笔者有幸深入天津市多家藏书单位进行古籍普查，在工作中发现多部黄裳（1919—2012）旧藏古籍，其中天津图书馆六部，天津市文学艺术界联合会一部，上均有黄裳题跋，现整理出来，以飨同好。

一、西溪丛语二卷，（宋）姚宽撰，明嘉靖二十七年（1548）鸺鸣馆刻本。十行二十一字，小字双行同，白口四周单边。版心下镌"鸺鸣馆刻"四字。二册。天津图书馆藏。

此本《白叙》后有黄裳墨笔题跋一则：

此嘉靖中鸺鸣馆刻《西溪丛语》，系有名之书，藏书家皆重之，黄荛翁且不惮再三跋之。余旧藏一本，系海虞瞿氏旧物，继又收得天一阁旧藏卷下一册，同有鸺鸣馆字样，而却非一刻也。今日于书铺中又见此书，重其为陆南村故物，仍买之归。一书而储至三数本，殆可谓书痴矣。此本少有缺番，暇当据瞿本补之。癸巳（1953）腊月初九日，小燕。（下钤"黄裳小雁"朱文方印）

按：黄裳所语，他共藏有三部《西溪丛语》：

一部为海虞瞿氏旧物，一函一册。此本近年曾经两次拍卖：一次为北京海王村拍卖公司2017年春季书刊资料文物拍卖会"古籍善本、碑帖、西文、影像专场"，LOT号为1177；一次为北京孔网拍卖有限公

2021年秋季文物拍卖会拍卖"古籍善本　西文经典"专场，拍品号为2371。其版心下亦刊"鹈鸣馆刻"四字，钤"容家书库"白文方印、"黄裳藏本"朱文长方印、"草亭侯"朱文长方印、"黄""裳"白文连珠印、"黄裳青囊文苑"朱文长方印、"黄裳珍藏善本"朱文长方印、"裳读"朱文长方印、"黄裳小雁"朱文方印等诸印。卷末有黄裳墨笔题跋二则：一则"此菰里瞿氏藏书，庚寅（1950）冬十月归余斋，辛卯（1951）春二月初八日装成记"。二则"癸巳（1953）腊月初九日更收陆南村旧藏一本，配得此本原缺卷上，三番遂无毫发之憾。黄裳小燕"。黄裳题跋中，详细记载了书的购买时间、地点、版本、残存状况及递藏源流，有时一书虽收至数种，但相互之间可以互补、互配，实为黄裳爱书之体现。

另一部为天一阁旧藏，相关记载有：

1.《前尘梦影新录》载："西溪丛语二卷，嘉靖鹈鸣馆刻本。残存卷下。天一阁旧藏。林集虚售余者。绵纸最初印，书根亦范氏旧写，取校旧藏一本，虽同是鹈鸣馆刻，然却非一板，行款不尽同也。余买书不弃丛残，不厌副本，往往有未见之书，即通行之书，亦有人所未知之特异处。不加比较，不能知也。"

2.《来燕榭读书记》载："西溪丛语二卷，存下卷，嘉靖刻。十行，二十一字。白口，单边。版心下有鹈鸣馆刻四字。此本为天一阁旧物，书根犹存，仅存卷下。余旧有全帙而中有缺番，石麒乃以此册见售，欲配全之。细审却非一板，笔划锋棱，处处有异，文亦不同。虽行款俱合，牌记宛然，终非同出一板者。呼，是可异也。辛卯（1951）九秋。"

3.《梦雨斋读书记》载："此本为天一阁旧藏，仅存卷下。余旧有全帙而佚去三叶，石麒乃以此册见售，欲配全之。细审却非一板，笔划锋棱，处处有异，文字亦不同。虽行款俱合，牌记宛然，终非同出一板者。是可异也。辛卯（1951）九秋。"

4.《天一阁书目》卷三子部杂家类著录。

5.《天一阁被劫书目》著录。

从上述黄裳记载可知，此天一阁旧藏本虽为嘉靖鹈鸣馆刻，行款、牌记亦与黄裳旧有全帙俱合，但细审其笔划、文字，处处有异，终非同出一板者。此书于1914年在天一阁被盗，几经转折，1951年黄裳得之于林集虚处。林集虚是民国藏书家，本名昌清，字乔良，号心斋，浙江鄞县（今宁波市鄞州区）人，性好古籍，经营古籍书店，同时搜藏所好图书。历30余年收藏，其家的"藜照庐"，藏书日渐富庶，黄裳称其为"老书贾"并从他手中买到过不少明版精本，包括一些"天一阁"的故物。

再一部就是现天津图书馆所藏此本，是书前有嘉靖戊申俞宪《西溪丛语自叙》，第一册书衣后粘有图书售价签。文中钤"平原陆氏藏书印"朱文长方印、"廉石家风"朱文长方印、"棣华书屋"椭圆朱文印、"寅恭"朱文方印、"来燕榭珍藏记"朱文长方印、"容家书库"白文方印等。黄裳因重其为陆南村故物而买之，他于《来燕榭读书记》曰："陆南村亦藏书家，其藏书印曰平原陆氏藏书，曰廉石家风，曰棣华书屋。余收嘉靖鹄鸣馆刻《西溪丛语》及明初本《郁离子》皆其家书。"此书递经陆南村和黄裳的收藏，最后天津图书馆自购藏于公家。

二、听雨小楼词稿二卷，（清）杨英灿撰，清光绪十七年（1891）西溪草堂活字印本。九行二十一字，黑口四周双边。二册。天津图书馆藏。

此书题名页署"听雨小楼词钞　金匮杨萝裳先生著　巴州廖纶题"。牌记页镌"光绪辛卯秋九月／西溪草堂排印本"。前有丁绍仪序、作者自序，后有光绪十八年杨英灿外孙于一鳌跋。

卷末有黄裳墨笔题识一则：

> 此《杨罗裳词稿》二卷，光绪中木活字本，流传甚稀，人未尝见也。偶得之于海上，遂与蓉裳、荔裳诗余并藏，甚快事也。检书入库，漫记卷尾。丁酉（1957）清明日，黄裳记。

按：杨英灿（1768—1827），字文叔，号萝裳，江苏金匮人，官至四川松潘厅同知，著有《听雨小楼词稿》。其伯仲二兄为杨芳灿、杨揆，英灿诗名被二兄所掩，世鲜知者。

杨芳灿（1753—1815），字才叔，号蓉裳，乾隆四十二年（1777）拔贡，应廷试，补甘肃伏羌知县。乾隆四十九年（1784）回民田五谋反，芳灿防御有功，擢知灵州（今宁夏灵武），不久回京师任户部员外郎，参与编修《会典》。曾主讲衢杭、关中、锦光书院。事迹见《清史稿》《清史列传》等。蓉裳工诗及骈文。著有《真率斋初稿》《芙蓉山馆诗钞》《芙蓉山馆词钞》《芙蓉山馆文钞》等。网上"360百科——杨芳灿"条目中，收录黄裳旧藏《芙蓉山馆文钞》书影一叶，甲面为卷前扉页，上有黄裳朱墨笔题跋两则：其一："壬辰（1952）残腊，收得于杭州旧肆，黄裳小雁。"（下钤"朱光耀"朱文方印，墨笔）其二："此杨蓉裳集，旧藏阮氏道南书屋，余得之湖上故友陈君肆中。后登天一阁见梅叔所书楹帖犹在，恍如旧识，翰墨因缘，此是如是。归沪后又于石麒许见杨君诗集二册，尚未购得也。癸巳（1953）正月初四日，雪窗记此，黄裳。"（下钤"黄裳"朱文方印，朱笔）乙面为卷端页，上钤"道南书屋"朱文方印、"阮亨私印"白文方印、"黄裳藏本"朱文长方印。阮亨（1783—1859），字梅叔，号仲嘉。阮金堂之孙，阮承春次子，过继给阮元二伯父阮承义为子，阮元从弟。知此《芙蓉山馆文钞》曾经阮亨、黄裳递藏。

杨揆（1760—1804），字同叔，号荔裳。乾隆四十五年（1780）召试一等，赐举人，授内阁中书，入四库全书馆任编校。乾隆五十五年（1790），充文渊阁检阅。历官川北道按察使、甘肃布政使等，卒赠太常寺卿。长于骈文，工词，与兄杨芳灿并为乾隆、嘉庆间著名词人。著有《桐华吟馆诗稿》《词稿》《文钞》《卫藏纪闻》《璎珞香龛词》等。

天津图书馆所藏《听雨小楼词稿》，除钤有"黄裳藏本"朱文方印外，还有"上海图书馆藏"朱文方印及其馆藏登记书签，可知此书曾一度收藏于上海图书馆，后几经周折来到天津图书馆。

三、唐摭言十五卷，（五代）王定保撰，清文瑞楼钞本。十一行二十一字，白口左右双边。二册。天津图书馆藏。

此书有黄裳墨笔题跋多则。

一则在目录后：

> 此文瑞楼黑格钞本《唐摭言》十五卷，余见之杭估陈某手，即携归藏之，未与论价也。卷中朱校，卷尾手跋不知果出宋宾王否？余未见蔚如手迹，殊不敢定也。雍正丙午（1726）春初，金星轺迁居

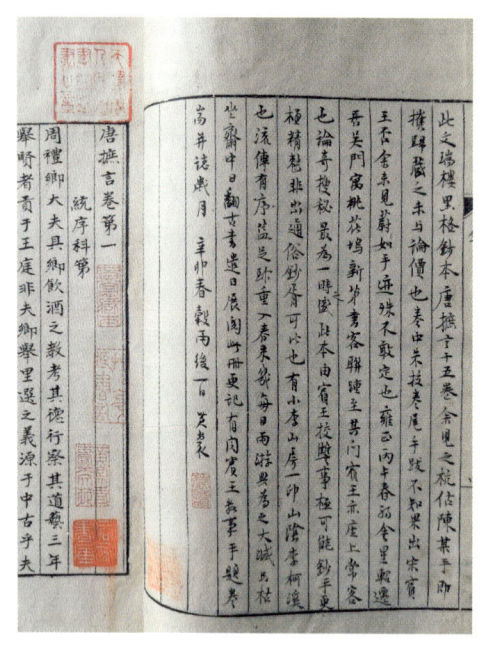

图1 辛卯春黄裳跋《唐摭言》

吴门，寓桃花坞，新第书客联踵至其门，宾王亦座上常客也，论奇搜秘最为一时之盛。此本由宾王校雠事极可能，钞手更极精整，非出通俗钞胥可比也。有"小李山房"一印，山阴李柯溪也，流传有序，益足珍重。入春来，几每日雨，游兴为之大减，只枯坐斋中，日翻古书遣日。展阅此册更记，有阅宾王数事，手题卷崙并志岁月。辛卯（1951）春，谷雨后一日，黄裳。（下钤"裳读"朱文小长方印）

一则在卷十后：

黄荛翁跋旧抄本《唐摭言》云"蒋凝赋：'白头花钿满目，不若徐妃半妆'，今本均作白头，昔人以白头本为贵，此尚是白头本"云云。今按此语在第十卷首正作"白头"，是足为佳本之证也。裳按：此二语，非蒋赋中语，只言其以少许胜人多许耳！荛翁跋似误解，附记于此。辛卯（1951）三月廿四日春阴而未作霖，窗下漫读记。（下钤"裳读"朱文小长方印）

一则在卷末：

辛卯（1951）春，谷雨后一日海上所收。（下钤"黄""裳"白文连珠印）

一则在卷上内封：

《唐摭言》上，文瑞楼黑格钞本，宋宾王手校，李柯溪手校。

一则在卷下内封：

《唐摭言》下，宋宾王校文瑞楼钞本，辛卯（1951）春日收，黄裳藏书。

按：由黄裳上述跋语知，是书为宋宾王、李柯溪手校文瑞楼钞本。文瑞楼为清金檀藏书楼。"金檀，字星轺，清代浙江桐乡人，流寓苏州桃花坞，诸生。好聚书，遇善本不惜重价购之，或借归手抄。积数十年，收藏之富，甲于一邑。藏书处名文瑞楼，所藏明人集部书尤多。编有《文瑞楼书目》十二卷行世。"晚年藏书散佚后，大多数被宋宾王购得。宋宾王，清藏书家、校勘学家。原名定国，以字行，号蔚如，娄县（今上海松江）人。与金檀等人交往颇深，互借互抄之书甚多。藏书极富，校雠精审，多宋元人文集。

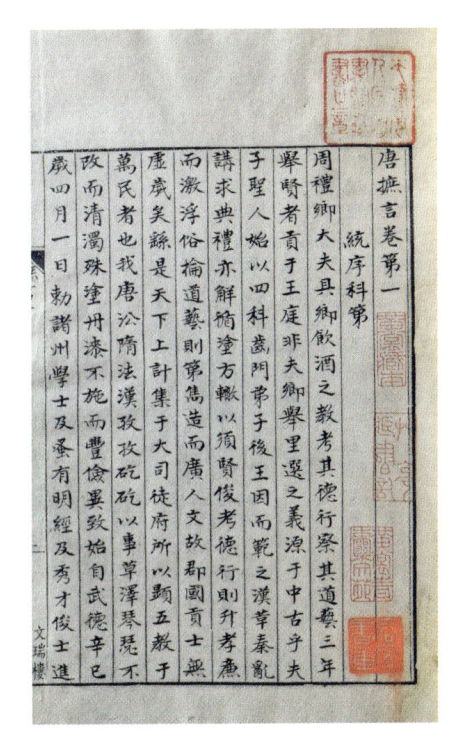

图2 《唐摭言》书影

《四库全书》子部小说家类收录《唐摭言》。笔者查看四库全书本《唐摭言》，其卷末有郑昉、朱彝尊、王士禛跋：

唐以进士为重，《摭言》所载最为详备，刊之宜春郡斋，与好事者共之。嘉定辛未（1211）重五日柯山郑昉跋。

唐重科目，举措分殊，有国史未具析者，藉王氏《摭言》小大毕识，后代得闻其遗制。奈流传者寡，又为末学所删，存不及半。是编一十五卷，获之京师慈仁寺集，乃定本也。卷尾有柯山郑昉跋，称嘉定辛未刊于宜春郡。吴江徐电发近录棠村相国所藏，与此本略同，当就其校雠讹字发雕焉。朱彝尊竹垞跋。

《摭言》足本十五卷，从朱竹垞翰林借钞，视《稗海》所刻多什之五。唐人说部流传至今者绝少，此书洎《封氏闻见记》皆秘本，可贵重，当有好事者共表章之。王士禛阮亭跋。

上三跋天图藏本为宋宾王墨笔过录。天图本除上述三跋外还有宋宾王朱笔题记一则：

> 唐宋说部全册流传已少，考索不精，删削梓行，诚是书厄，故藏书家每珍惜钞本。《稗海》一书尚多全帙，其摘录者《搜神记》《学斋占毕》《祛疑说》《山房随笔》《摭言》五种。因新城先生跋，附识于此。至是册假注退谷前辈钞本，复较正讹字数百。录置插架，俏好古者，所以发雕，应为善本云。

退谷乃汪士鋐（1658—1723），字文升，号退谷，又号秋泉，长洲（今江苏苏州）人。康熙三十六年（1697）会元，官中允。宋宾王此跋与《四库全书总目提要》"此本为松江宋宾王所录，末有跋语，称以汪士鋐本校正，较《稗海》所载特为完备"相合。

此外，文瑞楼钞本卷十五末有李柯溪墨笔题跋，曰："按《简明目录》所收即宋宾王本，今与雅雨本校，互有异同，今注于下格。时道光元年（1821）正月廿三日，柯溪识。"笔者查找《四库全书简明目录》，卷下第534页著："商维濬尝刻于稗海中，删削不完，此乃扬州所刊宋宾王家足本也。"《四库全书总目提要》亦曰："近日扬州新刻，即从此本（松江宋宾王所录本）录出。"如此推算，四库全书所用扬州刊本，就是宋宾王以此文瑞楼钞本而誊清抄录后刊刻的。换言之，此宋宾王所校文瑞楼钞本，就是《四库全书》中《唐摭言》底本的底本。李柯溪曾将此文瑞楼钞本与雅雨堂丛书本相校，不同之处注于下格。按此，文瑞楼钞本中，板框下墨笔批校乃李氏之笔。

四、唐欧阳先生文集八卷附录一卷，（唐）欧阳詹撰，明抄本。九行十八字，无格。六册。天津图书馆藏。

此书首有万历丙午曹学佺《唐欧阳先生文集序》，李贻孙《欧阳行周文集序》，目录。卷端题"欧阳先生文集卷之一"，"唐国子监四门助教闽欧阳詹著"。

卷末有黄裳墨笔题跋二则。

一则：

> 壬辰（1952）立冬后三日得此明抄本于郭石麒许，黄裳。（下钤"黄裳百嘉"朱文方印）

二则：

> 壬辰（1952）十月十六日重装笔。（下钤"小雁"朱文长方印）

按：1952年冬，黄裳于郭石麒许得此抄本，并于同年十月

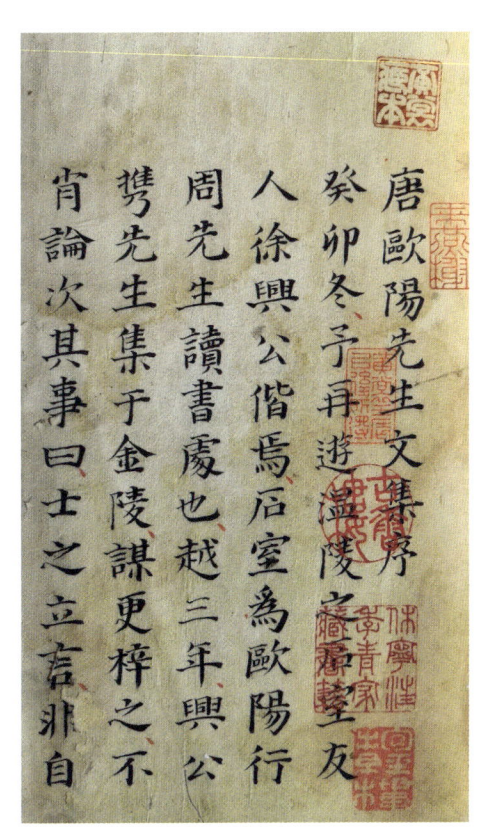

图3 《唐欧阳先生文集》书影

十六日重装完毕。除此本外，黄裳还藏有明万历刻《唐欧阳先生文集》一部，《来燕榭书跋》、《梦雨斋读书记》及《前尘梦影新录》都有记录。如《来燕榭书跋》载："此明刻本欧阳詹集，系何义门、严长明两家旧藏，颇罕传本，惜失去卷五卷六两卷。余旧藏休阳汪氏古香楼故物中有明抄此书，即从此出。曹序缺一番，可据此补完。遂更收之。此系虞山铁琴铜剑楼劫余物，杂陈市上，多不全本，余买得数种，以此为最佳也。甲午（1954）十一月十二日，装毕记事。"从黄裳题跋可知，此明抄本《唐欧阳先生文集》乃据明万历本抄录，抄本中所缺之曹学佺序，黄裳已据万历本补全。

书中钤"休宁汪季青家藏书籍"朱文方印、"古香楼藏"朱文圆印、"汪氏柯庭校正图书"白文方印、"黄裳壬辰以后所得"朱文长方印、"来燕榭"朱文长方印、"黄裳藏本"白文方印、"来燕榭珍藏记"朱文长方印、"黄裳藏本"朱文长方印、"黄裳青囊文苑"朱文长方印等，曾递经汪季青与黄裳收藏。

五、汉书一百卷，（汉）班固撰，（唐）颜师古注，（明）周采校刊，明嘉靖汪文盛刻明嘉靖二十八年（1549）补刻本。十二行二十二字，小字双行二十八字，白口，左右双边。四函二十册。天津图书馆藏。

是书首有"前汉书叙例""景祐刊误本""前汉书目录"。卷端第一行题"高帝纪第一上"，第二行题"汉班固撰　唐颜师古注　明福建按察司按察使周采　提学副使周玩　巡海副使柯乔校刊"；而卷五十七下、八十九等卷首第二行则题"汉班固撰　唐颜师古注　明汪文盛　高濲　傅汝舟校"小字一行；卷末题："嘉靖己酉年孟夏月吉旦　侯官县儒学署教谕事举人廖言监修"。

书中有黄裳题跋二则。一则：

师古曰："纪理也，统理众事而系之于年月者也。"　汉书一　此数行当在大题下，今因割补衔各剜去。黄裳记。（卷端，朱笔）

二则：

癸巳（1953）芒种后日海上所收，小雁。（卷末，墨笔）

按：黄裳于《惊鸿集》中著录此书，曰："徐贾绍樵买得故家藏书二十许种，皆通常明刻，无所用之，只此汪刻前汉，阔大清朗，正可俪余旧日所得后汉，遂携之归。此本印稍后，汪氏衔名已挖去，别易周采等衔名，卷尾更别增嘉靖己酉一行，然实系汪氏旧板也。估人以为别刻，误甚。此测海楼故物。昨日余更得顾千里手校世德堂本六子，亦出真州吴氏，故书之来，亦如眷属联袂而至，是可纪也。癸巳（1953）芒种后日，黄裳小雁。"从黄裳记载知，此本印制稍后，书中汪文盛衔名虽已挖去，别易周采等衔名，但实系汪氏旧板，可与黄裳旧日所得汪氏刻《后汉书》相俪。

清叶德辉《书林清话》对汪文盛刻《汉书》亦有记载："福建汪文盛，嘉靖己酉（二十八年）刻《前汉书》一百二十卷，《后汉书》一百二十二卷，见钱《日记》、孙《记》、丁《志》、缪《记》。（丁云：'钱竹汀《日记》云：汉书嘉靖本卷首题福建按察司周采、提学副使周琇、巡海副使何乔校刊，末题嘉靖己酉年孟夏月吉旦侯官县儒学署教谕事举人廖言监修。今细按周采等衔名，实自后加。其中汪文盛、高瀔、傅汝舟名字，尚有铲削未尽者。瀔，字宗吕，号髯翁，侯官人，著有《石门诗集》。汝舟，字虚木，瀔同县人，有《傅山人集》。'德辉按：汪本书名大题后云'汉班固撰，唐颜师古注，明汪文盛、高瀔、傅汝舟校'，凡十九字，作两行书。其中各卷亦或题二周一何名，盖汪、高、傅为地方乡绅，周、何则地方官也。官主刻，绅主校，故皆题名也。)"叶氏《书林清话》对汪文盛刻《汉书》所题人名、衔名给予了客观注解与说明。

天图所藏《汉书》，版心镌"汪""高""传""艾""甫""余四""福""张旻甫""余五""三""正""余三""介""福员"等刻工。钤"真州吴氏有福读书堂藏书"朱文方印、"黄裳藏本"朱文长方印、"容家书库"白文方印、"黄裳百嘉"朱文方印、"木雁斋"朱文方印、"草亭侯"朱文长方印等，曾递经测海楼主人吴引孙与黄裳的收藏。现此书已被第三批《国家珍贵古籍名录》收录，名录号：7519。

六、《明史地理志》，（清）张廷玉等撰，清董醇抄本。十六行，字不等。一册。天津图书馆藏。

内有黄裳题跋一则：

> 此董醇手写本《明史地理志》二册，极精整。余见之传薪书店案头，即以廉值获之。书末有"咸丰四年"题名一行，距今已近百年。前人读书之勤，露钞之苦，约略可以得见也。余前获嘉靖小字本《唐文粹》有古杭董醇印记，当是其人。当归检《武林藏书录》一求其生平行谊再为题识。秋光暗好，饭后漫步街头，挟书归来漫记。庚寅（1950）八月初九日，黄裳记。（下钤"黄""裳"白文连珠印）

按：《明史地理志》比较详细地记载了明代全国行政区划的设置、取消、改变隶属等历史沿革以及各地山川、河流、人口等地理情况。《中国古籍总目》史部，清罗汝楠辑，清光绪二十四年广东集古书屋刻

《历代地理志汇编》收录清张廷玉等撰《明史地理志》六卷。国家图书馆"中华古籍书目数据库"收录两部单行本《明史地理志》,一部为清咸丰抄本,五册,国家图书馆藏;另一部就是天图所藏此清董醇抄本。董醇(1807—1892),原名醇,后避同治帝讳更名恂,字寿卿,一字饮之,号醇卿,改号酝卿,又号忧甫。甘泉人。道光二十年(1840)进士,历任户部主事、湖南储运道道员、直隶清河道道员、顺天府尹、都察院左都御史、兵部尚书、户部尚书等。工书法,尤善隶书。一生著述颇丰,著有《楚漕江程》《江北运程》《随轺载笔》《荻芬书屋文稿》《手订年谱》《甘棠小志》等。

书中钤"董醇字饮之号酝卿行一"朱文方印、"黄""裳"白文连珠印、"草草亭藏"朱文长方印、"黄裳珍藏善本"朱文长方印。此书自黄裳处散出后,由著名藏书家周叔弢先生从中国书店购得此一册残本,后捐赠给天津图书馆。

七、《玉壶山房词选》二卷,(清)改琦撰,清道光八年(1828)云间沈文伟来鹤楼刻光绪间补刻本。八行十六字,白口,四周双边。一册。天津市文学艺术界联合会藏。

是书为清代知名画家改琦自编的词集。改琦(1774—1829),字伯蕴,号七芗,别号玉壶山人、玉壶外史、玉壶仙叟等,回族。其远祖为西域人,于元朝时入居中原,明清两代世居宛平(今属北京),因祖父改光宗任松江(今属上海)参将、寿春镇总兵,遂入籍松江。改琦工书法,擅画人物,尤长于佛像、仕女,所绘仕女衣纹细秀,树石背景简逸,造型纤细,敷色清雅,人称"改派"。其所绘《红楼梦图咏》五十幅,镌版行世,风行至今。此书卷端题名下双行题"玉壶山人改琦自编 华亭鹤使沈文伟较刊"。卷尾有"道光戊子冬云间沈氏来雀楼镌行"双行牌记。

书内有黄裳题跋二则。一则:

> 此华亭沈氏所刊改七芗词。今晨往访石麒,见之于其案头,盖方自吴下收得者也。因即携归。壬辰(1952)九月十五日黄裳。
> (前扉页,墨笔,下钤"黄裳"朱文方印)

二则：

> 此选于道光戊子（1828）刊成，印在光绪中，遂有此业跋文也。书殊罕传，孙殿起《贩书偶记》亦未著录，是近刻亦足珍也。壬辰（1952）九秋阴晦窗前漫书。小燕。（写于"方德骥跋"后，朱笔，下钤"小雁"朱文长方印）

按：上跋所云"书殊罕传，孙殿起《贩书偶记》亦未著录"，但笔者查找孙殿起《贩书偶记》，却发现著录此书："玉壶山房词选二卷，华亭改琦撰，道光戊子沈氏来鹤楼精刊。"还有《中国丛书综录》第一册，陈乃乾辑《清名家词》的子目中，亦著录："玉壶山房词一卷，清改琦撰。"此外，《中国古籍总目》集部别集之属著录："玉壶山房词选二卷，清改琦撰，清道光五年仁和高雨刻本（国图、上海）；清道光八年华亭沈文伟来崔楼刻本（国图、北大、天津、南京、湖北）；清光绪十一年刻本（天津）。"从上述三部书的著录来看，改琦的《玉壶山房词选》并不罕传。

此外，黄裳还藏有递经雷良树、雷葆廉、缪荃孙、徐乃昌收藏的道光刻《玉壶山房词选》一部，其《梦雨斋读书记》载："《玉壶山房词选》，此亦云间沈氏所刻也。余与《四妇人集》及《梅花喜神谱》同得之。余旧藏一本系竹纸印本，似别有所增，忆跋尾有题光绪纪年者矣。此尚是初印本，雷氏跋尾后尚钤二印，可珍重也。南陵徐氏所藏清刻，至富而精，年来散佚殆尽矣。余所得不少，近尚时时得之其家也。此是早岁流出者，辗转又集余斋，故书有缘如此。癸巳（1953）新春二月初二日，黄裳记。"黄裳跋中"余旧藏一本系竹纸印本，似别有所增，忆跋尾有题光绪纪年者矣"乃对此光绪本之记载。此本后有光绪补版所增"玉壶山房词移跋"九篇，计为道光庚戌春二月同邑后学雷葆廉约轩氏、壬戌孟冬钱唐老友许乃钊、南汇后学张文虎、同治辛未冬十一月凌霞、同治甲戌秋九月同里世愚侄顾莲、秀水后学沈梓、光绪戊寅三月新州顾思贤竹城甫、光绪乙酉七月许庚身、乙酉夏五月仁和后学方德骥所作。此本在道光版基础上补镌所失，复增诸贤所题，印行于世，故此本与道光沈氏本，实本同版。

天津市文学艺术界联合会所藏此书钤"黄裳"朱文方印、"木雁斋"朱文方印、"小雁"朱文长方印、"来燕榭藏旧本诗余戏曲"朱文椭圆印、"黄裳壬辰以后所得"朱文长方印、"黄裳容氏珍藏书籍"白文长方印。

通过上述黄裳的题跋，我们可以了解他当年购书、爱书之经历和心绪。此外，题跋中所载书籍版本及递藏流传信息为研究古籍版本源流提供了重要的参考依据，是非常珍贵的历史资料。

好书推荐

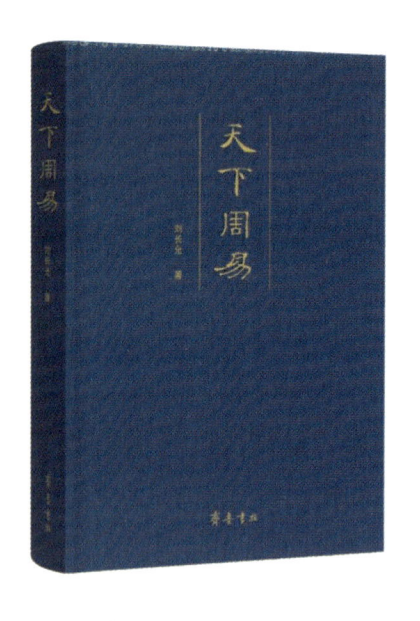

《天下周易》
刘长允 著
精装 16开 2023年1月出版
ISBN 978-7-5333-4662-1
定价：88.00元

《周易》是六经之首、大道之源。自《易经》《易传》产生以来，义理、象数诸家蜂起，流派纷呈。《四库全书总目》总结道："《易》道广大，无所不包，旁及天文、地理、乐律、兵法、韵学、算术。"几千年来，《周易》研究一直是中国古代哲学研究的显学，在不同的时代都影响和推动着社会的发展与进步。

《天下周易》一书系作者刘长允先生积四十年治易之功推出的力作。作者自20世纪80年代即开始易学研究，先后撰写多篇论文和多部专著。1985年，他提出的"《易经》是一部古老辞书"的观点，在易学界引起极大的反响，为更加全面、准确地认识《周易》打开了新视角。在这部新著中，作者主要从以下三个维度对《周易》发展研究史予以详尽梳理，并提出了自己的新观点、新见解。第一，在纵向历史坐标轴上，溯源析流，撷拾众说，爬梳百家，尽解易之堂奥。第二，在横向的跨学科坐标轴上，纵横捭阖，剖析易学与语言学、易学与中医、易学与传播学等诸多学科的关系，新论迭出，尤见功力。第三，在面向未来的时间坐标轴上，作者视野宏阔，目光如炬，深刻阐述《周易》应对危机的独特价值。

本书是一部特色鲜明的小型易学百科全书。全书共25万字，分为七个章节，从周易产生、易学研究范围、易学流派大家介绍、卦爻辞新解、易医同源、海外传播、易学发展前景等方面，对《周易》及易学予以全面梳理和剖析，论说严谨、语言灵动、视野宏阔，读来予人颇多启迪。书后附有《易经》原文，方便读者对照阅读。

利用南宋版刻字体刀法特征对有关版本的鉴定

刘元堂

古籍版本鉴定是一门深奥的学问,通常采取读序跋、验牌记、查避讳、考刻工等方法来确定一部书的刊刻时间与地点。黄永年先生认为,查阅版本字体是版本鉴定诸多方面中最精、最主要的方面。张元济先生则说:"审别宋版,只看刀法。"刀法是版刻字体风格的重要组成部分,二人所言当属同一回事。

通过对大量存世宋代古籍影印本的翻阅,笔者初步总结出南宋早、中、晚三期版刻字体与刀法特征。在此基础上,尝试纠正以往对汲古阁旧藏《龙龛手鉴》等古籍的鉴定错误,并解决思溪藏本《圆觉藏》与《资福藏》的鉴别问题。

一、南宋版刻字体与刀法特征

南宋前期的版刻楷书书法风格,继承了北宋的特征,即以模仿欧、颜、柳等唐楷名家为能事,与唐楷区别不大。刀法上,也基本上按照唐楷的形状进行镌刻。刻工遵循写手的底稿字样,丝毫不爽,圆润细腻,尽力忠于原作施刀。以南宋绍兴十六年(1146)两浙东路茶盐司刻本《事类赋》(图1)为例,其横画末端a、b两种类型最为常见,c、d、e三种类型极为少见。

南宋中期浙本的刀法基本延续了初期的特征,变化不是非常明显。只是刻工通过刀法改造笔法的意识越来越重,字体的竖画开始变得笔直,缺少韵律。表现在横画末端形状上,大多刻本依然延续初期a型和

b型两种形态，只是渐趋方硬和浅薄，古意渐失。值得特别注意的是，在中期个别刻工的刀下，横画末端开始出现了小批量的直角三角形，但南宋中叶横画末端直角三角形并没有广泛出现。

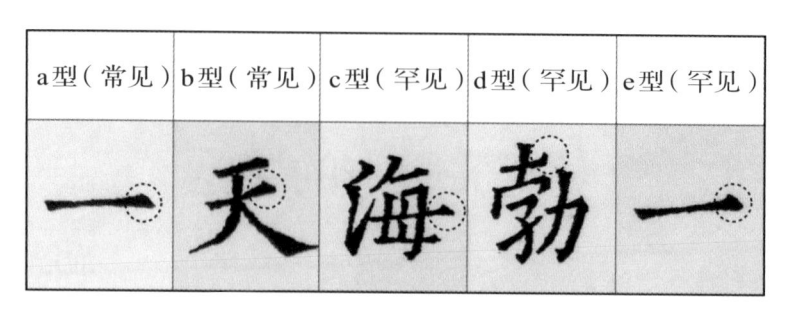

a型（常见）	b型（常见）	c型（罕见）	d型（罕见）	e型（罕见）
一	天	海	勃	一

图1 《事类赋》横画末端形状类型表

南宋晚期版刻楷书，其欧体特征已经有了较大的变异。以书棚体为代表的版刻楷书，逐渐走向僵化板结，整齐划一。与其相呼应，此时期楷书的刀法特征极为明显，刻工的刀法已经形成固定的模式，对各种笔画的刊刻几乎可以无视笔法的存在，千画一面，自成体系。在部分刻本里，横画末端的直角三角形已经大批量出现，且三角形的高度是横画高度的两倍以上，成为南宋晚期浙本刀法的重要标志，也成为明中叶成熟的仿宋字的主要特征之一。

南宋两浙东路茶盐司刻宋元递修本《周易注疏》（国图藏），在南宋初年初刻后，又分别在南宋中叶和元初做过补刻工作。其中元初刻工大部分来自南宋晚期，因此刀法特征和南宋晚期没有太大区别。三期刀法共存一书，各期刀法特征分明，向我们展示了南宋至元初的刀法演变史。其中横画末端形状与上文总结的南宋早、中、晚三期刀法特征完全一致（图2）。

综上所述，南宋早期两浙地区延续了北宋的刀法特征，仿照欧体为代表的唐楷笔画形状，刀法圆润，横画末端极少出现凸出的三角形，横折处也极少出现耸肩状。中期属于过渡阶段，横画末端开始有少量直角三角形出现。晚期则刀法犀利，出现大量三角形甚至陡峭的直角三角形。

南宋年祚毕竟只有一百五十余年，前、中期两浙地区刀法特征无法作截然的区分。由于部分中期刻工在前期也参加过书籍的镌刻工作，或者他们的师傅或父辈都是前期刻工，在技法上不免有师徒相承的惯性，因此前、中两期的区分不十分明显。但是，南宋后期与南宋前期已经相距百年之久，一位刻工的工作年限一般不会超过六十年，所以南宋前期与后期刻工风格差别还是极其明显的，两期横画末端迥然不同的形状便是最好的例证（图3）。这为南宋版本鉴定提供了较为可靠的依据。

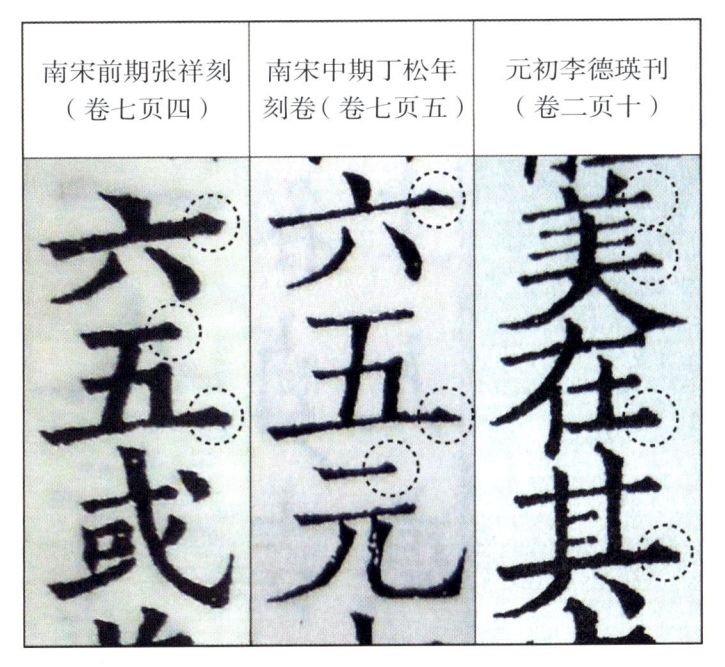

南宋前期张祥刻（卷七页四）	南宋中期丁松年刻卷（卷七页五）	元初李德瑛刊（卷二页十）

图2　越州本《周易注疏》刀法对比

南宋早期典型横画	南宋晚期典型横画

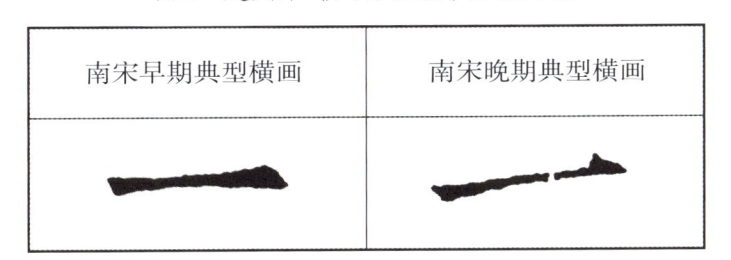

图3　南宋早、晚期典型横画对比图

二、汲古阁旧藏宋刻本《龙龛手鉴》的刊刻时间

汲古阁藏宋刻本《龙龛手鉴》（国图藏），框高26厘米，高18.7厘米。半页十行，行无定字，小字双行，大字一约小字四。白口，左右双边。版心单鱼尾，上记大小字数，下记卷数及页次，最下记刻工。刻工有范子荣（序言）、实新（或新实）、实、园宝、范（以上卷

一）、澄、张良、张、良、何、郑林（以上在卷二，卷二为补抄）、李生、林、虞、林盛、徐永、徐等（以上卷三，卷三包含了卷四）。卷内钤有"子晋""汲古阁""汪士钟印""铁琴铜剑楼""瞿氏秉清""绶珊经眼""祁阳陈澄中藏书记"等印。中华再造善本《唐宋编》即依此本影印。

李致忠先生在《宋版书叙录》一书中，通过字体、刀法、刻工等将该书定为"南宋初期浙江刻本"。细加审读，除了抄补的卷二，序言与其他几卷书法风格如一，当为同时所刻。字体用笔皆有欧字特征，又呈明显的横细竖粗状，应是南宋晚期才出现的浙本风格。再看刀法，方楞板结，已无南宋早期之圆润灵活。横画末端大都呈现凸出、锐利的三角形，其中多有直角三角形，且三角形的高度是横画的两倍以上，刀锋峭立，方板硬朗，为典型的南宋晚期浙本刀法特征（图4）。因此，我们判断该书应是南宋晚期浙刻本，而绝不会是南宋早期刻本。

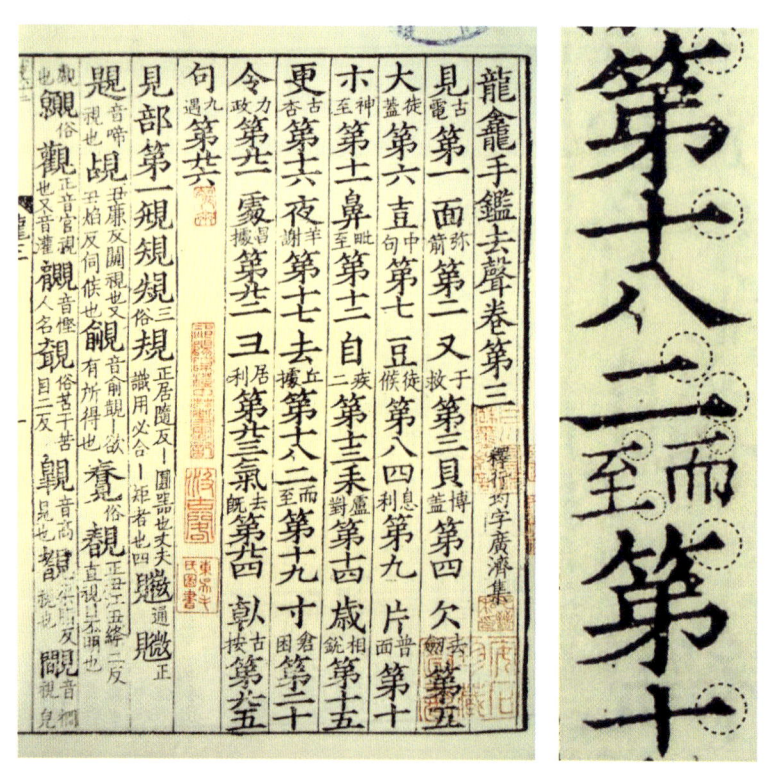

图4　国家图书馆藏汲古阁本《龙龛手鉴》卷三页一及其局部刀法特征

仅以字体刀法特征得出的结论不能使人完全信服，我们来看刻工。经查对，该书的八名刻工除实新（或新实）、囶宝（国宝）二人外，其余六人均参加过元初《普宁藏》的镌刻工作。因此，从刻工上可以证明《龙龛手鉴》刻于宋末元初。

因此，通过对书法风格和刻工两个方面进行推断论证，国家图书馆藏汲古阁本《龙龛手鉴》基本可以确定为宋末元初刻本。

三、思溪藏本《圆觉藏》与《资福藏》的鉴别

北宋末年，浙江湖州王永从兄弟携家人捐舍家财，在思溪圆觉禅院发愿雕凿《大藏经》，至南宋绍兴年间（1131—1162）毕工，史称《圆觉藏》、《前思溪藏》或《圆觉思溪藏》。时驰世移，沧海桑田，约百年后圆觉禅院更名为法宝资福寺，而《圆觉藏》经板多有损坏遗失。约在南宋淳祐年间（1241—1252），人们对其加以修补并重新刷印，通常称为《资福藏》、《后思溪藏》或《资福思溪藏》。前者镌刻时间为南宋早期，而后者补板为南宋晚期，根据前文总结的南宋各期字体刀法特征，我们很容易区分出现存《思溪藏》本《圆觉藏》与《资福藏》的版本归属问题。

台北故宫博物院藏思溪藏经本《大集譬喻王经》二卷及《大乘本生心地观经》八卷。二经版式相同。经折装，藏经纸。上下单边。每版厘为五半页，每半页六行，行十七字。版心上记发（函）几，中标版数，下记刻工。《大集譬喻王经》（图5）板框高24.7厘米，宽皆11.3厘米。刻工有祖、敬、徐坚、坚、徐、郑、亏、王、以。钤印"乾隆御览之宝""秘殿珠林""嘉庆御览之宝""宣统御览之宝"等印。《大乘本生心地观经》（图6）板框高24.7厘米，宽皆11.3厘米。刻工明茂、婆徐、董用、毛秀、普寿等。钤印"乾隆御览之宝""秘殿珠林""嘉庆御览之宝""宣统御览之宝"等。

《故宫博物院宋本图录》对二者解题曰"不详为圆觉禅寺本或资福寺本"。那么，这两本佛经到底属于《圆觉藏》，还是《资福藏》？

二经字体似欧，与宋末书棚体相似，刀法、精神气韵亦相近，当为同时所刻。笔画、结体已趋方硬，大多横画末段呈凸起的三角形状，甚至是直角三角形，三角形的高度超过横画的两倍（图7）。据前文所

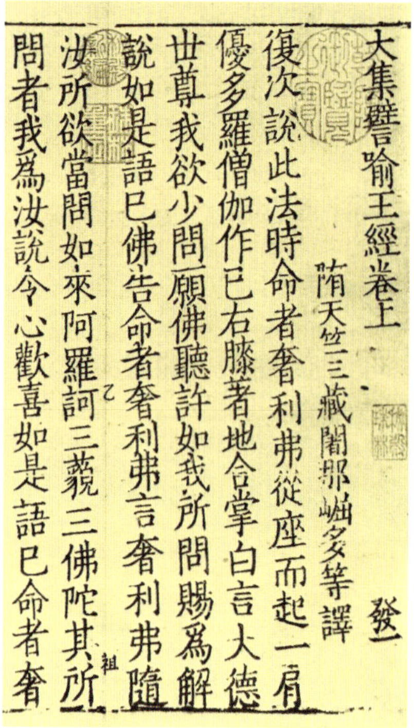

大集譬喻王經卷上　發一
隋天竺三藏闍那崛多等譯
復次說此法時命者奢利弗從座而起一肩
優多羅僧伽作已右膝著地合掌白言大德
世尊我欲少問願佛聽許如我所問賜爲解
說如是語已佛告命者奢利弗言奢利弗隨
汝所欲當問如來阿羅訶三藐三佛陀其所
問者我爲汝說令心歡喜如是語已命者奢

图5　台北故宫博物院藏思溪藏经本《大集譬喻王经》

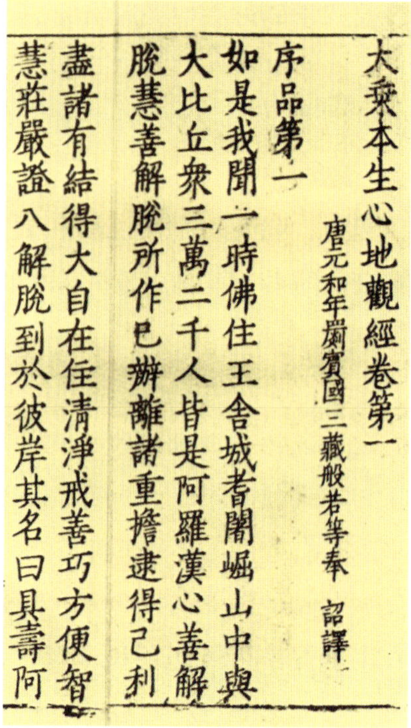

大乘本生心地觀經卷第一
唐元和年罽賓國三藏般若等奉　詔譯
序品第一
如是我聞一時佛住王舍城耆闍崛山中與
大比丘衆三萬二千人皆是阿羅漢心善解
脫慧善解脫所作已辦離諸重擔逮得己利
盡諸有結得大自在住清淨戒善巧方便智
慧莊嚴證八解脫到於彼岸其名曰具壽阿

图6　台北故宫博物院藏思溪藏经本《大乘本生心地观经》

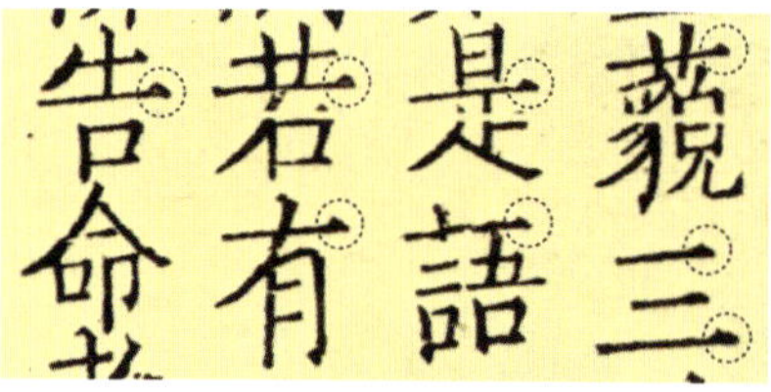

图7　台北故宫博物院藏思溪藏经本《大集譬喻王经》局部刀法特征

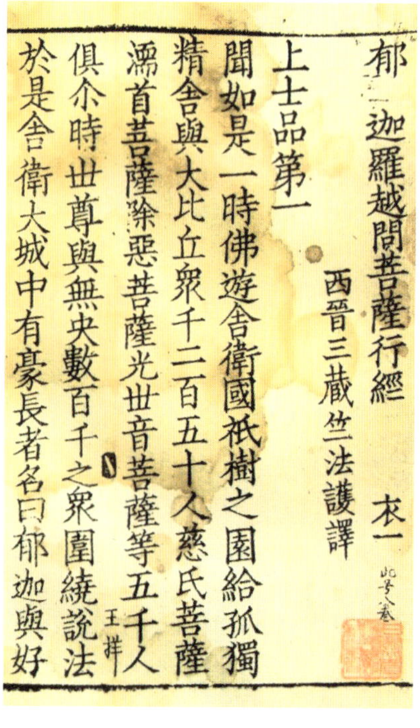

郁迦羅越問菩薩行經　衣一
西晉三藏竺法護譯
上士品第一
聞如是一時佛遊舍衛國祇樹之園給孤獨
精舍與大比丘衆千二百五十人慈氏菩薩
濡首菩薩除惡菩薩光世音菩薩等五千人
俱尒時世尊與無央數百千之衆圍繞說法
於是舍衛大城中有豪長者名曰郁迦與好

图8　甘肃图书馆藏本《郁迦罗越菩萨行经》

述，此种刀法特征只有在南宋后期浙本楷书中才开始出现。我们认为二经不会是《圆觉藏》的初刻本，只能是后来南宋晚期补刻的结果，所以二经属于《资福藏》的可能性更大。

查《大集譬喻王经》的刻工徐坚，为南宋后期刻字工人。他刻过开庆元年（1259）《四明续志》（国图藏），在元初参加《普宁藏》的镌刻。将《四明续志》与该经的版刻书法风格特征进行对照，二者基本一致。又查《大乘本生心地观经》的刻工明茂、婺徐、董用、毛秀、普寿，五人皆参加过元初普宁藏的刊刻，也应是宋末元初刻工。这些刻工的活动时间，可以证明我们上述推断的正确性。

现藏甘肃图书馆的《思溪藏》本《大乘四法经》、《阿閦如来念诵供养法》、《佛顶尊胜陀罗尼念诵仪轨》、《无垢净光大陀罗尼经》及《郁迦罗越菩萨行经》（图8）等，横画末端也出现大量的直角三角形，字体刀法、精神意韵与台北故宫博物院藏思溪藏经本《大集譬喻王经》非常接近，故二者镌刻时间当大致相同，也应是南宋后期补刻，也可能属于《资福藏》本。

好书推荐

《海外藏黄河舆图集》
陈孟继 著
平装 8开 2023年4月出版
ISBN 978-7-5333-4639-3
定价：680.00元

《海外藏黄河舆图集》一书选取海外收藏机构珍藏的中国历史朝代及历史时期外国人所绘涉及黄河内容的相关古地图共131组280幅（卷），并介绍各图绘制年代、性状、尺寸、手法及收藏地，阐述其绘制背景和表现的内容。该书从大区域视野、城厢视角、黄河河道变迁、黄河水利工程、黄河与漕海水系交汇五个角度，按各图绘制年代或载图书籍成书年代排序，对海外藏黄河舆图予以系统研究整理，全面反映了历史时期尤其是明清时期黄河变迁和治理的历史。

我买《述学》

辛德勇

不买古书已经很多年了。当年流连于旧书肆的时候,其实也从未放手收书。原因,主要是没那个能力。

当然,我自己也是比较克制的。当年老大哥杨成凯就不止一次感叹说:"小辛,你真是很能克制的啊。说不要就不要,多一块钱也不出。"回首大半生经历,克制一切可能上瘾的诱惑,确实是一直努力坚持的。

世界上很多事儿,其实常常在一念之间。有些每天都在习惯性地运作而看起来做得很惬意、似乎非做不可的事儿,不做就像缺了点儿啥似的事情,你真的一转身,过去也就过去了。像很多朋友都知道,我曾经精心营造一条途径,与社会公众交流自己的治学心得,为之耗费了很大心血,可却不断遭受令人屈辱的欺侮。今年春节前两天,简直登峰造极,实在忍无可忍,我就断然拜拜走了。——绝不让谁拿你的钟爱当软肋来一而再、再而三毫无底线地侮辱你。至于买旧书这种闲事儿,更是可买也可不买,从来就"没有非买不可的书"——这句话正是我购买古旧书的座右铭。

因为缺乏相应的能力,看到众所追捧的好书,一向置之不理绕着走。因为好东西自然好价钱,是好白菜就没猪拱的份儿。回首我一沾枕头就打呼噜的人生,有益的经验便是从来不做吃天鹅肉的傻梦。

在清人著述中,《述学》的早期刻本,一直很引人注目。既属"众望所归",当然就有更多的人愿意出大价钱把它收入囊中。这当中,固然有雕镌精美的原因,但这个因素既不能囊括所有受人青睐的版本(因为有些版本版刻实在平常),更未能触及这部著述的内在特点,因而即使在一定程度有它的道理，那也只能是皮相之谈。

首先，书籍和其他任何商品都一样，在正常情况下，其售卖活动理应是买家的市场。求之者众而货物不敷所需，售价自然就会提高，至高到足以吓阻像我这样力有不逮的买家入市购买，供求之间，也就达到了合理的平衡。

古刻旧本，大多已经具备古董性质，或者用现在时髦的话来讲，叫作具备了艺术品的价值。因而在这类书籍的售卖活动中，上述规律会体现得更为清楚，也更为强烈。尽管那些迂腐的书呆子往往会因为自己买不起了而愤愤不平，可市场就是市场，自然的规则总比官府的"定价"或"按需分配"（比如当年按照官职高低来分配谁能买兰陵笑笑生那书）要来得合理。

这种具有古董或艺术品性质的商品，还有一项重要因素会影响其在现实市场上的供求状况——这就是既往的历史，实际上主要是同当前具有直接联系的晚近一段时期的供求状况。因为这样的历史传统，会影响时下的价值判断。

关于这一点，我们先来看一下民国初年以来的情形。写下《贩书偶记》的孙殿起先生，对此记述如下：

> 琉璃厂书店，对于搜集书册及书值高低，均有时会。例如民国初年，以精刻本（亦称写刻本也）最获利。所谓精刻本者，即乾嘉人写刻唐宋人诗钞及《六朝文絜》等类；又如缪刻《李太白集》，动需数十元。又民国初年，参众两院议员，争相购买诗文，因而集部书价大涨。（孙殿起《琉璃厂小志》第一章《概述》）

这段话里所讲的"时会"，也就是当时流行的风尚，需要再稍做说明：一是对精刻本的追捧，这讲的是版刻的形式；一是对集部书籍的热衷，这谈的是书籍的内容——二者并不在同一的维度。

一、世人追捧《述学》的内在原因

我们先来看书籍的内容这一维度。《述学》是一部集子，它是清中期著名学者汪中的文集。

虽说在民国初年集部书籍的价格就已经大涨,但具体说来,人们着重搜罗的对象,主要还集中在唐宋时期以前。孙殿起先生所说"乾嘉人写刻唐宋人诗钞及《六朝文絜》等类",实际上已经表达了这一倾向,即在"所谓精刻本者"之中,对书籍的内容,也还有所讲究,并不是不管什么书只要精刻而成就都被同样对待,都受到同等程度的重视。

尽管普通清人诗文集在民国初年还没有受到普遍的重视,但清人文集中一些特别的品种,还是受到一些人的高度关注——这往往是读书问学的学者,而不是参众两院中那些舞文弄墨的无聊文人或帮闲政客。

谈到这里,必须先了解乾嘉间人姚鼐三分"学问"的做法,若是用姚氏自己最原始的说法来讲的话,即"鼐尝谓天下学问之事,有义理、文章、考证三者之分,异趋而同为不可废"(姚鼐《惜抱轩文集》卷七《复秦小岘书》)。虽然在义理、文章、考证这三种学问当中,姚鼐把义理排在了首位,考证排在了末位,可社会上,特别是书肆里的实际情况,却完全颠倒过来:"考证"又称"考据",这类书排在第一;"文章"又称"辞章",这类书排在第二;"义理"就是"义理",没别的叫法,乃居于最末的位置。

若谓世人看待这三类书籍的态度,首先需要回溯到姚鼐讲出这些话的清朝乾嘉时代。稍微了解一点儿清代学术史的人都知道,那时考据研究正盛行于世,可谓如日中天,这也正是所谓"天下学问"的主流,尽管姚鼐本人努力自外于这条浩浩荡荡的洪流。

这样的学术风尚,在道光、咸丰之际虽然有所变化,但体现在读书用功方面,仍旧最看重关涉考据的实用之书。

我从20世纪90年代初开始在北京旧书肆上搜求古刻旧本书籍,当时中国书店每一家分店负责的老师傅,在给古书定价时,对书籍类别的划分,还是姚鼐讲的这种三分法。

考据书依然高居首位。因为这是真学问。做这种学问,每一个字的准确无误都很重要,因而也最需要讲究版本。像我主要从事的历史地理学研究,首先需要阅读古代的地理书,可老师傅们以为地理是"考据中的考据",所以没一部书能卖便宜了,我就从未买下过什么像样的古代地理典籍。

辞章类书籍虽然对研经治史没什么直接的用场,可手捧一杯清茗吟诵名家诗文，陶冶性情，颐养身心，实在是混沌尘世中一段很惬意的时光，只要真情还有（或是曾有？），人性尚存，谁又不想呢？所以辞章类书，特别是作者名气大、书又刻得好的，价位亦仅次于考据之书。

最不行的，就是高谈仁义道德的义理书了。老师傅们一口轻蔑地称之为“义理闲书”，绝大多数都是根本卖不上价钱的。

在这一背景下，我们来看汪中的《述学》。当时的学术大师王念孙为此书作序，誉之云：

> 今读《述学》内外篇，可谓卓尔不群矣。其有功经义者，则有若《释三九》《妇人无主答问》《女子许嫁而婿死从死及守志议》《居器释服解义》《春秋述义》，使后之治经者振烦祛惑而得其会通；其表章经传及先儒者，则有若《周官征文》《左氏春秋释疑》《荀卿子通论》《贾谊新书叙》，使学者笃信古人而息其畔喭之习。其它考证之文，皆确有依据，可以传之将来。

现在学术界那些一篇博士论文就写上个四五十万字，刚一露头冒泡就创造出一套诠释历史超级体系的能人们，是根本没法理解汪中这些学术“论文”的意义的。但在我看来，王念孙一句“可以传之将来”的判语就足够了。这话足以让我相信，《述学》收录的这些考经证史的著述，都是经得起历史检验的传世之作，不论在什么时代，都是顶级经典。正因为如此，早在清朝末年，《述学》一书就已经成为有见识的学人竞相庋藏于书斋的佳品。

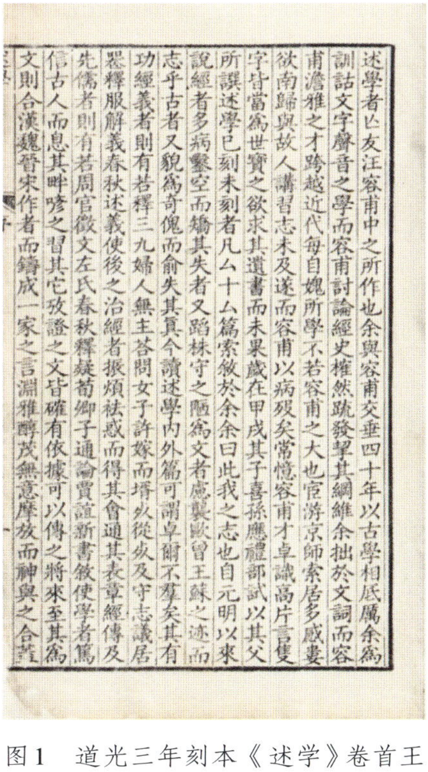
述學者亡友汪容甫中之所作也余與容甫交垂四十年以古學相厎厲余爲訓詁文字聲音之學而容甫討論經史榷然疏發挈其綱維余拙於文詞而容甫澹雅之才跨越近代每自媿所學不若容甫之大也宦游京師索居多感婁欲南歸與故人講習志未及遂而容甫以病歿矣常憶容甫才卓識高片言隻字皆當爲世寶之欲求其遺書而未果歲在甲戌其子喜孫應禮部試以其父所譔述學已刻未刻者凡厶十厶篇索敘於余余曰此我之志也自元明以來說經者多病鑿空而矯其失者又蹈株守之陋爲文者處襲歐曾王蘇之迹而志乎古者又貌爲奇傀而俞失其真今讀述學內外篇可謂卓爾不羣矣其有功經義者則有若釋三九婦人無主荅問女子許嫁而壻死從死及守志議居器釋服解義春秋述義使後之治經者振煩祛惑而得其會通其表章經傳及先儒者則有若周官徵文左氏春秋釋疑荀卿子通論賈誼新書敘使學者篤信古人而息其畔喭之習其它攷證之文皆確有依據可以傳之將來至其爲文則合漢魏晉宋作者而鑄成一家之言淵雅醇茂無意摹放而神與之合蓋

图1　道光三年刻本《述学》卷首王念孙序

至20世纪20年代，有郑振铎辈开始刻意罗致清人文集；特别是在1942年至1944年间，郑氏乃放手大肆购买。郑氏自言在这三年期间，"予几无日不阅市，每见清人集，必挟之以归。时或数日不得其一，亦有一日而获得数种，乃至十数种。不问美恶精粗，但为予架上所无者，则必收之。予初亦间致清集，所得约二三百种，然大抵必取所喜者……此三年间，则无所不取，而尤着意于嘉、道二朝所谓朴学家之文集。惜入手已迟，佳者极不易得"（郑振铎《劫中得书记》之《清代文集目录序》《清代文集目录跋》）。

这么着意搜罗清人别集的郑振铎，而又特别看重"嘉、道二朝所谓朴学家之文集"，我们却没有看到他在《清代文集目录序》和《清代文集目录跋》两文中谈及《述学》的情况。虽然汪中亡故于乾隆年间，然而他的文集除汪氏问礼堂初刻四卷本外，俱刻印于嘉道年间以后，且汪氏名声实在太大，若于坊肆间获睹其嘉善刻本，依郑氏性情，绝没有闭口不谈的道理。从而可知《述学》之早期刻本，确实一向罕见难求，而这部文集一直为众目所矢的根本原因，就在于它是一部不朽的经典，其恒久的价值引得一代代学人持续不断的需求。

汪中不过清乾隆年间人，而其文集的版本，却相当复杂。业师黄永年先生和贾二强学长著《清代版本图录》，即谓"《述学》刻本最多"。近年宗旨先生和郭立暄先生分别著《汪容甫〈述学〉版本源流考略》和《顾广圻校刻本〈述学〉之谜》两文，始基本梳理清楚其前后衍变源流关系。其中道光年间以前的刻本，学人都获之不易。

由于这些版本从来都是难得一见，时至今日，非强有力者，自然不敢心存奢望。尽管汪中和《述学》的威名，自跟随黄永年先生读书问学之初，就因先生称道不已而铭记心中，可前面不是已经说了么，那么好的白菜，像我这样的猪岂能会有去拱的份儿？

现在年龄大了，摩挲书房里的旧本书籍，常常会想到老大哥杨成凯先生讲的另一句话："小辛买书，起步虽晚，书运却是不错。"这话确有道理，而且杨成凯先生也确有资格讲这样的话，可是我心里也确实有不服气的地方——能够频频买到好书，是光靠运气的事儿么？这还需要花费很多功夫，还需要具有较多历史文献学的知识。

当然关于《述学》的文献学价值和版本学知识，是早就听老师黄永年先生讲熟讲透了的，我自己需要比别的同学多有一些的，只是对古刻旧本的情趣。我感觉，买旧书，藏古本，本是有情有趣的雅事，所以只有所谓性情中人，方能出得彩来。这既不是自矜，也不是自得，只是想表曝一下自己的心境。

二、我的刘台拱校三卷本《述学》

我买到的第一种《述学》，是刘台拱在嘉庆年间校刻的三卷本，世人亦称"大字本"《述学》（叶德辉《郋园读书志》卷一〇），今存世极罕。此本同初刻四卷本及阮元重刻本的字体一样，都是普通的方体字，版刻中规中矩，没有什么特色。其时江浙间普通学者的著述，版刻字体大都如此。

这个版本，当时就印行无多，而究其原因有二。

一是此书全本尚未最终编定，印出的只是部分内容。刘台拱乃受汪中子喜孙所托，为之勘定此书。由于整部文集只有三卷，篇幅不大，故刘台拱以为活儿很简单，"一两月可毕"（清汪喜孙《汪氏学行记》卷四《刘端临先生与喜孙书》）。

这个版本在所有《述学》版本中编排最为独特，不仅打乱了汪中原定内、外篇次序，而且具体篇目较诸汪中自刊初本也颇有出入。刘氏在刻成其三卷书版之后，"复得二十篇，编为四卷"（汪喜孙《汪氏学行记》卷四《刘先生与毕成之贵生书》），即编作汪中文集第四卷。这样一来，当然得等待刻成这第四卷以后才能正式大量印行此书。孰知"未及梓而先生遽殁"（汪喜孙《汪氏学行记》卷六汪喜孙《遗书跋》），整个计划，刘台拱最终也没能实现。

二是汪中的儿子喜孙对刘台拱的编排办法颇为不满。要想清楚说明这一问题，首先需要看一看汪喜孙为什么要刻印乃父的文集。这也是《述学》版本衍变史上的一个重要问题。

汪中文集的四卷初刻本，存世极罕。这么晚近的刻本却只留存这么少的印本，一般来说，这首先是缘于当时就没印几本，印成的书很少，存留下来的就更有限。此本梓行于乾隆五十七年，不到两年，汪中就在乾隆五十九年辞世，显然在汪中生前并没有怎么印。

这么短的时间内书没印几本，这从哪个方面看都可以找到合理的理由，而汪中离世时他的儿子喜孙还在幼年，也没能力张罗印书的事儿。然而这部初刻本的书版若是完好无损，到嘉庆、道光年间汪喜孙想要印行父书的时候，拿出书版来再印就好了，为什么还要延请刘台拱来重刻此书？

在我看来，原因只有一个——这就是书版业已损毁，不能再用了。阮元记载说汪中自刻《述学》，于"容甫既殁，得之颇艰"（阮元《广陵诗事》卷三），他本人尝"就其家求遗书，片纸不可得。惟得其《述学》于浙中，即为刊行之"（阮元《淮海英灵集》丁集卷四汪中小传），而他对在浙中得到的这部汪中文集是以"《述学》稿"称之的（阮元《揅经室集》续集卷三《汪容甫先生手书跋》），因而似乎应该是一部写本。这种局面明确无误地向我们透露，此时在汪中家里并没有可供刷印的《述学》书版。不然的话，阮元出纸出墨刷一部就是了，何须辗转得书于浙中？

在这种情况下，汪喜孙才不得不聘请刘台拱出面，重新刊刻《述学》。当时摆在刘台拱面前的方案有两个：一是按照原样翻刻，二是重新编定文集的内容和文章的排列次序以及卷次。实际的情况是刘台拱选择了后一方案，即刘氏自己所说"篇次前后与旧刻不同"（汪喜孙《汪氏学行记》卷四《刘端临先生与喜孙书》），而且他还想改易"述学"这一书名。

刘台拱放弃了汪中原定的内篇、外篇之别，按照他对文章性质的认识来归类编排卷次和每一篇文章的先后次序。对这种做法，汪喜孙显然是很不满意的。我们看他在道光初年讲述顾广圻重刻《述学》等事时所讲的下面这段话，就可以清楚地感知这位汪氏公子的心绪：

> 尝忆许冲奏上《说文》，始一终亥，未改许君之例，自徐锴出而始失其真。成之难而毁之易，自古然矣。（汪喜孙《汪氏学行记》卷六汪喜孙《遗书跋》）

正因为如此，后来由顾广圻校刻的六卷本《述学》，在这些方面就完全恢复了汪中自刻本的原貌。

对汪喜孙这种态度，总的来说，我是非常赞同的。这不仅因为汪中是他的亲爹，怎么编定老爹的文集自然得首先尊重儿子的意见，更重要的是文从主人，这应该是编辑出版者处理所有文稿的第一准则。汪中自己就这么编的，对这文集的编法和书名，他都会自有一番考虑。这就像给新生的孩子起名，不是他爹就不能越俎代庖，你就是隔壁老王也不行。汪中要是还活在世上，好朋友自然可以帮他提提参考意见，可他已经走了，不管他做得是不是十分合理，也只好由着他去了；况且，汪中的学术辞章都是超一流的，旁人觉得不合适，恐怕更多的是没看明白他的意思，而不是他真没编好自己的文集。

不过在另一方面，《述学》初刻本的编排是否合理，旁观者也确有不同的看法。比如，据刘台拱讲，他曾就重新编排汪文一事"商之钱少詹事及段若膺"，也就是征询钱大昕和段玉裁的意见，而他们二人"皆以为然"，亦即赞同刘台拱的做法（汪喜孙《汪氏学行记》卷四《刘端临先生与喜孙书》）。须知世间那些庸材俗物，对汪中一向诋之以狂傲，然而他对"嘉定钱詹事大昕、金坛段大令玉裁、高邮王给谏念孙、歙程孝廉瑶田，未尝不极口推崇"（汪喜孙《汪氏学行记》卷五阮元《容甫先生诗选题词》）。刘台拱抬出钱大昕和段玉裁两位乃父推崇备至的学人来，显然是想压压汪喜孙的心气，所以他又接着反问汪喜孙："未审尊意以为如何？"（汪喜孙《汪氏学行记》卷四《刘端临先生与喜孙书》）这还让汪喜孙怎么讲话？即使一肚皮不满，也只好强忍着了。

通观全书，可知刘台拱对《述学》原本的改编，其核心旨意是最大限度地删除原本中纪事性质的"文"，相应地增大研究性的治"学"的内容。

汪中自刻原本的篇幅是收文三十三篇，刘台拱新编本也是三十三篇，文章的篇数虽然没有变化，实际内容却有很大不同。汪中自定文集之内、外篇划分，本以内篇录治学之篇，外篇收偏重纪事之文，而在刘台拱刻三卷本中，原本外篇中的后一类文章，仅存《京口建浮桥议》一篇，而这一篇的具体内容乃是考述相关浮桥史事，实际上还是一篇考据性的文章。

刘台拱这样做并不是因为他这个人刻板无趣，只是觉得那些纪事性的文辞并不足以体现汪中的学识和特性而已。其实刘台拱是一位与汪中交谊甚深的挚友，在他编定的这部汪中文集中，较诸汪中自刻原本，还新增有《自序》、《哀盐船文》、《吊黄祖文》、《经旧苑吊马守真文》和《狐父之盗颂》五篇辞章之文。这些文章固然与研经治史无涉，通览其文，都集中在一个"情"字之上。

杭世骏序《哀盐船文》，称其文"可谓惊心动魄，一字千金"。盖汪中"目击异灾，迫于其所不忍"，抒发一腔真情而已！特别需要强调指出的是，其中《经旧苑吊马守真文》这篇文章，是凭吊一位前明故妓。汪中于序文中写道：

> 余单家孤子，寸田尺宅，无以治生，老弱之命，县于十指。一从操翰，数更府主，俯仰异趣，哀乐由人。如黄祖之腹中，在本初之弦上，静言身世，与斯人其何异？只以荣期二乐，幸而为男，差无床第之辱耳！江上之歌，怜以同病；秋风鸣鸟，闻者生哀。事有伤心，不嫌非偶。

一字一句，都渗透着他的身世感慨。汪喜孙《容甫先生年谱》称"刘先生台拱最爱此文，题云'容甫已矣，百身莫赎'"。编录此文在于一个"情"字，增编其他那几篇文章也在这一个"情"字。

汪中尝谓刘台拱曰："自惟生平风义，不当为世俗可市之言，遂尔快意累累，又朋友相字礼也，故欲与端临（德勇案：刘台拱字端临）行之。"（道光顾广圻校刻本《述学》之别录《与刘端临书》）正因为相知甚深，刘台拱才刻意做出这样的编排，以体现亡友的心志和情怀。

正是本着这种"不当为世俗可市之言"的精神，刘台拱还按照多数文集的命名方式，把他编定的这部文集命为"某某集"，可我们现在见到的刘氏所刻三卷本汪集，仍是题作《述学》。其间原委，见于刘台拱写给汪喜孙下述信函：

> 顷为尊先人刊刻遗文，拟用集名。昨武进赵味辛司马见过，道及足下之意，欲仍名《述学》内、外篇，此亦足见孝子三年无改之至意。已告彭万程，令其挖改。（汪喜孙《汪氏学行记》卷四《刘端临先生与喜孙书》）

案:"味辛"为武进赵怀玉的雅号。仔细斟酌上下文义,"此亦足见孝子三年无改之至意"似属赵怀玉转致的汪喜孙托词。

汪中的文集到底用什么名好是一回事儿,可汪喜孙对这件事儿的态度是另一回事儿。通观汪喜孙编著的《汪氏学行记》一书,可见他对乃父的迷恋和尊崇是颇显变态的,显然有违客观的理智。这部文集既然已经拜托老父生前的挚友帮助编刻,就应该充分信任刘台拱,尊重刘台拱的意见,不宜似此固执己见。

下面这通写给汪喜孙的信函,同样显示出刘台拱的为难之处:

> 来书欲并刻遗诗,足见孝子之心,不忍于先人,而必欲传之,无所不用其极也。此时先录一底本,以待能知先生之诗者稍微抉择而付之梓,亦不必与文集合为一书。先辈中如顾亭林,诗、文即系分刻,是其例也。(汪喜孙《汪氏学行记》卷四《刘端临先生与喜孙书》)

看这架势,我觉得刘台拱已经很难忍受汪喜孙的偏执,好像随时都会失控——汪中不以诗名,而且"三十以后,绝不复作"(汪喜孙《汪氏学行记》卷五刘台拱《容甫先生遗诗题辞》)。刘台拱这信的意思,实际上等于是说"你刻它干啥?何苦来的呢"。因为他对汪中的诗作,确实评价不高,甚至明确讲到:

> 初获交于尊大人时,所见诗甚多,后来不复作。少时所作,亦不复存。遗稿数十首,此间亦录出。然在尊大人为绪余,不刻可也。(汪喜孙《汪氏学行记》卷四《刘端临先生与喜孙书》)

话还能说得更明白了么?实在无法再说什么别的了。

试看刘台拱给汪中诗集写下的这段题辞:

> 汪中字容甫,江都拔贡生,博闻强记,通知古今,才、学、识三者皆有以过人。为文钩贯经史,镕铸汉唐,闳丽渊雅,卓然自成一家。早岁喜为诗,三十以后,绝不复作。旧稿多散失,今

录其仅存者若干首。（汪喜孙《汪氏学行记》卷五《容甫先生遗诗题辞》）

脑子稍微正常一点儿的人，随便是谁都能看出，刘台拱对汪中的诗作没讲一个字儿赞誉的话，连礼节性的敷衍都没有，却顾左右而言他，说汪中"为文钩贯经史，镕铸汉唐，闳丽渊雅，卓然自成一家"，这不是讲汪中的诗不行又是什么？可后来在刊印《容甫先生遗诗》时，汪喜孙竟大剌剌地把这段话印在了诗集的第一页！面对亡友这么傻的孩子，刘台拱一定哭笑不得，编刻这部文集时的种种烦恼，可想而知。

刘台拱想改易"述学"这个集名，是因为"述学"二字本来另有他义——这本来是汪中给自己另外一部著述拟定的名称。汪喜孙对此有清楚记述：

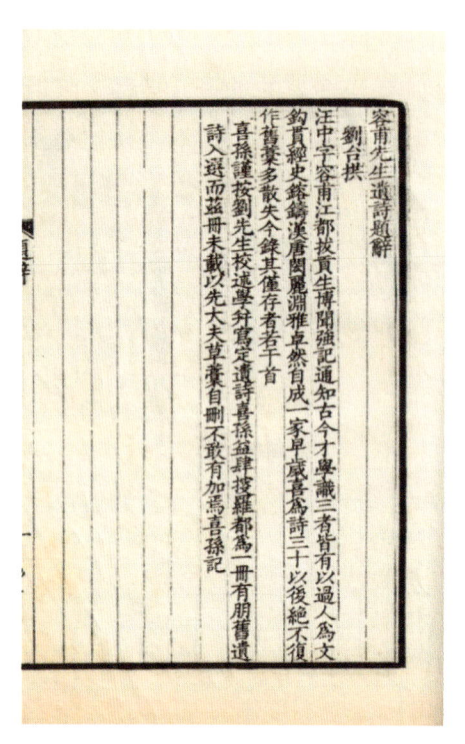

图2 《四部丛刊初编》影印道光年间精刻本《容甫先生遗诗》

> 先君以为古之为学士者，官师之长，但教以其事，其所诵者，《诗》《书》而已。其他典籍，则皆官府世守之，民间无有之也；苟非其官，官亦无有也。其所谓士者，非王侯公卿之子，则一命之士，外此则乡学、小学而已。自辟雍之制无闻，太史之官失守，于是布衣有授业之徒，草野多载笔之士，教学之官，记载之职，不在上而在下。及其衰也，诸子各以其学鸣，而先王之道荒矣。然当诸侯去籍，秦政焚书，有司之所掌荡然无存，而犹赖学士相传，存其一二，亦不幸之幸也。撰《述学》未成，更以平日考古之学及所论撰之文三十三篇，序《述学》内、外篇，刊行于世。（汪喜孙《汪氏学行记》卷六汪喜孙《遗书跋》）

简单地说，汪中本来想要撰著一部上古以至秦汉的学术传承史，结果没能写得出来，于是就编录三十三篇考论史事的文稿，题为《述学》，刊行于世。这就是汪中自定初刻本文集。

汪中规划的这部原始意义上的《述学》虽未能写成，但有个结构完整的提纲保存下来，见汪喜孙《汪氏学行记》卷四徐有壬《述学故书跋》。像汪中这类精于史事考证的学者，通常都很难写出"系统性"的学术论著。

这是他们的思维特点使然，其思维总会被那些费解的疑难史实所吸引，而不耐于平稳的阐述。

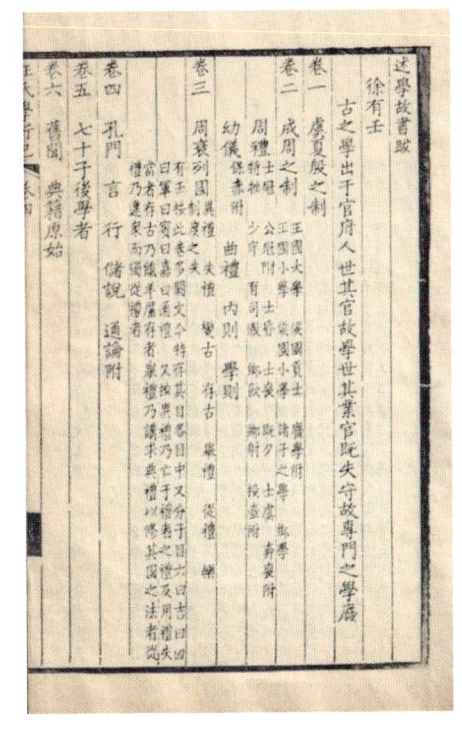

图3　道光六年精刻本汪喜孙辑《汪氏学行记》

譬如与汪中并世的著名学者钱大昕，虽然立意新撰一部《元史》，前后持续多年，最终也未能写出，留下的经典性著述，都是对具体史事的精湛考证。当代学者中，像我从事的历史地理专业，谭其骧先生也是这样的学者。即使不去主编《中国历史地图集》而让他闲得整天听昆曲，我相信谭其骧先生还是写不出一部诸如"中国历史地理概论"之类的书。

想写的书虽然没能写得出来，可撰著一部那种"述学"的心愿却一直萦绕在心头。于是，在汪中的晚年，他就把这个书名挪用过来当作了自己文集的名称。尽管如前所述，汪中把他的文集分作内、外两篇，内篇收载考经证史的治"学"文章，这同"述学"之"学"在形式上仍具有对应关系（当然这样理解的"学"字语义，已经同汪中原定的书名含义迥然有别），那些同治"学"无关的文章，只宜另行编作外篇，然而在熟知汪中这无奈之举的刘台拱看来，还是会有些别扭。我想，这应该就是刘台拱不想沿用"述学"一名的缘由。

现在我们看到的这种刘台拱刻三卷本汪中文集，书名都已按照汪喜孙的意见剜改为"述学"（刘台拱信中所说"彭万程"乃雕版的刻工），可这样一来，因为没有内、外篇的划分，那几篇抒发汪中情怀的文章，就同这"述学"二字怎么也对应不上，怪模怪样的，怎么看怎么别扭。

正因为对刘台拱校刻本相当不满，所以后来汪喜孙在叙述《述学》版刻历史时，竟刻意回避此事不提，仅谓"刘先生校录遗文，得二十篇，未及梓而先生遽殁"（汪喜孙《汪氏学行记》卷六汪喜孙《遗书跋》）。前已述及，汪喜孙是在清楚知悉刘台拱业已刻成三卷书版之后才"校录遗文，得二十篇"的，所以在这里只能是避而不谈。过去叶德辉尝疑汪喜孙在校刻六卷本《述学》时没有见到这个印本（叶德辉《郋园读书志》卷一〇），实乃不知个中隐情。

总之，上述两大原因，致使刘台拱三卷本《述学》印行无多，留存于世者自然相应地会更为稀少。另一方面，此本版刻既无特色，其诱人之处，则如前所述，只能是汪中令人崇敬的学术，而尊崇者愈众，需求其书的人愈多，供求关系也就愈显紧张了。不过从我得到的这部书来看，这种刘台拱刻三卷本传世殊为鲜少的原因，同其刻书版材不佳恐怕也有密切关系。

我得到的这个本子，从整体上看，字体笔道还大体爽利，没有反覆大量刷印给书版造成的磨泐迹象，然而个别版面却模糊很重，甚至缺失部分版面。在我看来，只有版材质量太差，才会造成这种现象，也才会使得这个版本的《述学》印行无几就不再印行了，即非徒置版不印，而是想印亦印不得也。

特别值得注意的是，在这个本子的末页，于"述学卷之三"这个篇末的卷次注记之下，附有

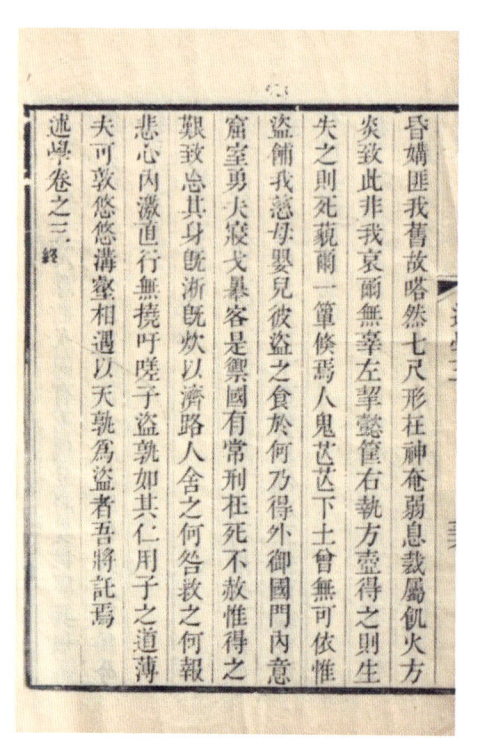

图4　嘉庆年间刘台拱校刻本《述学》末页

一个小小的"终"字,而前面的卷一、卷二都没有这样的注记。审其字迹,这一"终"字应是后来补刻。这意味着至少我得到的这种本子是按照正式印行的样子刷印的,而它是终止于第三卷,即已经放弃了原定刻入第四卷的计划。

另外,有意思的是,刘台拱在谈论刊刻汪中文集事宜时还谈到了版材的重要性问题,乃谓"凡刻书第一要板好,次要写手好,次校对好,次刻手好。校对一事,而有数节,一校底本,二校写本(德勇案:指写样本),三校呈样本(德勇案:指校样),四校乞改本,最后再覆校一过"(汪喜孙《汪氏学行记》卷四《刘先生与毕成之贵生书》)。这资料很珍贵,谈到了校刻古籍的各个环节,当然我在这里看重的只是所说"板好"的重要性。

版本学的研究,就是这样,往往一本书有一本书特有的价值。单纯看我买到的这部《述学》,印得稍晚,版面还有泐损之处,似乎不大理想,但透过它这些表面特征,可以推想印书书版的状况,进而还能推测其之所以刷印稀少的原因,这就为我们了解《述学》的版刻历史发挥了无以替代的作用。当然要认识到这种作用,需要藏书人有一颗向学之心,不仅仅是赏玩古代版刻而已。

另外,这种刘台拱校刻三卷本《述学》,在版刻形态上还有一个重要特点,这就是刘台拱所说"题目格式略仿《唐文粹》《宋文鉴》之例"(汪喜孙《汪氏学行记》卷四《刘先生与毕成之贵生书》)。翻检一下《四部丛刊初编》影印的旧本可知,所谓《唐文粹》和《宋文鉴》的"题目格式",是指每一卷的目录都刻在本卷卷首。这种形式,固然古雅——可以一直"古雅"到卷

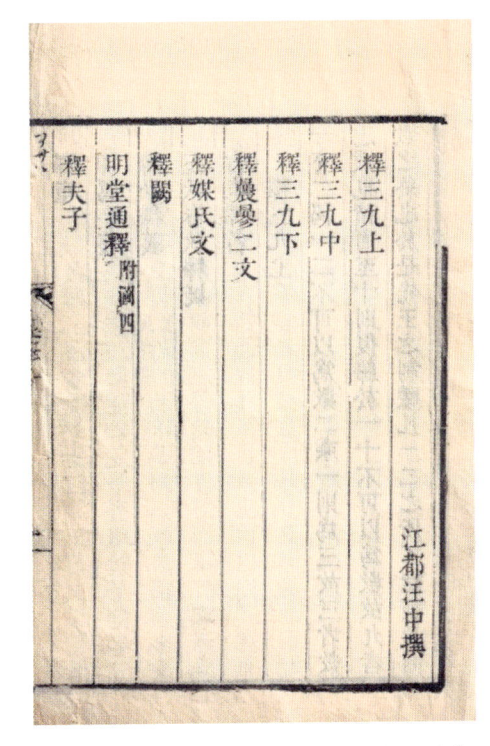

图5 嘉庆年间刘台拱校刻本《述学》内文首页

轴装的写本时代。那时的书籍,大多都这样标识目录。

过去我买一点儿古刻旧本,大多都是在北京中国书店,很少去其他地方淘书。可先后得到的两部《述学》,却都是在外地。

当年买下这本刘台拱刻三卷本《述学》,是在汪中老家扬州的古籍书店。书脱佚了书衣,也开了线,就那么单单薄薄的一册,似乎原本就没有内封面,看上去很没个样子,所以店家也没当回事儿,混放在乱书堆里,谁捡去算谁的。

记得定的售价不到八百圆钱。按照当时的行情,说不上便宜,还稍稍有些贵。不过这只是就普通清人集子而言,可这是大名鼎鼎的汪中,而且还是汪氏文集中刊刻较早并相当少见的一种。这么一衡量,就颇有那么几分捡到了大便宜的感觉。

可怜的是汪中,这是在他的家乡啊,当地的书店对他这位乡贤竟昏昏然一无所知,不禁让我这个北方佬为他感到悲哀,悲哀的是这里再也嗅不到当年扬州学派的气息了,当然也就不会再因为汪中的学术造诣而看重他的文集。

三、我的顾广圻刻六卷本《述学》与这一刻本的外在形式

如果说这本《述学》是由于扬州古旧书店的经营者不明其学术价值而被随意错放在了普普通通的乱书堆里,那么我下一本买到的《述学》,店家对它的处置形式,就更为"不可思议"了。

这是在大上海大名鼎鼎的四马路(福州路旧称)古旧书店。不仅四马路这家店在行内权威性甚高,轻易不会疏忽"漏卖"像《述学》这么有名的书籍,而且这本《述学》还被单独摆放在店面里一个比较特别的地方,煞是惹眼,所以我才会对自己的运气觉得有些"不可思议"。

特别"不可思议"的,是这部书的版刻形式。前面讲的刘台拱刻方体字本《述学》,相貌实在平平常常,若非深于此道,忽视以至漠视都情有可原,可这次在上海四马路古旧书店见到的这一部,却是被称作"精刻"的道光三年顾广圻校刻本。

谈到所谓"精刻",自然会把我们的眼光带回孙殿起先生所说民国初年书肆"时会"的另一个维度,即对"精刻本"的追捧。

孙殿起先生说"所谓精刻本者，即乾嘉人写刻唐宋人诗钞及《六朝文絜》等类"，其实这说的只是精刻本书籍中在当时最受欢迎的类别，而不是精刻本的版刻特点。旧书行和古本旧籍藏阅者口中的"精刻本"，在清中期，主要指仿宋字刻本和类似今印刷字体中楷书字那一路字体的刻本。

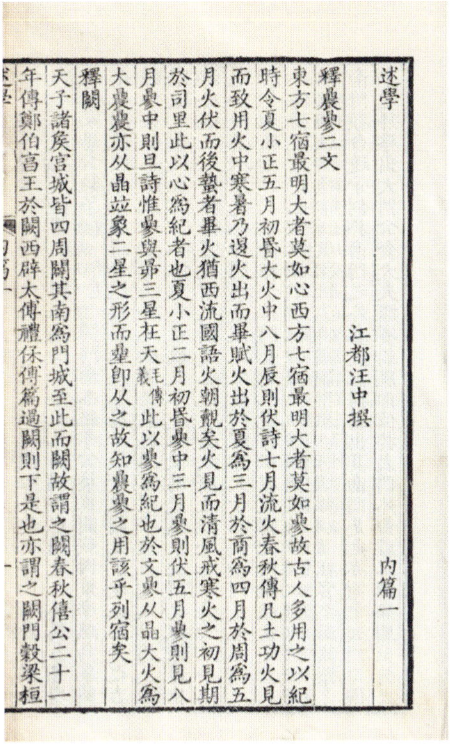

后者与本文主题无关，在此姑且略而不谈，而所谓仿宋字刻本，仿的乃是宋浙本的欧体字风格。追溯其起因，是缘于乾嘉学者为追求文字真确来仿刻宋本典籍，而宋本自以浙本为重，更具有权威性。在没有影印技术的情况下，这是最大限度接近古书原貌的印制形式。

图6　道光三年刻本《述学》内文首页

这种仿宋本一旦流通于世，人们马上就看到了它的一个明显的优点——这就是比社会上大量通行的方体字优美，而且还美观很多。于是，就有人效行其事，用同样的字体来刊刻并世作者的著述，顾广圻勘定的《述学》就是这样（说见黄永年先生《古籍版本学》）。这一点，由顾广圻自言此番刊刻《述学》乃"并为欧体"可以看得更为真确（汪喜孙《汪氏学行记》卷四《顾涧薲与喜孙书》）。至于江藩称誉此"《述学》雕本甚精，与宋椠无异"（汪喜孙《汪氏学行记》卷四《江藩与汪喜孙书》），虽然是书信应酬之语，当不得真，但确也道出了其逼近赵宋浙本的效果。

这种追捧"精刻本"的风气，自孙殿起先生所说民国初年以来，持续至今，不仅未能稍有减降，而且日盛一日，书价自然越升越高，根本不是我这种穷书生会想入非非的。可人要是命好，好运确实也会不期而至。这不，就在堂堂四马路上这家名店，它就撞到我怀里了。

我可没那坐怀不乱的素养，机不可失，当下揽到胸前。

当然这个本子也有些毛病。最大的问题，是订书的线都开了，书成了片片散叶，码作一叠。可把散叶订成书册，这并不费事。过去私家开书店，这是学徒伙计或当家掌柜闲着没事儿的时候随手就做了的活儿；现在请人订上线，也花不了几个钱（手不太笨的读书人，买回家去，没事儿的时候也随手就订上线了，业师黄永年先生就是这样）。可摆在我眼前这部书竟然就那么散着。人家国营大买卖么，怎么能和开小书铺的一个样。

其次是还稍微缺了点儿东西。这个版本的《述学》，在汪中文集的刻印史上，具有特别重要的意义。其重要性不仅体现在它的文字勘定出自古往今来第一校勘高手顾广圻（汪中论学为文都很深奥，所以欲求尽善尽美，非经顾千里之手不可），而且还是经汪中之子喜孙认可的最终定本（汪喜孙《汪氏学行记》卷六汪喜孙《遗书跋》）。全书由内篇三卷、外篇一卷、补遗一卷、别录一卷及附录文三篇构成，全书总共六卷。在其三篇附录文章当中，最后一篇是《春秋述义》，篇幅很短，尚不足两页。我在上海古旧书店遇到的这个本子，就是脱落了这最后两页。别的，再没有什么毛病。这虽然不算完美，但在古刻旧本收藏中，是常有的事儿；至少对于我来说，要紧的是遇到了，还买得起，这已经算得上奇迹了，没条件讲究更多。

虽然书叶散了，但原来订作两册的情况还是清清楚楚的。在第一册书衣的里面，贴着价签——1500圆。在我遇到它时，市面上正常的售价，至少应在2500圆以上，不管北京，还是上海，哪里都一样。因为古书拍卖业已开始，地区的差价早就不复存在了。

作为上海古旧书店这样的行内老店来说，仅仅因为散掉了订线，是不会定出这个售价的，一定另有原因。买书时，我也犹豫了一下，犹豫的是它到底是道光原刻本，还是同治年间的扬州书局重刻本。因为同治重刻本的字体、版式一仍道光本之旧，差别比较微妙，骤然间往往不易区别。尽管刻书字体差别不大，可同治重刻本刷印量大，存世者亦甚多，故不为藏书者所重。我买书时，在北京的旧书肆中还常常可以见到这种同治重刻本，当时的售价大致在1200圆左右。

经过仔细察看之后，确定其必属道光原刻本无疑，自然也就很高兴地收下了它。遇到这样的好事儿，真是你就偷着乐吧。

把书买到家中之后，出于好奇，很长一段时间都忍不住琢磨：上海古旧书店为什么会如此贱卖这部道光原刻本《述学》？反覆思索，可能是因为道光原刻本的早期印本在卷首王念孙序后镌有"江宁刘文奎子觐宸/仲高镌"刻书注记，盖此本镌梓上版是交给了南京著名的刘文奎书坊，而在较晚的印本上这行注记已阙失未印，上海古旧书店售卖的这部《述学》正是这种晚印本。大概因为没有看到这行刻书的标记，上海古旧书店拿不定注意，就定了这么个稀里糊涂的价——比同治重刻本略高一些，比道光原刻本又略低一些，不上不下的，你怎么想都行。不知道这该算上海人的精明，还是该看作是上海人的颟顸，反正上海人自有他们城里人的道理，不是我这样的乡下人能够想明白的。

其实这本《述学》虽说印得晚些，但你看《四部丛刊初编》依据的底本，也没有这行刘文奎书坊的刻书题记，而且已补刻上我这个本子里被刻意铲掉的文字，说明其刷印时间比我得到的这本还要更晚一些。辨别一部书的版本，最可靠的要素，还是业师黄永年先生讲的字体特征，而不是像刘文奎书坊的刻书题识这样一些往往会有变动的附件。

买《述学》，看《述学》，用《述学》，前人大多重视的是汪中的学术，不过若是把眼光投射到孙殿起先生所说对"精刻本"的追捧上来，民国初年有很多文人，就像热求"乾嘉人写刻唐宋人诗钞及《六朝文絜》等类"书籍一样，更多的是关注汪中的文采，这也就是姚鼐所说的"文章"亦即"辞章"。

在这方面，王念孙在给《述学》作序时同样也对汪中给予了高度赞誉：

> 至其为文，则合汉魏晋宋作者而铸成一家之言，渊雅醇茂，无意摩放而神与之合。盖宋以后无此作手矣。当世所最称颂者：《哀盐船文》、《广陵对》、《黄鹤楼铭》，而它篇亦皆称此。盖其贯穿于经史诸子之书而流衍于豪素，揆厥所元，抑亦酝酿者厚矣。

需要说明的是，王念孙列举的这些名篇俱属骈体，而汪中的文名正是得自他这些骈文。自清代中期起，骈文呈现一股复兴的趋势，汪中即为其中代表人物之一。

形成这样的文学潮流，有很多因素，但至少有一部分作者像汪中一样，是兼擅经史考据的。考据经史需要博通各类典籍，而写作骈文在技术层面上也首先要求作者能够恣意引经据典，因而同样需要饱读四部要籍。正因为如此，这一时期颇有一批骈文名家都和汪中一样，同时也是经史考据的名家，如洪亮吉、孙星衍、李兆洛、彭兆荪等都是如此。汪中考据手段最强，骈文写作的成就也最大。

段玉裁论汪中学术、辞章，尝言"能文章者不必精考据，精考据者不必能文章"，其二者兼而有之者，在有清一代学者之中，惟有戴震与汪中两人（汪喜孙《汪氏学行记》卷四《段若膺大令与喜孙书》附《段秀才骧书》）。了解汪中在经史考据和文章写作这两方面的巨大成就与声望，再了解到所谓"精刻本"书籍的来龙去脉，大家就能更好地理解道光三年仿宋刻本《述学》为什么一直受到藏书家的青睐，而我能够在上海古旧书店店堂里那么醒目的地方以廉值购得其书该属何等幸运了。

最后附带说明一下，这个顾广圻主持校勘的六卷本《述学》，近年来颇有一些人以为其刊刻成书的年代是在嘉庆年间，而不是道光三年。具体地揭明相关情况，对于深入认识汪中文集的刊刻过程虽然很有意义，但窃以为这样的说法是颇欠通达的。盖古时雕镌书版，往往都要持续一段时间，而对某些重要的书籍，在书版初成之后，还要刷印很少一部分样本，呈送给相知的师友，以求校正书中的谬误。然后，再吸取各方面意见，最终修正或确定书版，其后才正式大量刷印流通。

由于有这样的程序存在，人们在刻书牌记或相关序跋上签署的时间，往往都在其书版改定之后且将大量刷印的时候，而不是动手雕版之际或书版初成之时——这是旧时普遍遵行的通例。我想，赵万里著《中国版刻图录》、业师黄永年与贾二强学长共同撰著《清代版本图录》，都是把这个六卷本的刊刻年代记作"道光三年"，依循的就是这一通例。盖当年商务印书馆影印《四部丛刊》所选汪中文集，用的就是这个版本，而由孙毓修司职普通清代刻本，该馆在《缩本四部丛刊初编书录》说明底本情况时已经清楚标明，此本乃"嘉庆中其子孟慈（德勇案：汪喜孙字孟慈）精刻本"，赵万里、黄永年、贾二强诸位先生在明知此说的情况下，仍然把这个刻本定为"道光三年"刻本，自是别有见识，刻意为之。

这一点，若是认真通读一遍汪中子喜孙撰写的《遗书跋》一文，我想是可以看得一清二楚的（见汪喜孙《汪氏学行记》卷六）。其最为突出的具体例证，如早期试印本在别录中有一篇《魏次卿诔》，在送呈王念孙求正时，王氏指出此"《魏次卿诔》为尊甫先生少作，可不存"（汪喜孙《汪氏学行记》卷四《王先生与喜孙书》），亦即提议删除这篇汪中的少作（意即其文尚且稚嫩，见不得人也），后来正式批量印行的本子就采纳王念孙的意见将其削落在外了。

买书固然免不了"时会"的影响，读书则不仅需要自己静心思索，往往还需要有通达的眼光（当然这还是需要多读些书）。

2023 年 1 月 25 日晚草记

2023 年 1 月 29 日晚改定

好书推荐

《玉函山房藏书簿录》
〔清〕马国翰 撰 沙嘉孙 点校
精装 32 开 2023 年 6 月出版
ISBN 978-7-5333-4381-1
定价：138.00 元

本书为 2019 年度国家古籍整理出版专项经费资助项目。

《玉函山房藏书簿录》系清代著名辑佚学家马国翰的藏书目录，二十五卷，共著录藏书 4381 部。所著录的均为常见版本之常见书，在诸书目中独树一帜。每书均附以提要，撮其要旨，论其得失，记其版本，考其授受。在中国目录学史上，本书不失为私人藏书目录的一部经典之作。

海源阁藏李轨注本《扬子法言》的前世今生

刘 强

《扬子法言》(下文除了直接引用皆简称《法言》)是汉代扬雄的重要作品。《法言》尊圣人，谈王道，主要发扬儒家传统思想，为扬雄带来重要名声，也成为后世学者尤其是儒家学者评价扬雄的重要依据，推重与批判兼备。评价扬雄的依据有很多，即如扬雄所作诸赋以及《太玄经》等，而《法言》无疑是重要依据之一。

宋代是中国古代思想史上之重要时代，是理学大张旗鼓的时代。肇端于此，《法言》中关于人性方面的话题进入舆论场，且由此生发，关于扬雄的认识及其思想的评价比较激烈，简单说，可分为以司马光为首的"褒扬派"和以朱熹为首的"贬扬派"。如朱熹认为："某尝说，扬雄最无用，真是一腐儒。……如《法言》一卷，议论不明快，不了决，如其为人。"二程则认为："世之议子云者，多疑其投阁之事。以《法言》观之，盖未必有。"

日本学者田村有见惠在《关于〈法言〉的版本》中简析了《法言》在宋代的版本情况，认为："宋代《扬子法言》的版本有如下两种：宋咸《进重广注扬子法言原表》，景祐四年(1037)；司马光注《扬子法言》，元丰四年(1081)。其中，司马光注《扬子法言》实际上由司马光编纂，晋代李轨、唐代柳宗元、宋代宋咸、吴秘(祕)、司马光等人作注，原本称作'五臣注'。"

宋本成为后世元明清翻刻本的依据，其数量指不胜屈，各有增益，各有千秋。清朝嘉庆年间石研斋秦恩复在翻刻宋本《法言》时有一篇长序，提到了《法言》宋本的大致源流：

> 《扬子法言》十三卷，自侯芭、宋衷之注既亡，而存者莫先于晋李轨宏范注。宋景祐、嘉祐、治平三降诏，更监学馆阁两制校定板行，最为精详。有《音义》一卷，不题撰人名氏，其中多引天复本。天复者，唐昭宗纪元，而王建在蜀称之。然则谓蜀本也，撰人当出五代宋初间矣。司马温公言宋庠家所有，逮陈振孙《书录解题》所载，皆即其本，当时固盛行也。外此有唐柳宗元，宋宋咸吴秘注，建宁人合李注为四注本。《书录解题》云："与此不同。"厥后书坊复有新纂门目五臣音注本，则又增入温公集注，而卷依宋咸为十，诸家元文，悉经删节，全失其旧。明之世德堂据以重刻，通行迄今。于是世人罕知诸家或十三卷或十卷各有单行之本，而李注乃若存若亡焉。戊寅首春，购得宋椠稍有修板，终不失治平之真，适元和顾君千里行箧中有临何义门所校，出以对勘，大致符合，深以为善，劝予刊行。爰以明年影摹开雕，凡遇修板，仍而不改，并所讹误举摘如干条缀诸末，以俟论定者。唯惜陈振孙又云"钱佃曾得旧监本刻之"，今未见，不获互相证明也。至于宏范所学，右道左儒，每违子云本指，其读文句，亦不能无失。温公时下己意，多所订正。而《集注》十三卷本，竟杳难再遘。然则此本宋椠之仅存，而予与顾君得以流传之，可不谓厚幸也哉。

事实上，《法言》在宋代因其思想性而大受重视，版本也逐渐增多，并逐渐形成十三卷本和十卷本两个系统。十卷本较多见。十三卷本逐渐式微，但不绝如缕，至清中后期依然受重视，流传方面亦受瞩目。李轨注本为宋刻本，为今流行的十三卷本的早期版本，从嘉庆朝浮出水面，若隐若现，曾被古代藏书重镇的海源阁所收藏。海源阁藏书散出后，李轨注本《扬子法言》亦随世沉浮，飘渺百余年，而终归公藏。

十三卷本系统的宋刻本《法言》迄今能见到的，主要有如下几种：

（一）辽宁省图书馆藏本。"《扬子法言》十三卷音义一卷，宋淳熙八年（1181）刻本，六册"，"是五臣注现存最早的刻本"，被列入国家珍贵古籍名录。国家图书馆出版社2014年出版的《中华再造善本》、2019年出版的《国学基本典籍丛刊》据之影印，题曰据辽宁省图书馆藏"宋淳熙八年（1181）唐仲友台州公使库刻本影印"。"半叶八行十六字，小字双行二十四字，白口，左右双边，单鱼尾。框23.5厘米×18.2厘米。有刻工'蒋辉''王定''徐通'等。讳'玄''弘''殷''慎'等字。钤'事亲之暇''诗礼传家'及天禄继鉴藏书印全套。"可见这个

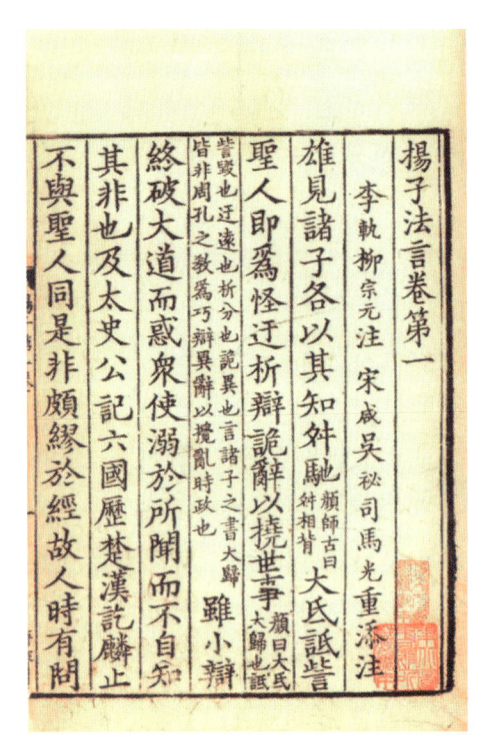

图1　辽宁省图书馆藏宋刻本《扬子法言》书影

版本是十三卷本系统，台州公使库刻本。当年还有一段公案与此有关，叶德辉《书林清话》卷十记载："朱子劾唐仲友一重公案，世固鲜有知之者。淳熙八年，唐仲友守台州，领公使库钱刻《荀子》《扬子》二书，为朱子所弹劾。"

（二）国家图书馆藏本。国家图书馆所藏宋刻本至少有六个，属于十三卷本系统的有三个。这三个中有两个为残本。简单介绍如下：

1.《扬子法言》十三卷《扬子法言音义》一卷（索书号9600），宋元递修本，4册，每页10行，行18字，小字双行23～25字不等，白口，左右双边。此本即为李轨注本，曾为海源阁所收藏。

2.《扬子法言》十三卷（索书号10419），宋元递修本，残本，只剩1册，30个筒子页，其中24个有文字，其他的为白页，每页10行，行18字，小字双行24～25字不等，白口，左右双边。经笔者比对，这个残本内容与上述索书号为9600的相关，高度类似，当属于一个版本。

3.《扬子法言》十三卷《扬子法言音义》一卷（索书号12301），

宋元递修本，1册，当是残本，每页10行，行18字，小注双行24~26字，白口，左右双边。笔者未见此版本。

结合上述，《法言》从问世到宋代，有着众多注解版本，如侯芭（扬雄弟子，有《法言注》六卷）注、宋衷（三国吴人，有《法言注》十三卷）注，到宋代里程碑式地形成了经司马光提请，裒辑众家注而成的"五臣注"本。而依据秦恩复所说，十三卷本这个系统，至其时代，李轨注本早已不闻，却又意外得知，实属奇怪。那么这个版本在此后经历了哪些变故？

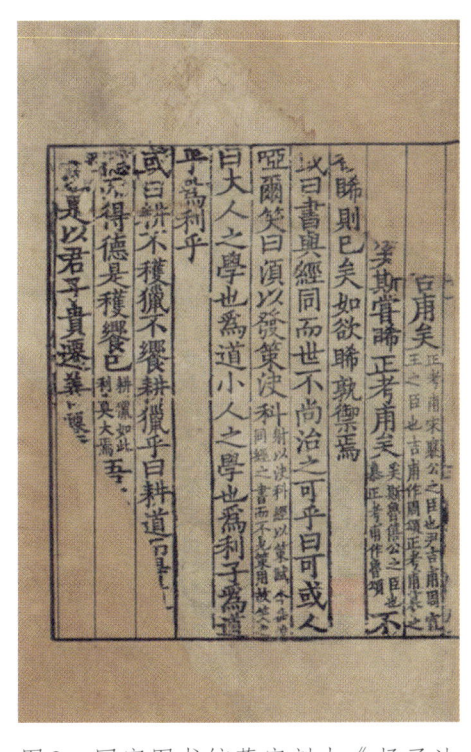

图2　国家图书馆藏宋刻本《扬子法言》书影

我们从晚清民国以来的书籍流通界的记载和该书所钤章可窥其一斑。辽宁教育出版社1998年出版的《法言》点校本，所依据的底本即清嘉庆二十四年（1819）秦恩复用南宋浙刻李轨注十三卷本，点校者认为此本在诸版本中"最精善"，而秦刻本的祖本即经海源阁收藏的这个目前比较完整的十三卷本。

雷梦水先生在《古书经眼录》中记载："《扬子法言》十三卷，音一卷：汉扬雄撰。宋刊本。每半页十行，行十八字，卷末有顾广圻跋，傅增湘跋，并印一方。该书原为南宫邢赞亭收藏，后归张味青先生。"该文中所提到的"邢赞亭"即邢之襄。邢之襄，字赞庭（一作亭），河北省南宫县（今南宫市）西唐苏村人，少年游学日本，学习政法。"邢之襄所藏甚富，除宋元旧刻外，明清两代名家刻本均初刻、精印、品佳，尤以清代精刻本收藏最多。珍本有宋刻本《扬子法言》……邢之襄藏书处名'求己斋'。1952年，邢之襄将其所藏善本四百三十七种三千六百四十六册，全部捐赠北京图书馆（今国家图书馆）。藏书印有'邢之襄印''南宫邢氏珍藏善本'等。"根据雷梦水的记述，该书在邢之后归"张味青",当不在邢之襄捐赠之列。奇怪的是,该书并无邢氏藏书之印。

而关于邢之襄收藏此书,还颇有故事。根据傅增湘的记述,这套《法言》曾经被位于山东聊城的藏书重镇海源阁所收藏,后散出,文友书坊"庚午初冬"于顺德收书时,"获海源阁所储,殆数十部","宋刊独有此书",但只有其中的二三两册,为傅增湘所知悉。傅苦觅其余,终于在书肆打听到下落,并预付资待购,但是此书风声流播,为藏书家所闻,遂起纠纷,当中就有这位邢先生,还有赵万里(斐云),后经傅增湘调停,书成完璧,归于邢之襄。这部书给邢之襄带来了不小的名声,如伦明《辛亥以来藏书纪事诗》专门有《邢之襄》一首,记曰:"蜀刻铮铮李许孙,江都祖本《法言》存。向传精鉴南宫米,不见张徐尔独尊。"伦明注释:"南宫邢赞廷之襄,近年以购古本称于故都,未得观其藏目。所知者,有江都秦氏刻《扬子法言》祖本,又有蜀本李长吉、许丁卯、孙可之诸集。北地自张之洞、徐梧生衰替后,屈指到君矣。""江都秦氏刻《扬子法言》祖本"与上述秦恩复所述是吻合的。

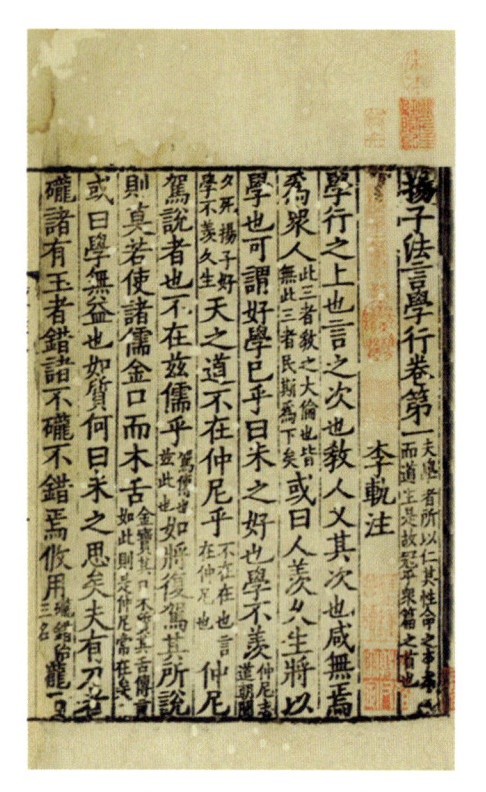

图3 李轨注本《扬子法言》书影

这部书上钤有海源阁杨氏的多个藏书印章,如杨以增的印"宋存书室""杨东樵读过",杨绍和的印"勰卿读过""彦合读书",杨保彝的印"杨保彝"等。

早在1928年时,张元济曾惦记着海源阁所藏的这部书,他在致傅增湘的函中说:"既封函后,授经来托吾兄代问聊城杨氏所有《扬子法言》《三谢诗》两种能单售否,需价几何?乞示。又托。十七年二月十五日。"二月十七日,傅增湘回复:"菊公鉴……聊城杨书,一议不谐,遂不过问。实缘力不能办。然至今尚存,无人问鼎也。可语授公。"到七月二十一的时候，傅增湘在给张元济的信中说："杨氏宋本书闻有意廉售。然亦无人承受。第闻罗叔蕴以八百元借照宋本（世彩堂）韩集而已。"到一年后的二月十六日，张元济托傅增湘探询的海源阁书目十五种中，几乎全部为宋本，而且其中就有前所提及的宋本《三谢诗集》，却没有宋本《法言》，后来亦不得下文，想来此事以未见了局。而后从文友书房购得来看，《法言》是散而复聚，一二年间，此书之经历堪称奇异。

从傅增湘写的跋文来看，这部书合璧后在傅增湘的藏园待了一段时间。该书末尾傅增湘题跋曰：

> 庚午小除夕，藏园举祭书之典，邢君赞庭以是书来与祭，因留置斋中凡数月，暇时取石研斋覆本对勘，摹雕精雅，毫发肖似，可云善本。然第十三卷第三叶锓板时尚阙，遂取何义门校本依仿刊之。今详细审校，此一叶中已舛讹六字。以何氏勘书之精密，尚有差失，可知古书非目见宋刊殆不可取信也。余别有题记，缘文字繁冗，约二千余言，不及写附此帙后。还书之日，爰记其梗概如此。赞庭曷缔观之，当知鄙言之不谬也。辛未四月傅增湘记于藏园。

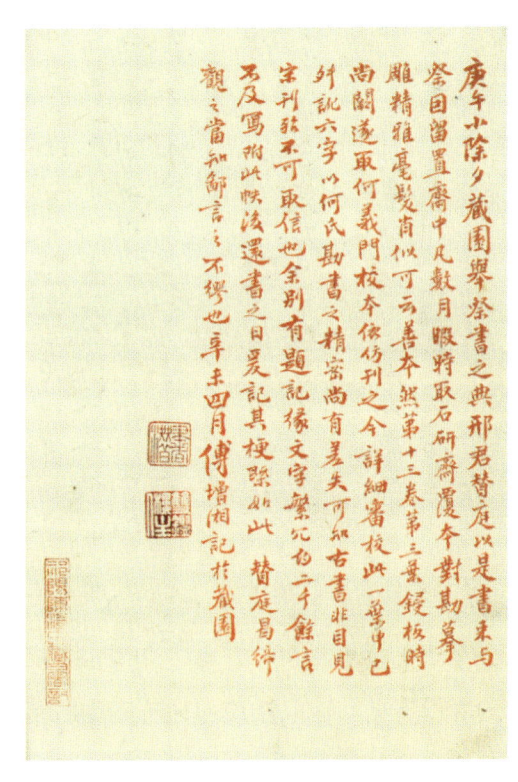

图4　李轨注本《扬子法言》傅增湘题跋

"庚午"为1930年，"辛未"则为1931年，这部书在藏园留置百日左右，这在傅增湘先生的著作如《藏园群书题记》等都有提及。从诸书记载来看，傅增湘先生经眼过多个版本的《法言》，并进行了校勘，但是形成校勘文字所描述的重点还是这个版本，对于本书的题跋则以手笔记在这里。

这部书从海源阁散出后，在当时的书籍流通界有多人见过，如王文进《文禄堂访书记》卷三记载：

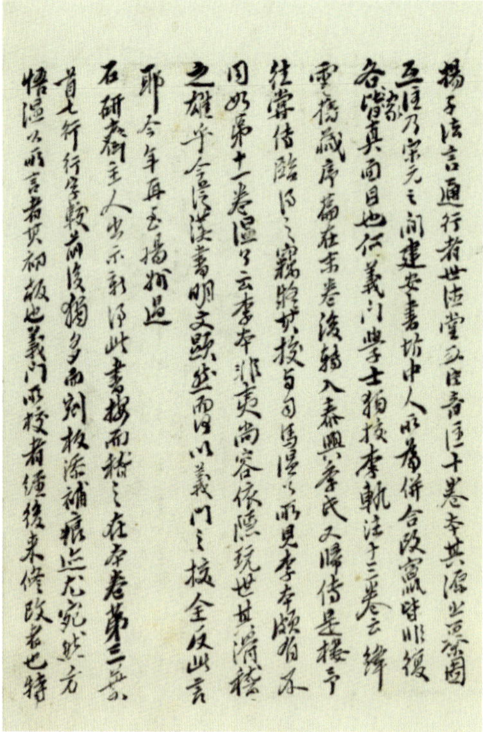

兹举一例宋本《扬子法言》，题云："宋监刻本，半页十行，行十八九字，注双行二十三字，白口，板心上记字数，下记刊工姓名王用、王慎、王寿……有'宋本'印、'顾千里经眼记'、'秦伯敦父审定'、'汪喜孙'、'汪士钟曾读'、'汪宪奎'、'平阳汪氏藏书'、'杨东樵读过'、'彦合读书'、'杨保彝'、'宋存书室'各印。"

图5　李轨注本《扬子法言》顾广圻题跋

可见，今天书上的钤印在当时大多数都有，陈澄中的印章却没被提及，而陈澄中的章在书上还不止一个，如"祁阳陈澄中藏书记""郇斋"，王文进不可能视而不见。这只能说明，陈澄中收藏这部书在此后。

至于后来雷梦水所记的归于"张味青"，则不甚了了，因为"张味青"这个人无从查考。笔者颇怀疑这位"张味青"就是当时曾在北京开设南阳山房的张凌贵（青）。张凌贵字敬亭，精于宋版书，在当时古籍圈里被称为"宋版张"。张敬亭曾经在北京经营古旧书店，名为南阳山房，但是十多年后歇业。后其子亦经营书店。该书或在其间流通并由陈澄中收藏。新中国成立后，陈澄中的书分三批共一百五十一种回归北京图书馆（今国家图书馆），李轨注《法言》或在其中。傅增湘的题跋页钤有陈澄中的章,或可为此推测根据之一。从时间上来看,陈澄中或为该书入藏国家图书馆之前个人收藏者的最后一人。

至于入藏海源阁之前的流传情况,根据该书钤章,有艺芸书舍汪氏一族的章数枚,如上述"汪喜孙""汪士钟曾读""汪宪奎""平阳汪氏藏书"等,则可断定该书由艺芸书舍散出。根据专门研究,艺芸书舍所收藏此书上承顾广圻。顾广圻的跋文中记载该书的版本来源比较丰富:

> 《扬子法言》通行者世德堂五臣音注十卷本,其源出纂图互注……何义门学士独校李轨注十三卷,云绛云旧藏,序篇在末卷,后转入泰兴季氏,又归传是楼。予往尝传临得之……今年再至扬州,过石研斋,主人出示新得此书……爰请见借,覆校一过,是正极多,文繁不具。又以温公序文合诸最后名衔,知为吕夏卿校定于治平二年国子监镂板印行。……其传是楼散出之本,予弗获见……今推以季徐诸氏图记,非即此所得也,但必同是治平监板……

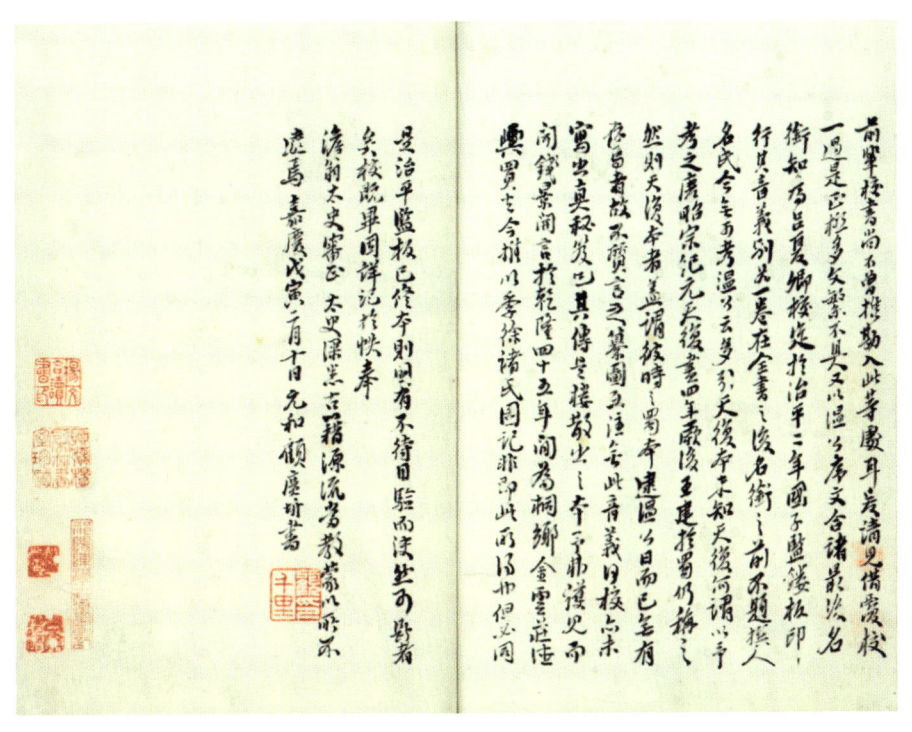

图6 李轨注本《扬子法言》顾广圻题跋

从顾广圻的跋文来看，他没见到传是楼散出的《法言》原书，而根据图记推测秦恩复所得尽管不是其书，却是与其属于同版的治平监本。顾广圻协助秦恩复覆刻了这个刻本，成为清朝嘉庆之后流传的《法言》十三卷本的主要版本。

秦恩复得到的这个本子，从钤章看，"秦伯敦父审定"是秦恩复的章，顾广圻的章也有，则该书经顾广圻而转入艺芸书舍，由艺芸书舍转入海源阁，由海源阁转入邢之襄，由邢之襄辗转入陈澄中，由陈澄中递进入国家图书馆的轨迹隐然若现。至于从邢之襄入陈澄中，由陈澄中入国家图书馆的递进线索，则有待于更多史料佐证。

那么，这部书在秦恩复之前看不出收藏痕迹，怎么突然就在嘉庆年间由秦氏得之呢？令人不得其解。而无论顾广圻还是傅增湘、杨绍和都认为此书为南宋刻本，赵万里也记载："聊城杨氏藏咸平监本《扬子法言》实系南宋覆刊本。"如上所述，傅增湘通过校勘推翻了顾广圻认为是监本的说法，认为该书"当是浙杭重翻之本"。那么，其从南宋诞生到清代嘉庆年间之前这几百年间，为什么没有递藏信息呢？难道仅仅是十三卷本不如十卷本流传广能解释的吗？笔者孤陋寡闻，有待于方家指教。

新书快讯

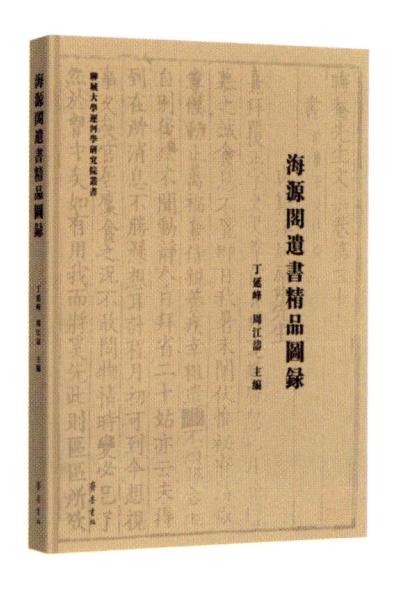

《海源阁遗书精品图录》
丁延峰 周江涛 主编
精装 16开 2024年1月出版
ISBN 978-7-5333-4782-6
定价：300.00元

　　海源阁以其藏书精善宏富著称于世，被誉为中国晚清四大藏书楼之一。又因藏宋元本、名家校抄本之多，常熟瞿氏、聊城杨氏同为冠冕，有"南瞿北杨"之称。2023年7月7—10日，在海源阁诞生地——聊城举办了"海源阁藏书暨中国历代图书文化史研究学术研讨会"。同时，为了切实加深社会各界对海源阁旧藏古籍的了解，本次研讨会同步举办了海源阁旧藏古籍精品展。《海源阁遗书精品图录》即这次展出的成果。本书共收录海源阁宋本、元本等珍品41种，具有珍贵的文献和收藏价值。

山东省立图书馆抄本考略(上)

杜云虹

民国期间,山东省立图书馆囿于经费,对无力购入或藏家不欲出售的书籍,即组织人员抄录,以补充馆藏。这些抄本多以"山东省立图书馆钞本"红格稿纸抄就,以山东地方文献居多,原书多不曾刊行,以稿本或传抄本传世,具有极高的文献价值。笔者知见的山东省立图书馆抄本达28种,现略述如下。

一、山东地方文献

民国时期山东省立图书馆抄录的地方文献,以潍坊、济宁两地学人著述为多,再为烟台、日照、济南、淄博、滨州等地学人著述。

(一)潍坊地区

海岱会集十二卷,(明)冯琦编;大树堂说经二卷,(明)曹珖撰;秉兰录一卷、约庐诗稿二卷,(清)安箕撰

临朐冯氏是崛起于明代的山东望族,是明清时期山东著名的科举世家,王士禛认为明代至清初二百年间,海岱推世学者,以临朐冯氏为首。冯裕(1479—1545),是临朐冯氏文学世家的始祖,在五十八岁后,致仕归里,定居郡城青州,与石存礼、蓝田、刘澄甫、陈经、黄卿、刘渊甫、杨应奎七人结为"海岱诗社"。其四世孙冯琦将诗社唱酬之作按诗体分类编排,编为《海岱会集》十二卷,共计收诗749首。诗集中除蓝田外,其余七人皆有诗作。对此,李文藻在《海岱会集跋》中推测,认为蓝田偶尔行会,不久即离去,石存礼、冯裕等人不忍删除

其名，故出现诗社中有其名而结集时无其诗作的现象。

《海岱会集》以抄本传世，李文藻年少时就听说有《海岱会集》一书，但是遍访不可得。后来听说书商刘雪友有抄本一部，但刘氏不肯借阅，李文藻送给他一件裘衣，才得以抄录副本。李氏抄录完毕，赠送纪昀一部，纪昀见此书所辑诗作清雅可观，既没有明代以杨士奇、杨荣、杨溥为代表的台阁体的旧习，也没有前七子摹拟的弊端，遂选入《四库全书》。故此书以手抄本和《四库全书》本两种版本流传。

益都曹珖，明万历二十九年（1601）进士，历官户部主事、南京太常少卿。后因与中官张彝宪不协，乞归乡，家居十四年卒。著有《大树堂说经》二卷，此书未曾刊刻，以手稿本传世。

寿光安箕，字青士，清初诗人安致远第二子，生平不详，康熙中期前后在世。工诗，著有《绮树阁诗稿》《赋稿》《青社先贤咏》各一卷，清康熙间刊刻，收入《四库存目》。另有《秉兰录》《约庐诗稿》，皆不曾刊刻。

民国期间，青州孙文澜得到《海岱会集》《大树堂说经》《秉兰录》的传本。1931年，孙文澜与王献唐认识，虽相识较晚，然相知甚厚。王献唐收藏古玺，多得孙文澜相助。王献唐得知孙文澜藏有《海岱会集》《大树堂说经》《秉兰录》三书稿抄本，遂从孙氏处借阅，组织人员为省立图书馆各抄录一部。

又有安箕《约庐诗稿》二卷，亦为省立图书馆抄本，惜此书上书衣破损，王献唐题记仅存"未刊行"三字，不知是否亦从孙文澜处借抄。

潍县方言十卷，（清）郭麐编

潍县郭麐（1823—1893），字子嘉，号望三散人、抱瓠老人，出生于潍县城里四大世家之一的郭家。幼承家学，酷爱金石文字，为陈介祺所推崇。曾随族侄郭熊飞宦游达十多年，郭熊飞卒于保定藩司任上后，他回归故里，修葺杨峡别墅，杜门治学，悉心考古。著有《潍县金石志》《金石遗文录》《潍县四汉碑图考》《潍县古城考》《潍言》《潍县方言》《潍县竹枝词》《望三散人感旧集》《抱瓠老人诗集》等。

光绪九年（1883），侍郎汪鸣銮视学山东，慕名造访，见其著述颇丰，却因家贫无力刊行，临行馈赠百金作为写书费，并允为其校刊诸书。为使著述能尽快面世，郭麐雇人抄录所著书稿，历时三个多月。抄录校对完毕后，委托族孙郭镇彝呈给汪鸣銮。适逢汪氏因支持光绪筹谋新政，被后党掣肘而遭弹劾，罢官归里，致使书稿未能付梓印行。郭麐为之痛心，于光绪十九年（1893）抱恨离世。临终前，将遗稿全部托付友人王承吉保存，王氏募资葬之。

出身于潍城四大世家之一的丁锡田师从王承吉，民国时期，王承吉将郭麐部分遗书交付丁锡田，嘱代为刊印。丁氏在编印《潍县文献丛刊》时，即将《潍县竹枝词》收录到第三辑中。

丁锡田与王献唐交往甚密。1931年，王献唐赴掖县调查海南寺大藏经焚毁一事时，途经潍县即寓居丁家，并借阅了郭麐的《潍县方言》。1934年10月，又从丁锡田处借阅《潍县方言》，并倩人以"山东省立图书馆钞本"稿纸为图书馆抄录一部，藏于馆内。

镜庵诗稿八卷，（清）刘翼明撰

诸城刘翼明（1607—1689），字子羽，号镜庵，世居琅琊山下。与胶州王无竞因都喜作诗，且性情相投，结为异姓兄弟，有诗坛"刘王"之称。后王无竞因与邻人相争，被殴打致死，家中母老弟幼，无力为其伸冤，刘翼明遂披发痛哭三昼夜，终为挚友伸冤。此事被清人纪圣宣编成《青衿侠传奇》，在胶东广为流传。

鄞县人周斯盛，曾为即墨县令，为刘翼明为友伸冤的事迹所感动，慕名以求。康熙十年（1671）的冬天，在同年臧岱青的书斋中与刘翼明相识，遂引为知己，自此每日必相会，会必作诗。后刘翼明拿出其诗作《老集》《余集》共七百余首，请周斯盛论定。二人陆续辑为《镜庵诗稿》十一卷，其中《前集》一卷，辑录刘氏28—41岁所作诗作；《近集》一卷，收录其48—53岁所作诗作；《晚集》二卷，收录其53—57岁所作诗作；《老集》一卷，收录其58—60岁所作诗作；《余集》六卷，收录其62—82岁所作诗作。其中《前集》《近集》由周斯盛选定。

刘翼明的诗作在清初曾刊刻过《镜庵诗选》五卷，有李澄中、周斯盛序。十一卷本未见刻本，民国期间，山东省立图书馆抄录一部，入藏馆内。

古泉汇考八卷，（清）翁树培撰，（清）刘喜海校注

诸城刘喜海（1793—1853），字吉甫，号燕庭，别号三巴子，是清代道光、咸丰间著名的金石学家、古泉学家、藏书家。早岁师从桐乡金石学家金锡鬯，后娶金氏女为妻。金锡鬯与大兴翁树培为至交，翁氏著有《古泉汇考》一书，金氏曾想宿夜借阅，却不可得。刘喜海辗转购得此书手稿本后，因稿本由翁氏涂乙几不可辨，遂花费三年心力校录原稿，请工抄录成八厚册，精心装池后又加眉批按语近万字。经过刘喜海的补编，《古泉汇考》成为清代古泉学集大成的巨著，在泉币学界传阅，见者无不推崇备至。

刘喜海逝后，此书散出，福山王懿荣藏之天壤阁。庚子事变后，天壤阁藏书散出，此书归安丘赵录绩，赵氏雅自珍秘，不轻易示人。1933年，王献唐听说赵氏收藏此书，即与其联系，再三恳求能借抄一部，藏在省立图书馆。终得赵氏允许，遂请日照马官缮写，费时半年才抄成，刘喜海批注仍依原本色墨。1934年5月28日，王献唐自加装订完毕，珍藏馆中。1936年，丁福保编纂《古钱大辞典》时，闻知省立图书馆藏有《古泉汇考》抄本，即请求抄录，王献唐慨然应允。

谚语类钞四卷附一卷，（清）阎湘蕙撰

昌乐阎湘蕙，字香亭，是李文藻的私淑弟子。因参加乡试未中，遂潜心搜集整理地方文献。凡未刊刻的遗著，能刊刻的刊刻，不能刊刻的，整理成书后送还作者后人待以后出版，如重刊明益都宋延年的《宋祠部集》、青州状元赵秉忠的《崌山集》。益都冯琦所编的《海岱会集》因无力刊刻，竟亲手抄写四部，一部自藏，另三部送给别的藏书家；对没有成书的则采集、编纂成书，如《李南涧文集》《营陵文钞》《营陵诗钞》等。其师李文藻及明拔贡梁汉冲、邑岁贡于宝文等人坟墓没有墓碑，阎湘蕙遂撰写墓志碑文数种。著有《国朝鼎甲征信录》《云门志》《驼山志》《劈山志》《谚语类钞》《梓里丛谈》等。由他编纂、寿光张椿龄增订的《国朝鼎甲征信录》是研究清代科举制度的必备书目，于清同治三年（1864）刊刻，其他著作皆未曾梓行。

1934年，益都徐宝昌主掌昌乐车站，公务之余则游览古迹，搜访乡贤遗著。第二年夏天，徐宝昌来济南，见到前辈李有经。李告知徐，自己编纂《衡藩录》《齐谚》，因衡藩在青州，遂委托徐代为调查衡藩轶闻及有关吊古诗文。接受委托后，徐宝昌在当年初秋，乘车到达昌乐、寿光、青州三地交界的尧沟乡，请当地民团队长阎晓宾为向导，踏车前往梁家庄。梁家庄是阎湘蕙故里，在这里徐宝昌找到阎的后人，向其说明来意，访得阎的遗诗草稿及《谚语类钞》稿本，遂请求借抄一部。抄完后，准备寄给李有经以备参考。不料仲秋时，李有经就生病了，没几个月竟病逝了。同年冬，徐宝昌调到济南东站工作，不时造访李有经的兄弟李有典，在李有典处看到了李有经所编《衡藩录》及《齐谚》等书遗稿，正在逐一整理准备刊行，遂找出所抄《谚语类钞》，呈送给李有典以备参阅。

王献唐曾为李有典的学生，与李氏兄弟交好。在李有典处见到阎湘蕙的《谚语类钞》后，遂为图书馆抄录一部入藏。

（二）济宁地区

软锟铻二卷，（清）孔传铋编词

曲阜孔传铋（1678—1731），字振文，号西铭，别署清涛、也是园叟等，孔子嫡系六十八代孙，为衍圣公孔传铎之弟。平生以诗词见长，与孔尚任、顾彩过从甚密。所著诗词有《清涛词》《补闲集》，传奇有《软羊脂》《软邮筒》《软锟铻》三种，皆传于世。

孔传铋的"三软"传奇，所叙事件皆无所本，为作者假托。《软羊脂》叙元末朝廷帝位之争，写李兆骞与河东防御使完颜盖的爱女完颜蕊琼的爱情故事。《软邮筒》借杜朗生救玉面老狐并在其帮助下有情人终成眷属的故事，抒发了"世人何苦记冤仇，得好休时便好休。惟有感恩忘不得，莫将轻付水东流"。《软锟铻》借姚天仙女韦双成助于干霄有情人终成眷属的故事，抒发了"好男儿无过是图王霸，奇女子神通游戏可矜夸。乾坤多少不平人，但愿得一对软锟铻借咱"。三种传奇均未刊刻，其中《软羊脂》《软邮筒》稿本现藏上海图书馆，国家图书馆藏有《软羊脂》抄本一部，《软锟铻》稿本不知所踪，民国时山东省立图书馆据稿本抄录一部，藏于馆内。

红榈书屋未刻稿二卷，（清）孔继涵撰

曲阜孔继涵（1739—1783），于天文、地志、经学、字义、算术、金石，无不博综，著作颇丰，这些著作被其后人在乾隆年间汇刻成《微波榭遗书》，计有《五经文字疑》一卷、《九经字样疑》一卷、《水经释地》八卷、《杂体文稿》七卷、《同度记》一卷、《长行经》一卷、《红桐书屋诗集》四卷、《澌冰词》三卷。

1931年6月，北平翰文斋将《微波榭遗书》底本、《通德遗书所见录》底本、《孔氏说经稿》底本等书寄给王献唐求购，王献唐将《微波榭遗书》的底本与刻本对校，发现《杂体文稿》底本为八卷本，刻本为七卷本，第八卷未刻，刻本又漏刻第四卷及《考工车度记》《补林氏考工记》《解勾股粟米法释数》三篇。王献唐据《遗书》底本的前后编次、题记及稿内校改笔迹与《红桐书屋诗集》底本的校改笔迹相似，后者由孔继涵的好友张埙所编，故推断《遗书》亦由张埙编次。

王献唐遂找人将未刊刻的第四卷、第八卷及《考工车度记》等三篇抄录出来，亲自题写书名为"红桐书屋未刻稿"，并在书尾作跋语一则，略述此书抄录始末，藏于馆内。

鱼台马氏丛书三十四种九十八卷，（清）马邦玉、马邦举、马星翼撰；困学纪闻札记不分卷，（清）马星翼撰；论语集说不分卷，（清）马星翼撰

鱼台马邦玉、马邦举昆仲，清乾隆、嘉庆间人，祖居鱼台县池头聚村，至邦玉时迁居邹县城南安马庄。马氏兄弟学识渊博，经史功力颇厚。马邦玉曾发现有名的《汉沇州刺史杨叔恭残碑》，遂将书室命名为"宝汉斋"，此碑后为清代金石学家端方所得，今藏故宫博物院。马邦举与安丘王筠为友，常有书信往来，商研《说文解字》。马邦玉有三子，长子马星房、次子马星翼、三子马星箕，都颇有成就。

鱼台马氏虽然著作丰厚，但多遭南匪兵勇之劫，劫余著作藏于家，流传不广，仅马邦玉的《汉碑录文》，马邦举的《书序略考》，马星翼的《东泉诗话》《东泉诗草》《山东谚语集》曾刊刻过，马邦举的《古文尚书考》有清抄本传世。

1931年10月，鱼台马氏后裔马又龙托栾调甫与王献唐接洽，欲将其先人遗著出版。据马氏提供的目录，拟刊行二十四种著作。因各种原因，此事未成。王献唐便委托马又龙觅工将马氏著作抄录下来，供省立图书馆收藏，并为其提供"山东省立图书馆钞本"稿纸。抄录工作进行了数年，图书馆将陆续收到的马氏著作抄本汇集成《鱼台马氏丛书》。此书前有王献唐《本馆已抄马氏各书》，当时统计为26种，后又陆续汇集，最终达34种98卷，其中马邦玉的著作2种，即《怀续堂文集》《怀续堂诗集》；马邦举的著作21种，即《书传略考》《经典释文尚书略考》《书正义略考》《书序略考》《汤誓略考》《泰誓略考》《帝典麓字略考》《虞书朋字略考》《洪范睿字略考》《洪范陂字略考》《书古文略考》《檀弓母字略考》《春秋左传略考》《春秋谷梁传略考》《楚辞字声略考》《汉声略考》《晋声略考》《古声略考杂记》《古史略考》《竹书纪年略考》《陕志陵墓略考》，马星翼的著作11种，即《子夏易传遗文》《论语鲁诂遗文》《尚书广义》《群经注疏中俗语类记》《说文俗语类记》《汉人着书目录》《意林诸子约录》《汉碑总目》《绎阳随笔》《东泉文集》《东泉诗话续册》。

1934年底，邹县张某携马星翼《困学纪闻札记》底本来省立图书馆，王献唐遂请人抄录一部入藏馆内。

另有马星翼《论语集说》一书，省立图书馆据嘉庆十六年（1811）抄本抄录；《校正汲冢周书札记》一书，成书于同治四年（1865），省立图书馆亦抄录一部，惜不知何时、何人抄录。

蒙难偶记不分卷，（清）郑与侨撰

济宁郑与侨（1599—1682），字惠人，号菏泽，晚号确庵，又号戊己老人。明崇祯十五年（1642），清军攻打济宁，郑与侨参与防守，清军围攻二十天不下，最终悻悻退去。崇祯十七年（1644），李自成攻陷京师后，派将领郭升接收济宁城。郑与侨遂南下投靠南明弘光政权，不久成为史可法的幕僚。清兵南下，南京失守后，奉母避居杭州。后清廷允许南迁之人北返，遂携家眷北归故里，从此过着闲居避世的生活。

郑与侨著有《济宁遗事记》《郑确庵遗书》等，皆未刊行。现《济宁遗事记》山东馆藏有清抄本一部，《郑确庵遗书》北大图书馆藏有抄本两部，每部均为8种。

1932年，王献唐见到《郑确庵遗书》稿本，系郑与侨手书并以朱笔批改，另有佚名批校。《遗书》共18种，即《确庵诗偶记》《赠答诗偶记》《史赞偶记》《子书偶记》《积余偶记》《蒙难偶记》《卧拑偶记》《义友记》《贞旌实记》《郑仲子传》《郑贞童传》《新茔记事》《赡林地堪用记》《感应记》《史公奏疏》《四藩分镇》《自撰墓志》《客途记异》。其中《赠答诗偶记》附于《确庵诗偶记》后，《史公奏疏》《自撰墓志》

散见书中。王献唐找人用"山东省立图书馆钞本"稿纸，抄录其中的《蒙难偶记》《义友记》《史公奏疏》《四藩分镇》《自撰墓志》《客途记异》六种，其中《客途记异》并未全本抄录，只选择其中有关明末轶闻及文史考据的内容抄录。又抄录《赠答诗偶记》中《哭周栎园先生有引》一篇，以见郑与侨与周亮工二人之友谊。此书抄录完毕，王献唐分别在1932年11月17日和21日，撰写跋语，言明《客途记异》及全书的抄录经过，并在上书衣手书"蒙难偶记，从稿本录出，未刻"。

泗州考古录一卷，（清）许鸿磐撰

济宁许鸿磐（1757—1837），字渐逵，号云峤，又号六观楼主人。少负才名，博览群书，尤致力于舆地之学，在戏曲方面也有一定造诣。著有《方舆考证》《方舆丛录》《河源述》《金川考略》《泗州考古录》《简明地图》《汉书钞》《许云峤先生养菊说》《韩昌黎集评注》《许云峤先生手书诗文稿》《许云峤文集》《六观楼文集》《古文后选》《六观楼北曲六种》等，然除《六观楼北曲六种》外，大多未经刊刻，以稿抄本传世。

嘉庆十一年（1806），许鸿磐在泗州任知州。见泗州旧志颇为简陋且漫漶不可读，而乾隆间州守叶兰主持修纂的《泗州志》，详于近事而于考古多不及，遂思重修州志。因考据古籍，编纂成《泗州考古录》。后因事离开泗州，州志终未能编成，仅存此稿。此书一卷，记述了泗州的历史沿革、地理形势、山川、关镇、郡舆等情况，成书于嘉庆十四年（1809），但一直未曾刊刻。1932年11月，王献唐见到此书的誊清稿本，嘱咐牟祥农代为抄录一部自己收藏。1933年1月，又用"山东省立图书馆钞本"稿纸抄录一部存于图书馆。1935年，邢蓝田据图书馆抄本借抄一部，并用朱笔在图书馆抄本上校改。1937年国立北平图书馆据山东省立图书馆抄本借抄一部。

油印小辑(二)

王子衿

一、儆庐遗稿

《儆庐遗稿》二卷,绍兴孙世伟著。孙世伟,字俶仁,号儆庐,南社社员,历任河南省政务厅厅长、直隶省省长等职。此书刊于1965年,由陈名珂(字季鸣,号文无)题签,马一浮题耑,亦为戴果园所承印者。常为戴氏刻版者有张仁友、石贡航,然前所见二人刻版多为小楷,此仿宋体不知是否亦出自二人之手。

丁酉年曾偶得孙氏所钞自作落花诗八首,清雅可诵,遂加意搜求此书,今始得窥全豹。孙氏位居显要,眼界开阔,多有新事物入诗。然亦因居显位而交游尤为广阔,集中遂多有酬和之作,此其短处。

图1 《儆庐遗稿》书名内页

图2 《傲庐遗稿》书影

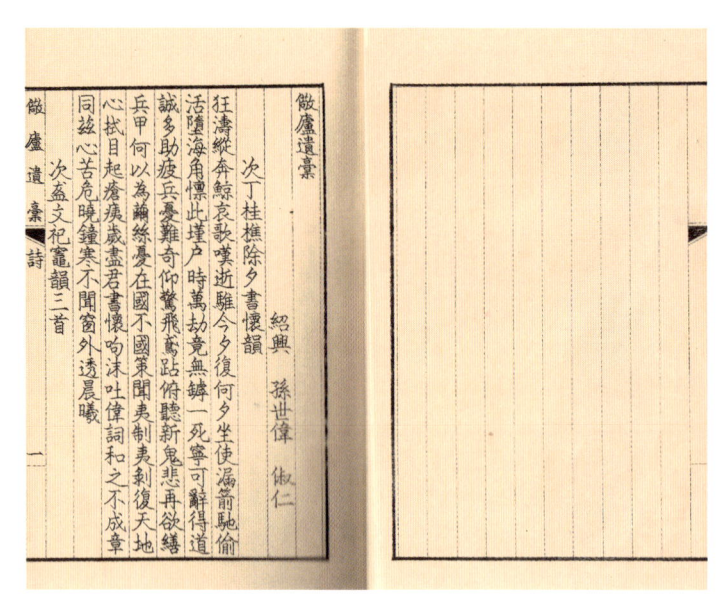

二、李义山诗话汇录

《李义山诗话汇录》二卷，绍兴孙伯绳辑。孙伯绳，名祖同，号破梦居士，室名虚静斋，祖籍绍兴，后迁居常熟，是一位藏书家、诗人、学者，编有《虚静斋宋元明本书目》，著有《虚静斋诗剩》《〈释名疏正补〉补》，此三种著作与本书均系戴果园所印。

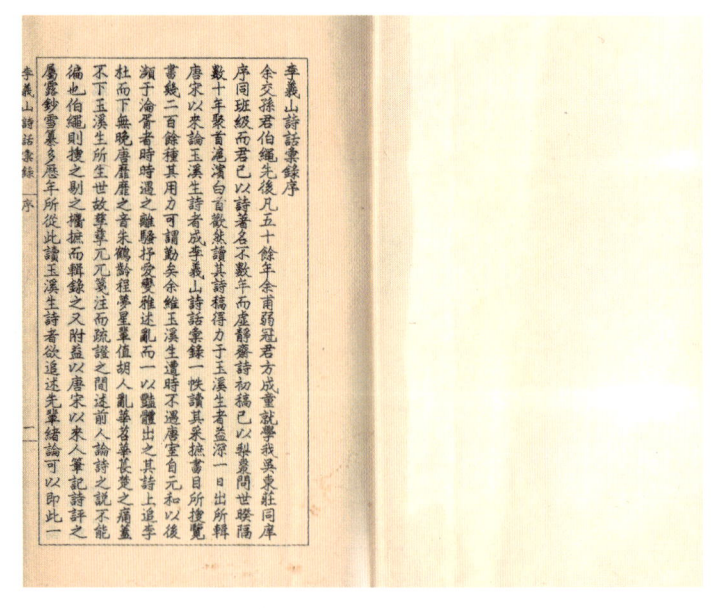

图3 《李义山诗话汇录》书影

此书刊于1962年前后，撮录自唐迄清之间一百六十余家，五百四十余则诗话，可谓蔚为大观。然此书尚有不足之处，书中诗话多有摘录自"四部备要""丛书集成"等丛书，盖取其易得。然而此类丛书多有校勘不善之处，鲁鱼之失恐在所难免。

三、初日楼稿

《初日楼稿》三卷，上虞罗庄撰。罗庄，小字瘩生（一作婺琛），及笄后改字孟康，为罗振常（字子经，号邈园，罗庄之父，罗振玉胞弟）之女。

此书刊于1957年，凡三卷，乃罗氏下世后，其夫周子美所辑录并付杨金葆手刻刊行者。罗氏诗集曾刊印数次。首刊于1921年，附于罗振常《徵声集》后，聚珍仿宋体印；次刊于1927年，以1921年刊者为初稿，后续所作为续稿，合刊一册，仍以聚珍仿宋体排印，续稿字较初稿为小；三刊于1941年，据周子美跋语知为钟灵印字机所印，惜未得寓目；再刊者即为此书。此书得之有年，前已为上虞郑梦霱君索去，盖其乡文献也。

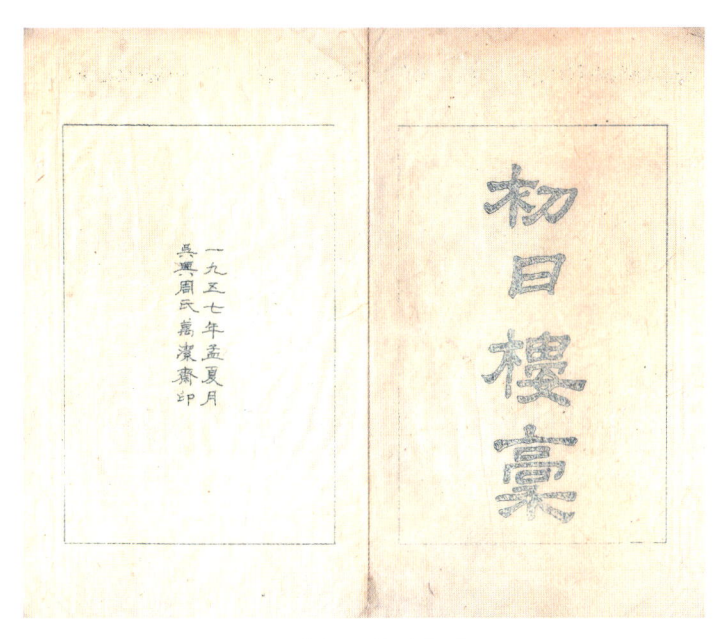

图4 《初日楼稿》书影

四、太一诗词合钞

《太一诗词合钞》,醴陵宁调元著。宁调元,字仙霞,号太一,近代民主革命家。1913年宁调元就义后,柳亚子收拾其遗稿编为《太一遗书》,此诗词钞即系刘谦(字约真,号无净,南社成员)从中摘抄而成。

此书约刊于二十世纪五十至六十年代,马公愚题耑,对比书内字迹,似与上文所举《初日楼稿》出于一人之手。

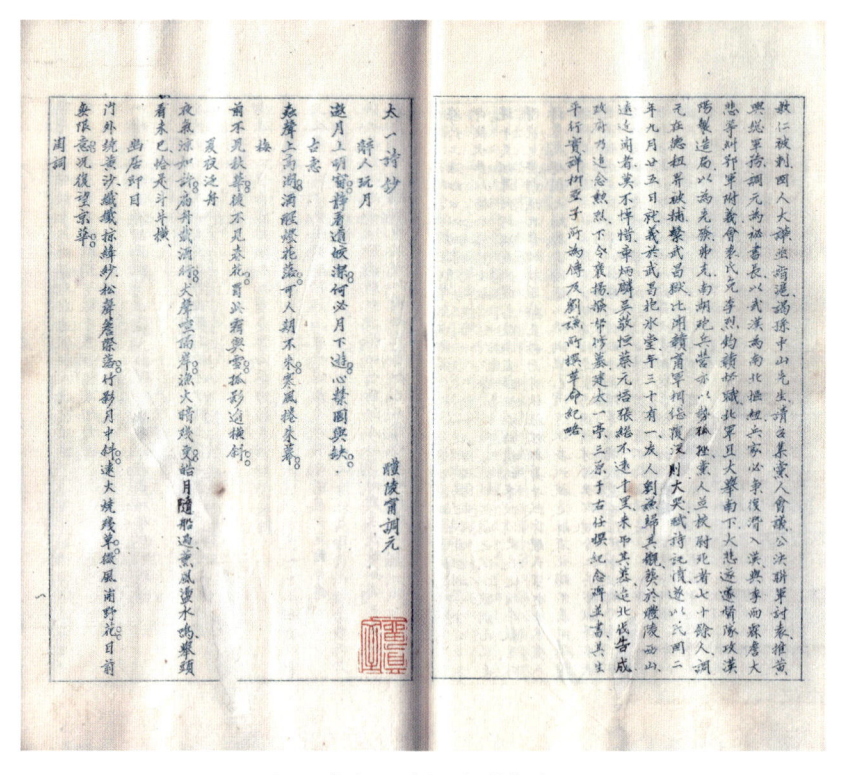

图5 《太一诗词合钞》书影

五、清凉山游记(附诗草)

《清凉山游记》,醴陵刘鹏年撰。刘鹏年,字雪耘,号鞭影楼主,与其父刘泽湘、叔刘约真同为南社社员,时称"南社三刘"。

此书刊于1951年前后,曹典初题耑,内页文字以淡紫色油墨印成,单页双面印刷,书前后有前人抄录五台山资料,不知是否刘氏亲笔。

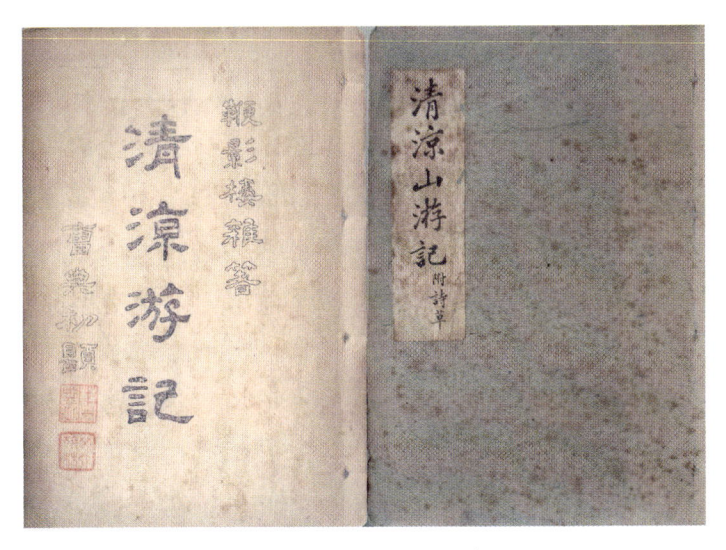

图6 《清凉山游记》

六、两忘宦诗存

《两忘宦诗存》八卷,王铨济著。王铨济,字巨川(一作藟川),上海人,藏书家、诗人。此书刊于1964年左右,王欣夫题签,朱大可题耑,亦戴果园所印。

王铨济早年从金松岑游,后任教于圣约翰大学,与沪上文人学者多有交往,如谢玉岑、王欣夫、蔡正华等。值得一提的是,1955年刊印的蔡正华《味逸遗稿》也是出于戴果园之手,且更为精美。

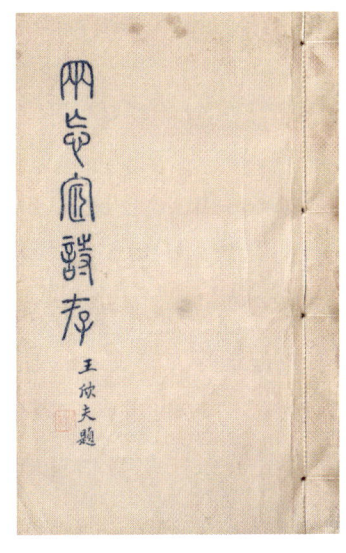

图7 《两忘宦诗存》书影　　图8 《两忘宦诗存》书影

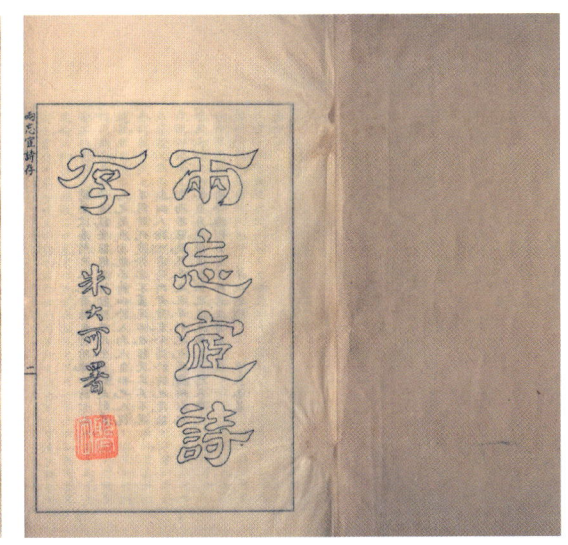

七、捨庵诗词残稿

《捨庵诗词残稿》，俞鸿筹撰。俞鸿筹，字运之，号啸琴，又号捨庵，江苏常熟人。诗人、藏书家，为钱仲联表兄。此书印于1979年前后，据云封面题签系钱仲联亲笔所书。

此书从字体及版式看，极似戴果园所印，然戴氏于1964年即已下世，断无可能办此。后翻检沈其光《瘦东诗四钞》，从后记中得知1979年前后张仁友恰退休不久，《瘦东诗四钞》即为其手刻。《捨庵诗词残稿》与《瘦东诗四钞》的用纸、版式乃至开本大小均如出一辙，可断定亦是张氏手刻。张氏曾

图9 《捨庵诗词残稿》书影

长期为戴果园刻蜡纸，则《捨庵诗词残稿》带有戴氏刻书风格亦属正常。

八、慎园诗选余集（附清芬集）

《慎园诗选余集》，沔阳卢弼撰。卢弼，字慎之，号慎园，藏书家、学者，编纂有《湖北先正遗书》《沔阳丛书》《慎始基斋丛书》等，另有《三国志集解》刊行于世。

此书刊于1961年，收录卢弼八十三岁至八十六岁所作诗一卷，另附有清芬集一卷，收录《卢府君墓表》《木斋图书馆记》等四篇文章。据后记，此书为戴果园所印，刻字者石贡航。石氏所刻字较张仁友略小且更为工整，但略嫌呆滞。

图10 《慎园诗选余集》书影

九、梅鹤荪先生诗稿

《梅鹤荪先生诗稿》，江都梅鹤孙撰。梅鹤孙名鈛，号晚晴草堂，刘师培之甥。工诗词，善书法，精鉴赏，撰有《青溪旧屋仪徵刘氏五世小记》。

此书题签系汪欣生亲笔，汪氏为周炼霞东坦。

十、贯华阁图征诗启（附诸家题诗）

《贯华阁图征诗启》，无锡杨通谊撰。杨通谊，原名景烱，杨味云之子。民国初年，杨味云重修贯华阁，请吴观岱制图并广征题咏，章士钊允为题诗而因事未果。二十年后，杨通谊检出当年信札，请重践前约，章氏慨然允诺并请沈尹默、汪东同题。其后，杨通谊搜罗重建贯华阁时诸家题诗并章氏等三人题咏，编为一册，并作征诗启一篇置于卷端，即此书。

此书刊于1963年，戴果园所印。

图11 《梅鹤荪先生诗稿》书影

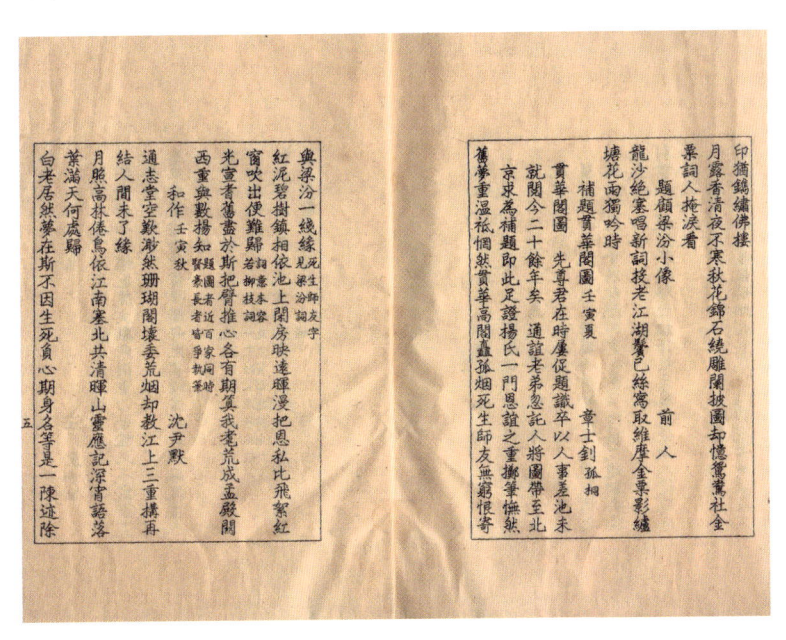

图12 《贯华阁图征诗启》书影

· 书海披沙 ·

十一、婴闇杂俎

《婴闇杂俎》，江都秦更年撰。秦更年，字曼青，一作曼卿，号婴闇，工诗词，精于版本目录之学，藏书颇丰。

此书刊于1960年，内收《砚史简端记》《砚铭》《姚黄集辑》三种，尹石公题签，沈尹默、梅鹤孙、顾净缘等题耑，亦戴果园所印者。

十二、娄东俞剑华诗词选

《娄东俞剑华诗词选》，太仓俞剑华著。俞剑华，名锷，字剑华，别署太仓一粟、江东老虬等。俞氏系近代民主革命家，早年留学日本，即加入同盟会。其人允文允武，颇擅吟咏，曾参与组织创建南社，是最早的社员之一。

本书系俞剑华之子俞成辉于1985年刊印，收录诗二百六十余首，词一百五十余阕，由沙曼翁题签，郑逸梅作序，王君麓作小传。寒斋所藏有俞成辉签赠。

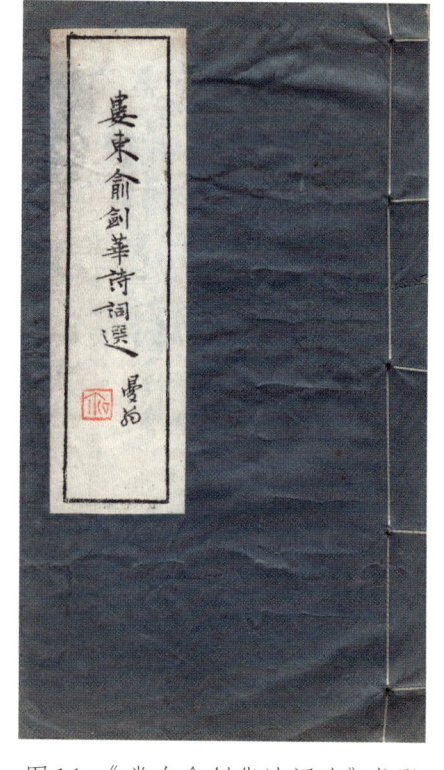

图13 《婴闇杂俎》书影

图14 《娄东俞剑华诗词选》书影

启功先生与碑帖鉴定
——坚净居问学琐忆

孟宪钧

未见其人，先读其书

1972年，国内形势逐渐宽松，中国书店与文物商店也开始恢复营业。庆云堂碑帖店成了我最爱去的地方。一次，我在庆云堂买到了一册珂罗版影印的《雍睦堂法书》。此书出版于1942年，是一位郭姓收藏家的私人出版物。因为书中收有岳飞和秦桧的墨迹而引起我的关注。其实该书更重要的是收入了国宝级文物《平复帖》，书中第一件作品即为此件。《平复帖》相传是晋人陆机的墨迹，因年代久远，字体难辨，虽短短数十字，唐宋以降，文人学士却未有能卒读者。而在《雍睦堂法书》中，编者却做出了完整的释文。是哪位鸿儒硕学释出了如此艰涩难懂的古文呢？后来才知道，释文出自当时年仅30岁的启功先生，而且整部书也是他一人之力编就。启功，这个名字深深印在我脑海中。

初访小乘巷

自1968年起，我就跟随陆和九先生的高足归质忱先生学习魏碑书法，先后临习过龙门四品、爨龙颜、嵩高灵庙碑等，书法理论方面还认真阅览了丁文隽先生的《书法精论》、潘伯鹰先生的《中国书法简论》等。由于天资驽钝，用功不勤，书法上进步倒不大，却对考辨碑帖真伪、拓本早晚、碑刻书法源流等方面产生了浓厚的兴趣。于是在继续跟从归老师学习的同时，想再多求教一些师友，增广见闻，所谓转益多师是我师。

1980年，我调入出版社从事编辑工作，才得到拜识启功先生的机会。那次去拜访启功先生是我一个人去的。当时编辑部要编一本古代书法理论选辑一类的书，编辑部主任沈汇先生派我去启功先生处，征询一下指导意见。

小乘巷在西直门里，离我当时居住的新街口并不远。叩门之后，启功先生亲自开门，迎入小南屋，宾主落座，我说明来意。启功先生大意说：上海书画社已有《历代书法论文选》一书出版，再搞书法理论选本，就重复了。所以兴趣不高，谈话不多，我就告辞了。记得当时启功先生前额上有一块明显的肿色，可能是不小心碰伤了，情绪不太高。另外，我又是一个初出茅庐的新手，与启功先生并不熟稔，奉命而来，共同话题也不多，所以第一次见面，就这样匆匆结束了。虽然稍有遗憾，但总算认了启功先生的门。

教我鉴定碑帖

1986年，我自复旦大学历史系文博专修班毕业，回到文物出版社，时年已近40岁，人到中年仍一事无成，心中难免焦虑。当时还有点自知之明，自知天分不高，传统国学基础较浅，如果继续以古文字学为终生研究方向，恐怕难以有所成果，遂改弦更张，决心以古籍版本、碑帖鉴定之学为专攻方向。我把这一想法向启功先生汇报，获得先生的首肯，并得到先生的具体指导。

那时候，所谓专攻古籍版本、碑帖鉴定，也不过是开始收集一些雕版印刷的金石书籍，碑帖方面主要是买一些珂罗版或石印本，积累资料。1986年至1987年间，我集中搜罗了一大批石印碑帖，每月都记有书账，为今后学习碑帖鉴定打下了基础。当时启功先生对我讲过一句话，令我终生难忘。先生对我说："您买碑帖，我给您当参谋。"所以我几乎每次买碑帖前，都打电话请教启功先生。先生总是不厌其烦，如数家珍般地告诉我哪个底本优、哪个底本劣，哪个本子早、哪个本子晚，哪个传本多、哪个传本少，哪个贵、哪个便宜，哪家印得精、哪家印得差。当时先生已经年过七旬，脑子就如同电脑一样，记忆力好得惊人。有一次，我在中国书店机关门市部买了一本《出师颂》，书中既有照片，又有影印，合订在一起，里面题有"晋人"字样，或称《索靖出师颂》。当时花了30元，差不多是当月工资的一半还多。我觉得太贵了，拿给先生看，先生说不贵，当场就给我题签："隋人出师颂三种。"他说这是延光室出版的，并认定该书法系隋人无名氏所书，并非传说的晋人索靖。多年以后，嘉德拍卖公司征到《出师颂》原件，或说晋人，或说索靖，一时众说纷纭。嘉德善本部负责人拓晓堂先生征询我的看法，我说是隋人所书。其实并非我高明，只不过是重复启功先生的意见罢了。后来经过学术界的讨论，最后还是按照启功先生的鉴定意见，确认为"隋人出师颂"，原件终归故宫博物院收藏。我的这本《出师颂》，连同启功先生题写的书签，至今还保存在我的书柜里。

又有一次，我买到一册文明书局影印的《争座位帖》，原签旧题"宋拓争座位帖"，明莫云卿旧藏本。拿给先生看，先生说：此本并非宋拓，实际是明拓。前人题跋或解放前旧印本，对拓本年代多有拔高之嫌，于是取来纸笔，立刻给我题写了"明拓争座位帖　启功题签"一行字。这大约是1986年或1987年的事。

启功先生在碑帖鉴定方面，对我也多有具体指导。我印象深的有下列诸事。

一是玉版十三行。启先生讲，玉版十三行版本特别复杂，西湖出土的世称碧玉本，其他翻刻包括白玉不一而足。前代学者也多有混淆不清的，真碧玉版有诸多鉴定点，但先生提纲挈领，让我记住两个关键的鉴别点，屡试不爽。一点是第三行"心振荡而不怡"的"荡"字，碧玉本草字头有一个小弯，而白玉版或其他翻刻本"草"头是直的，没有小弯。另一点是第十行"步衡薄而流芳"的"衡"字，双人旁末笔有一回勾，即"彳"作"彳"状。碧玉本如此，翻刻本没有。这是鉴定真伪玉版十三行的诀窍。至于鉴定玉版十三行拓本早晚的考据点还有许多，这里就不一一赘述了。多年后，我得到了一幅原拓玉版十三行，有先生的题跋。先生题云："碧玉版本十三行精拓本，点画风神如见墨迹。别有柳公权周越跋本，或谓唐摹，或谓即出柳临，风采亦佳。视此却非同调。此纸拓墨调润，把玩之余，发人书兴，是可珍也。乙亥冬日。启功。"

二是砖塔铭。砖塔铭是唐代的一件著名墓志，字体秀丽端庄，广受世人宝爱。明万历年间出土，惜出土未久，即遭断裂，明完本极罕见，传世仅辽宁省博物馆存一明拓完本。明本以后，清初至乾隆间志石不断变化，逐渐碎裂，存字越来越少。砖塔铭志石变化，存字多寡，居然成为学者研究的专题。启功先生曾经于砖塔铭下过功夫，有临本传世，惟妙惟肖，深得个中奥妙。先生存有砖塔铭拓本若干种，曾戏称之曰"砖堆"。1974年，启功先生在为孟宪章先生题砖塔铭时称"余幼年学书临此铭"。2017年嘉德艺术中心举办启功先生旧藏碑帖展，其中就有不止一件砖塔铭。我因受先生影响，也收得一件"说罄"本塔铭。此拓系李国松旧藏，拓本虽不早，却有翁同龢的题跋，所谓敝帚自珍了。

第三件是常季繁墓志。1998年的秋天，我因事拜访启功先生。先生拿出一件常季繁墓志给我看，他告诉我常季繁墓志出土于清宣统年间，同出的还有元飏夫妇墓志，均出土于洛阳。不久归民国大收藏家董康所有。未几，董氏售与日本人。1924年，日本关东大地震，石毁，拓本不可复得。因为存世时间短，故拓本十分珍贵。据张彦生先生的《善本碑帖录》中载，民国间常季繁与元飏夫妇志裱轴本，竟然卖到一万多块大洋。当然，启功先生给我看常季繁并非炫耀该志拓本稀如星凤，而是先生由此志又发现了古代刻碑志中的一个问题。常季繁是元祐之妻，元祐是元魏贵族，地位显赫，故墓志尺寸较大，字体精整、秀美。启功先生发现，此志前半部分比较工整细腻，而志石的左下角，志文结尾部分字体粗犷、潦草。先生推测，或遇急事，或逢变故，所以前后并非完全出自一人之手所刻。这一观点，也如同"透过刀锋看笔锋"的著名观点一样，先生总是能在常人不以为意处，发现新问题。后来我在沙孟海先生的文章中也看到，启功先生亲口跟他讲过这一观点，他表示认同。多年以后，我在北魏元晖墓志中也发现了类似常季繁墓志中的这种现象，可见并非偶然。2011年我有幸获得了一件固始许光宇先生旧藏的最初拓常季繁墓志，其上有罗雪堂先生数千字的长跋，证经考史，评骘书法，堪称天下第一本，惜先生不及见矣。

第四件是张猛龙碑。先生藏有一册明拓淡墨本张猛龙碑。称这本张猛龙碑为先生的最爱一点也不为过。据先生说，此拓历经数年，方得以旧藏七种置换而来。此碑尾有缺字处，先生亲自勾摹补完，旧观顿还。先生由是题写长跋，赋诗六首以记其事。先生在《论书绝句》廿七的小注中，曾经记载此事，原文如下："余藏本尾有残损，曾以向拓法补全之。其本淡墨精拓，毫芒可见。世传重墨湿墨本，模糊一片，即使损字俱存，亦何有于书法之妙哉！此拓之尾，不知何时何故，失去数行。有善工以具字本补之，拓墨风神，毫无二致。但多残损点划数处，因假友人所藏明拓本钩摹敷墨，以补其缺。出示观者，每不能辨。指示余所钤印处，始哑然而笑。余颇自诩，今后虽有同时旧拓善本，亦不以此易彼焉。譬如赵子固得定武兰亭，舟覆落水，登岸烘焙，此后其本转以落水得名。余之决眦钩摹又数倍于烘焙之力矣。"可惜我去先生府上多次，竟不得一遇，只是听先生给我讲解此碑的考据和得碑的经过，并且送我一本北师大出版社据此影印的张猛龙碑作为参考。直到2017年，在先生所藏碑帖的展览会上才一窥张猛龙碑的真容，可惜不能执玩摩挲了。2012年我遵循先生赏鉴、审美路径，以重值觅得了一册明拓淡墨本张猛龙碑。此本为清末沈雪庐旧藏，黄牧甫题额，陆恢题跋，拓墨精到，品相一流。可惜先生已经见不到了。

"棱伽山民所藏碑帖无不精善"，这是启功先生常对我说的一句话。棱伽山民是清代末期的一位著名收藏家，生活在清代同光时期，苏州人。《启功丛稿》中也有有关棱伽山民的记载，其文为"近世所见石墨，有棱伽山民题识者，罔非善本。而其身世翳如，人多未详，但知其姓顾氏，为刘彦冲弟子"云云。后来王靖宪先生也曾作专文《棱伽山民及其碑帖收藏》，考证顾氏收藏碑帖的情况。近年苏州博物馆李军先生在《春水集》中，有《棱伽山民是谁》一文，他的结论是："棱伽山民应是顾大昌别号，他原名镒，字子长，又号芸台、鞿翁，江苏元和（今苏州）人。室名有万卷楼、惟德堂、铁石山房等。……顾曾寿为大昌之子，顾亮基、顾樑基为大昌之孙。"

自从启功先生见告，王靖宪先生著专文以后，我也开始关注棱伽山民所藏碑帖，多年来所知所见顾氏所藏碑帖有数十种之多，其中记得的有：周秦石鼓文、汉祀三公山碑、汉乙瑛碑、汉曹全碑、汉张迁碑、魏孔羡碑、吴谷朗碑、北魏石门铭、北魏嵩高灵庙碑、梁太祖文皇帝神道阙（反书）、唐夫子庙堂碑、唐褚书雁塔圣教序、唐伊阙佛龛碑（不止一部）、晋王献之碧玉版十三行（不止一种）、晋兰亭序。值得庆幸的是，以上碑帖中，有几件现已归寒斋庋藏。

大约在1986年，我立志要学碑帖鉴定之际，启功先生不仅亲自予以指导，而且还对我说："您学鉴定'黑老虎'，我给您介绍两位老师，一位是孟宪章先生，另一位是王靖宪先生。"孟宪章先生原先在商业系统工作，时已退休。孟先生是一位民间收藏家，收藏既富，鉴赏又精，与启功先生私交甚笃，所藏碑帖有些入选了《中国美术全集》《中国碑刻全集》《中国法帖全集》等。王靖宪先生是人民美术出版社的资深编辑，曾主编《中国美术全集》《中国碑刻全集》《中国法帖全集》等，自己也有收藏，是一位理论与实践相结合的学者。有启功先生指导，加上孟先生、王先生两位老师的指导，我不啻上了全国碑帖鉴定学的"最高学府"。当时我就想，如果不学出点名堂，愧对恩师。

实际上，现在人们谈到启功先生，都知道先生是一位大学者、大书法家，或许也有人知道先生是书画鉴定大家，但人们往往忽略了启功先生在碑帖鉴定方面的成就。我始终认为，启功先生是当代碑帖鉴定界的第一人。

自古以来，特别是明清以来，碑帖鉴定之学虽是小道，但其艰深程度极高。这个行当，对个人的要求很高。既要有较全面的文史功底，又要求有极专门的碑帖知识，而且最好自己会写字。启功先生是文史大家，又是书画鉴定大家，自幼钻研碑帖，眼界极广，见解独到，是一位全才。启功先生的鉴定水平，体现在他的《论书绝句》和碑帖题跋中。他的题跋，文字之隽永，书法之秀美，独步当代，无出其右。启功先生的后人章正先生已经整理完毕《论书绝句》，业已出版，听说正在搜集碑帖题跋，加以整理，裒为一集。衷心希望他早日完成这一工作，以嘉惠后学。

启功先生对我的厚爱

启功先生对我的厚爱，体现在方方面面。前面已经讲过，先生为《出师颂》《争座位帖》题签。我在文物出版社编书，也多请先生题签，例如《中国书画家印鉴款识》《新中国出土墓志》《宋元古印辑存》等，先生往往不止写一条，横的、竖的、大字的、小字的，让我回去选用。

我自己的藏品，也请先生题签。大约是1993年，启功先生一下子为我题写了十三件签条，既有古籍的，又有碑帖的，是由先生的亲戚王允丽女士亲自为我送到出版社来的。先生的厚爱，至今想来，令人感动。

八十年代末九十年代初，我已经略有收藏，也想模仿前人，拟定个斋号。思来想去，于是袭用前人，取了个"小残卷斋"的名字，请启功先生题写，先生慨然应允。不久写好，由先生的侄女章景葵女士送来。裱好以后，见者无不夸赞这是启功先生的精心之作。启功先生不仅端端正正写了"小残卷斋"四个大字，更有意思的是，还写了以下文字："宪钧同志属题，即希正腕。一九九一年冬。启功书于小零片斋。"我的"小残卷斋"，意在与前人相比，只不过是断缣尺楮，几本破字帖、旧书本，一堆破烂而已，不足以登大雅之堂。但是启功先生的书斋号是坚净居，或浮光掠影楼。实际上这是因为启功先生特别幽默，爱开玩笑，你不是小残卷斋吗？我是小零片斋，一个比一个惨，先生的幽默可见一斑。其实转念一想，启功先生或还真有所指。先生曾收集到一些敦煌写经残片，集为一册，号称"掌中宝"。"小零片斋"指敦煌写经残片亦无不可。

启功先生题写了小残卷斋之后，朱家溍先生、王世襄先生、顾廷龙先生、史树青先生、饶宗颐先生也先后为我题写了斋号。可谓一时学界大家的墨宝，汇集于寒斋。

启功先生除了具体指导我鉴定碑帖，也多次谈及治学方法和做学问的门径。其中有两次我印象特别深，一次是我向先生请教做学

图1 启功先生题小残卷斋

问的门径，其实那时候我已人过中年，一事无成，但先生没有嫌弃我，而是一本正经地说："我这一套，没有什么，不过是'猪跑学问'而已。"看我一头雾水，先生解释说："没吃过猪肉，还没见过猪跑吗？"我理解先生虽然没有上过洋学堂的大学，但幼年曾下过很深的国学传统功夫，以后又随吴镜汀、戴绥之等先生学书画、学古文，经傅增湘老先生提携，陈垣老先生亲自指授，"猪跑学问"不过是先生的自谦之辞罢了。无独有偶，朱家溍也对我说过"猪跑学问"的话，朱家溍先生不仅出身名家，也是上过洋学堂的，怎么也自称是"猪跑学问"呢？一句话，先生是谦虚。朱先生是我国著名的文物专家、清史专家，学识渊博，著作等身。启功先生、朱家溍先生的自谦，使我深受教育。比起前辈，我真是万不及一，深感自己之渺小，学识之浅薄。我要用"猪跑学问"来警示自己。2010年秋，我因病住院，有感而发诌了几句俚言：

苍天假我不济才，"三古"门外久徘徊。
自惭前贤奖掖过，"猪跑学问"依样来。

（注："三古"指古文字、考古学、古文献，最早由李零先生引用）

虽然不合平仄，但多少表达出我的真情实感。

再有一次，我和先生赏碑帖，谈学问，兴致正浓，先生随口说了一句"旧学商量加邃密"。由于知识浅陋，我不知语出何处，就请先生随手用钢笔写下来。后经查证，原来是宋代儒学大师朱熹《鹅湖寺和陆子寿》的名句，原诗是："旧学商量加邃密，新知培养转深沉。却愁说到无言处，不信人间有古今。"我这才明白先生是借此说和我一起研讨国学旧闻，越研究越精密。其实我一介晚生，天资驽钝，哪能配得上与先生这样的老前辈平起平坐探讨学问呢？这是先生对我的勉励和期望。本来想请先生把这两句诗写成一副对联永久保存，但终究没好意思开口。遗憾的是先生手写诗句的便条，也没能保存下来。

先生对我的厚爱，特别体现在为我两次题跋《智永千字文》的事上。

1991年，我在文物商店获得一件明拓《智永千字文》，清人邵松年旧藏并题跋。隔了两年，装裱完毕，呈给先生观览。先生一边为我讲解智永千字文墨迹本与拓本的关系，讲解拓本的源流，一边题跋。我说天黑了，您累了一天，明天再写，我过几天再来取。先生执意不肯，就在灯下，一气呵成。同时在座的还有荣宝斋的米景扬先生等人。其年先生已是八旬高龄的老人，手不抖，眼不花，令人惊奇。先生的跋文尚未正式发表，兹抄录于此：

> 永师千文真迹犹存一本，惟篇题及撰人衔名麋溃不存，且失"家给千兵"草书四字，俱赖陕刻存其全貌。此册原装挤缩行距，未免小疵，而墨采腴润，字口多完整。以宋拓校之，并无多让。又经邵氏奕世收藏，殊堪宝玩也。

先生此跋，以日本花笺纸书之，充分展示了先生跋文文字雅训、书法秀美的面貌。

启功先生告诉我，邵松年的公子邵海父与先生是同班同学，故乐于为我题跋。

1995年冬，我因事前往启功先生府上拜访，事由是为人民出版社历史编辑部的书请启功先生题签。待正事办妥，适逢先生案头有一册刚刚装裱完成的《智永千字文》。先生说，这本与你那一本年代相当，各有优劣，送给你吧。我说这么珍贵的礼物，如何承受得起。先生说，拿去吧，对照看看。我推辞不过，只得拜领了。在我认识先生的二十多年间，先生先后送给我许多书，像《论书绝句》、《启功书画集》、《荣宝斋画谱·启功卷》、《张猛龙碑》（北师大影本）等，而这一本是最珍贵的。先生还随手取出一支大毛笔，题写了跋语：

> 此册约为明清之际拓本，惜薛嗣昌跋遗失。乙亥冬日，宪钧先生过访审定，以为可赏，即以奉贻，病起执笔，书不成字。启功

2009年，再重新翻阅启功先生题跋的两本《智永千字文》时，回想起启功先生生前的谆谆教诲，心情激动，诌得几句俚言：

> 永师一卷海东传，
>
> 石墨留痕重长安。
>
> 每忆元翁教诲日，
>
> 后生涕泪已涟涟。

启功先生对我的厚爱，还体现在以下两件事上：

九十年代后期，先生年岁渐高，社会活动不减，来访客人日众。学校专门贴出告示，请客人尽量少打扰启功先生。启功先生也曾在门上贴过"大熊猫病了，恕不会客"的条子，却被人当作墨宝取走了。一次，我去看望先生，先生诚恳地对我说："您不在此列，您随时来，随时欢迎。"先生这么说，当然是客气，但为了老人家的健康，我还是尽量少打扰先生吧。

随着先生年纪增长，教学任务繁重，亲自跑书店的机会少了。于是帮助先生跑腿买书，就成了我的任务。记得有一次，先生要带研究生做关于恽南田《瓯香馆集》的补遗工作，嘱我代觅有关恽南田的资料。这一年先生过生日，我恰巧买到一册有正书局影印填色版《恽寿平山水花卉册》作为献给先生的生日礼物，烦请章景葵女士送上。事后景葵对我说，先生很喜欢你，你直接送去就行，不必经我转手。以后我还帮先生买到一部有正书局石印本《瓯香馆法帖》，先生非常高兴。今天我也循着先生的思路，摹仿先生关注恽寿平，竟然先后收到康熙本恽寿平诗集、道光拓本《瓯香馆法帖》等，可惜已不能向先生汇报了。

除了恽寿平的相关资料，先生还曾嘱托我代为购买罗雪堂先生编辑的一些重要资料，寻访张伯英先生的《法帖提要》。我先后帮先生采集到罗雪堂先生编的《贞松堂藏历代名人法书》（三册）、《百爵斋藏历代名人法书》（三册）、《贞松堂藏西陲秘籍丛残》（六册）、《鸣沙石室古籍丛残》（六册）。这些书都是我先在琉璃厂中国书店看好，再到启功先生家取钱，买完后再坐公交车送到先生府上。以上这些书当时大都定价昂贵，大约是千元一册，当时我还买不起，但是也很喜欢。启功先生看出我的心思，客气地说："我的书就是您的书。您要看，随时来看。"这当然也是先生的客气话，我怎能忍心随便去叨扰先生呢？但从中可以看出先生对我的厚爱，以及他那奖掖后进的慈善心肠和博大胸怀。先生的厚爱，我终生不忘，先生的教诲永远激励着我学习前行。

2019.8.10 完稿于小残卷斋

好书推荐

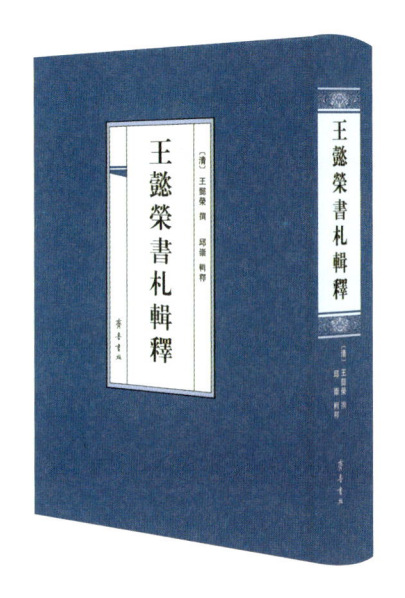

《王懿荣书札辑释》
〔清〕王懿荣 撰 邱崇 辑释
精装 32开 2022年11月出版
ISBN 978-7-5333-4536-5
定价：128.00元

  本书是2020年度国家古籍整理出版专项经费资助项目。

  本书首次对王懿荣传世书札进行全面、系统性整理，共收集到王懿荣致56位友人共计870余通书札，近30万字的原始材料，很多书札来自图书馆藏稿本，系首次刊布，属于重要的一手资料。

  整理者在该书编校出版过程中与编辑密切关注新材料的刊布，及时增补新材料、考证已出版相关著作中王懿荣书札的错误释读等。对收集到的书札资料先行辨伪，再作释文，在此基础上加以系年，对书札中重要人物以注释方式增补小传，并梳理札中重要人物关系，是目前对王懿荣书札进行的最全面的文献整理著作。

  该书收集全面，辨伪、释文、考证、系年兼具，体例明晰，释文精确，注释得当，并进行文字释文、系年考证及札中人物关系梳理，为学界提供了一本收集较全、释文较准、考释较精的文献的同时，也为相关学术发展奠定了坚实基础。

一百年前的北湖民谚
——新发现的晚清扬州刻本《本地风光》

韦明铧

北湖列入"扬州运河十二景",日益成为文化旅游新热点,有关北湖的历史文化资源也逐渐引起人们的莫大兴趣。

我偶然看到一本旧书,是清宣统年间自称北湖人的王树棽所著,至今已经一百多年。书中真实记录了当时北湖流行的谣谚俗语,不但充满乡土风情和民间智慧,也是我们今天深入了解北湖的不可多得的文本。

一、北湖文献《本地风光》的发现

我是在扬州城东一个朋友家偶然看到这本书的。这位朋友喜欢扬州历史文化,尤其喜爱收藏古旧书籍。在一个不期而遇的机会,他邀请我到他家中小坐,我欣然前往。他家的几个房间放满了旧书,但也没有什么特别的珍籍。后来走进他的一间小书房,他从架上取出一本小册子,对我说:"韦先生,这本书您看过吗?"我拿过来一看,发现是一本木刻线装书,书前署着"扬州北湖王树棽梓廷氏手著 男锡霖、说霖、咸五、傅岩校刊"两行字,觉得十分新异,从未见过。

得到主人的允许,我就坐在他的书桌前,仔细翻阅这本书。

书的封面是彩色的,印着艳丽的花卉。封面左侧竖印着四个楷书——"本地风光"。显然,这是书的名字。

翻开首页,是作者的序言,可惜缺了开头。剩下的文字如下:"……且夫听沧浪而思自取,顿触道心;浴沂水而乐咏归,半鸣天籁。

以至鉴捕蛇而自警，思猛虎而知惩，是以因感生情，借以为他山之助。他若花香鸟语，兴会淋漓，月色山光，天机活泼，不但歌风咏雅，有益身心，即谚语俚言，无非龟鉴。梫不揣谫陋，因拈一二齐东之语，偶尔取裁以之工对，藉为启发童蒙之助，是为叙。宣统元年岁次己酉秋八月，梓廷王树梫书于退听轩。"虽然文章开头残缺，依然可见作者的文字功力。著书时间宣统元年即1909年，距今已经一百一十多年。序中所说的退听轩，应该就是作者的书斋，在北湖某地。

关于作者的生平，虽多方查阅资料，但无从稽考。作者王树梫，字梓廷，关于他的生平一无所知。所幸书后残存半页文字，题作《思亲》，是一首五言长诗，历述作者的生平，借此可知王树梫概况。《思亲》写道："我命生不辰，三岁曾失怙。母畏外人欺，尤虑家人侮。母在母可依，母没无人辅。守贞怜我幼，凄咽心诚苦。曾将父之资，命兄购田土。立业向远方，怕与匪人伍。少年不更事，多在嫖与赌。命我勤耕读，不离家门户。母语直而严，母教还尊古。稍远被母笞，循规须蹈矩。坐困几何年，差可辨鱼鲁。妻因颠病卒，又将家门补。遗子我提携，弱龄方四五。抚育继以教，经史读几部。弱冠得青……"后缺。

由此可知，作者王树梫的一生颇为不幸。幼年丧父，唯依寡母。前妻早死，留下小儿。虽有一兄，似无作为。书中还有一副追悼忘妻的挽联："六礼未周，惹得今朝烦恼；三生有幸，再结来世因缘。"可见作者夫妻情深。在这样贫寒困顿的家境中，作者的母亲依然让他坚持读书，可见是一位良母。

《本地风光》全书十页，开本较小，不分卷。木刻印刷，每页八行。字为宋体，疏朗秀丽。排版整洁，赏心悦目。其风格好像晚清扬州城里聚盛堂等书坊印行的唱本，简朴实用，不事奢华。《本地风光》虽然不是什么高文典册，却是当年扬州北湖农家生活、家庭关系和读书传统的写照，因而足以我们珍视。

二、真实可信的乡村写照

《本地风光》的最大价值，是如实描绘了一百年前北湖的世情民风，可谓如临其境，如闻其声。全书搜集记录了数百条北湖民谚，用对仗的方式为后人留下了珍贵的民间文本，其中不乏乡村生活的真实记录。

例如，书中写到当时北湖有各种谋生行当，除了卖菜的、卖盐的，还有卖硝的。"不为萝卜不挑菜"，是说卖菜，并不稀奇，稀奇的是还有卖盐和卖硝的。书中说："穷卖盐，急卖硝，逼迫无措做强盗。"清代的北湖没有什么店铺，百姓日用的油盐茶米、针头线脑，除了进城采买，主要靠走村串户的货郎零售。货郎在古代生活中是非常重要的，昆曲中就有【货郎儿】曲牌。问题是货郎除了卖盐，还卖硝。盐的利润不大，但可以常年销售，而硝是制作烟火的原料，只有春节前才有人买。所以书中说"穷卖盐，急卖硝"，这是当年乡村常见而今已经暌违的风景。

普通北湖人贫窘而无奈的人生，在书中的谚语中也得到了反映："打不起官司告不起状；做一日和尚撞一日钟。"这两句俗语一直流传到现在。书中又说："一丈深来一丈浅，睡安稳觉；半年辛苦半年闲，过太平年。"意思是人生的脚印时深时浅，只希望晚上能够睡个安稳觉而已；田里的农活时忙时闲，最终的愿望不过是想过个太平年罢了。当年北湖人的人生理想，也就如此简单。当然，北湖也有贫富差别，一方面穷人家"巧媳难煮无米粥"，连粥也吃不饱，一方面"官家仍养官家子"，当时的富人家似乎是世代相袭的。

北湖的民俗风情十分丰富，书中写到当年北湖流行的草台戏和花鼓灯："唱草台戏；玩花鼓灯。"现在这些都成了非物质文化遗产。"草台戏"主要是指扬剧前身香火戏，当年扬州学派中坚人物焦循常常在湖边柳下，和农民一起看这种戏，并写出著名的《花部农谭》文章。香火戏属于"傩戏"，其表演者称为"香傩"、"乡傩"或"香火"，旧时北湖一带香火艺人很多。他们在外出表演时，身上都挎着小鼓作为乐器，所以书中说"香傩口袋灌鼓"，意为他们的行囊中总是放着鼓。所谓"花部"，是各种民间戏曲的总称，旧时正统文人往往瞧不起"花部"，但焦循却有偏好。他每当看完戏后，还在田头与渔夫、农民闲谈戏中的故事由来，所以文章题为"农谭"。"花鼓灯"主要是指扬剧的另一前身扬州花鼓戏，扬剧中的《打花鼓》《种大麦》《王大娘》等传统剧目，都是出自花鼓戏。

现在扬州人口头上常说的"舅舅理"和"奶奶经"，在书中也有记录："口是个蜜罐，心是个辣串——舅舅理；肩不能挑担，手不能提篮——奶奶经。"所谓"舅舅理"往往指口是心非，口蜜腹剑，所以说"口是个蜜罐，心是个辣串"。"奶奶经"常常指信口唠叨，不着边际，所以说"肩不能挑担，手不能提篮"。这些扬州民间口语，近百年来经久不衰。

有意思的是，书中还写到当时北湖儿童的天真烂漫："会皮脸——走回头路，开笼放鸟；打手心——念歪嘴经，打草惊蛇。"小儿贪玩，到处乱跑，不想读书，故书中说他们"走回头路""念歪嘴经"。小儿又爱恶作剧，把笼中鸟儿放飞，在野外草丛捉蛇，故书中说他们"开笼放鸟""打草惊蛇"。当年儿童的顽皮天性，读到这些文章就觉得如在眼前。

三、朴素无华的民间箴言

《本地风光》的另一层价值，是反映了当年北湖人对生存的感悟、对人性的辨别和对世态的隐忍。

书中许多地方写到世情的隔阂与势利："不知那个葫芦卖那个药；能看甚么菩萨烧甚么香。"人与人之间缺少基本的信任，就会把真实的意图包藏在语言的重重外壳之中，这就是"不知那个葫芦卖那个药"。而人与神之间的关系，也充满了实用主义，所谓无事不烧香，临时抱佛脚，这就是"能看甚么菩萨烧甚么香"。

命运的不公和无常，几乎时时存在。有时候好运突然降临，有时候厄运伴随终生，有时候尽可一醉方休，有时候却又三餐不济。书中写道："糠箩跳到米箩里，今朝有酒今朝醉；饱汉不知饿汉饥，百样生涯百样穷。"就是反映的这些复杂莫测的人生。

生活的坎坷与顺利，表现在各人从事的职业也是千差万别的。书中有一联说："拉下水纤；扛顺风旗。"过去北湖航行的船，除了篙桨，都靠人工拉纤才能行进。如果是逆水，拉纤非常吃力；如果是顺水，拉纤则十分轻松。在队伍前面扛大旗也是如此，顶风扛旗非常费劲，顺风扛旗则十分省力。"拉下水纤；扛顺风旗"说的是人要学会顺势而为，才会事半而功倍，如果逆势而上，必然事倍功半。

北湖人有一种豁达和聪明的生活态度，书中一些谚语体现了这种态度："差的来兵，点的去将，看得破有得过；穷不纳监，富不当行，吃回苦学回乖。"同样是人,有的当差,有的当官,对于这些也只能直面现实。穷人不必拿钱去买监生,富人也不必到官府当差役,北湖人认为凡事交了学费,总要变得聪明些。

在现实生活中,一朝君子一朝臣的现象是常见的,而且有时县官不如现管,哪怕是再大的势力也要先保护好自身。所以书中写道:"一个将军一个令;当方土地当方灵。""兔儿不吃窝边草;强龙难压地头蛇。"这都是一百年前北湖人对于生存环境的切身体会和应对哲学。

书中最多的谚语,是对生活哲理的归纳与总结。如"眼睛不亮到处上当;光嘴无毛做事欠牢",说明认清事实真相的重要性,以及年轻人因缺乏历练而显得幼稚无知。又如"出头椽子先烂底;大树脚下好遮阴",其积极的意义在于警诫人们一事当前,不可轻举妄动,唯有背后有所依靠,才能成就大事。当然这两句话也有消极的理解,如畏首畏尾、束手束脚。生活教育我们,既要提防上当,也要敢为人先。

北湖人有他们的幽默和风趣,书中的一些俗语写到社会的可笑现象。如有些人无视困难和绝境,在虚妄的想象中效仿阿Q的"精神胜利法";有些人拿今天去赌明天,寅吃卯粮,捉襟见肘。这就是书中说的:"除的死法想活法,将无作有;丢掉今朝有明朝,拆东补西。"北湖人喜欢用浅显的事例比喻深刻的道理,如老人因牙齿不好而宜吃熟山芋,这就像借钱还债一样自然;聋人因听力障碍而不辨言辞,所以是非曲直都不能指望他们。这就是书中说的:"冤有头,债有主,老头吃山芋;左说方,右说圆,聋子放炮仗。"这些谚语以轻松的戏谑,表达了生活的哲理,在尖刻中不乏温情,在笑谈中传达真理。

书中也写到未来的憧憬与理想的人生:"借债还债,乐得宽快,脱离苦海;以情套情,各自分明,换去凡胎。"意思是做一个光明正大的人,自然会得到快乐和幸福。"靠山吃山,靠水吃水,自骑马自喝道;随乡入乡,随城入城,带放羊带拾柴。"这是说,人要审时度势,入乡随俗,凭本事吃饭,靠劳动谋生,才能活得自在,活得开心。这些朴实的人生箴言,是书中难得的亮色,至今对我们仍有启发。

四、承前启后的北湖文化

《本地风光》除了史料性、思想性,在艺术性上也有独特之处。它有鲜明的文化传承性，一方面具有文人游戏的性质，一方面具有民俗研究的价值。这类形式的著述，在清代也是不绝如缕的。

前人对民谚早有关注，如清代王有光《吴下谚联》四卷，专收苏州一带的谚语，也以对仗方式排列。排列的次序，按照谚语的长短为序，如两字谚语、三字谚语在前，十字以上谚语在后。短的像"走东路，吸西风""吃白食，受清斋""无梨不成蜜，有麝自然香"等。长的像"来得早洗头汤，来得迟洗混汤；清明前挂金钱，清明后挂铜钱"等，诸如此类。《本地风光》的对仗，与此相似。

扬州人的方言书更多。例如题作《扬州话》的书，就有两种：一种是话本，亦名《飞驼传》，书中用扬州土话讲述故事；一种是专收扬州俗语的书，亦名《点缀方言扬州话》，篇幅不长，专录扬州土语并作短评。

追溯北湖人王树棻所著《本地风光》的文化源头，不能不回顾在它之前的几部扬州方言书。

《点缀方言扬州话》，署名严镜，生平不详。书前有作者自序："方言，无非可以警世之处。然于向上一着，各有会心，不在艳词之粗细也。时复以一二语点缀之，供养十方如来一笑。"此书的写法，是以扬州俗语敷衍成篇，略加短评，嬉笑怒骂，不拘一格。如："朝也忙，暮也忙，落空双手见阎王。"下评："宫殿玲珑七宝寒，又曰空手在那里。"嘲讽世人成日空忙，并无任何意义。又如："半壁隔子墙，锅前堂屋房。板凳马子床，头钵脸盆缸。"下评："阿弥清净国土。"谚语生动描画了旧时扬州寻常人家居所逼窄、家什拥挤的状况，锅膛和马桶只隔了一道板壁。再如："提起来不像个粽子，捺下来不像个糍粑。"下评："毕竟是个甚么？"这两句话，现在扬州人也常挂在嘴上，形容高不成，低不就，不上不下，不伦不类。因为作者信佛，故评语常流露佛家之语。有刻本，时间不详。

《扬州方言韵语长短句》，署名梦雨老人，原名颜二民。该书搜集大量扬州市井方言，按音韵贯串而成，编者并不加以点评。因为方言音韵相协，读来朗朗上口，如："南蛮北佽。封车打马。笑骂由他笑骂。盐船上，米船下。宁倒酱缸，不倒酱架。山顶上滚到山底下。谁信你鬼胡话。七上八下。瞎打西瓜岔。千人头上摺片瓦。对景不挂画。

蛇咬一口，梦见井索子也怕。任你山王大驾，空口说白话。文打官司武打架。家私多大祸多大。"作者自序说："几句市井流言，一幅呆鹅故态。其然究岂其然，可解而不可解。"由此可见该书的风格。有光绪刻本。

对北湖《本地风光》影响最大的，是《邗江三百吟》。作者林苏门，扬州甘泉人，阮元的舅父。《邗江三百吟》共十卷，该书特别的地方是所有标题都用成双成对的扬州名词。如："古木兰院，隋文选楼""三贤祠芍药，二郎庙苋菜""埂子街码头，丁家湾公店""双桥巷标题石额，四眼井错认胭脂"等等。《本地风光》的对仗形式，很可能是学的《邗江三百吟》。作家黄裳在《榆下说书·谈"集部"》中推许道："甘泉林苏门撰《邗江三百吟》十卷……是有关扬州的一部诗集……作者是阮元的舅舅和老师，曾经参加过四库全书的校勘工作。他对扬州这个地方的风俗、饮食、服饰……有非常浓厚的兴趣，仔细加以考察、记录。在地方性的'竹枝词'中，这是很有特色的一种，不像别的作者，只将兴趣集中在古迹、名人上面，他关心的却是当代的事物，特别是与城市平民有关的平凡琐事。这就很是难得。"该书有嘉庆刻本。

北湖王树琹所著的《本地风光》，无疑是在晚清文人关注民间生态的大环境中产生的。比起那些以城市为中心的方言书来，《本地风光》更侧重于扬州的郊野和乡村，因而更具江湖气息和泥土味道——这正是《本地风光》的独到之处、珍贵之处和可爱之处。

图1 《本地风光》封面

大变局中小人物
——读《旧京文存》及其他

薛 冰

《旧京文存》八卷，常熟孙雄著，琉璃厂西门松华斋南纸店1931年排印，仿雕版样式，线装上、下二册。此书版本寻常，未必能入藏书家的法眼，作者孙雄，虽有眉韵楼藏书十万卷，著述中很少论及藏书的文字。其卷八收1930年黑龙江省政府主席万福麟所作《黑龙江新建图书馆碑记》，略论及藏书史、藏书意义，尤其在黑龙江这个历来重武轻文之地，新建的图书馆

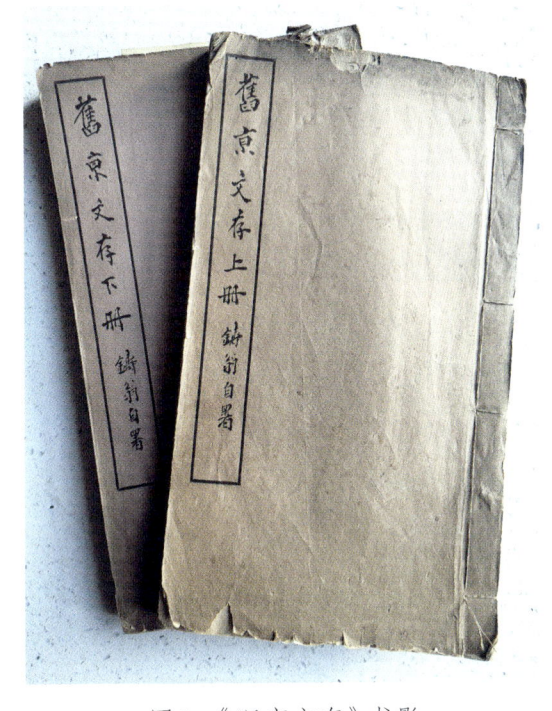

图1 《旧京文存》书影

"所储不仅中文图籍，凡东、西各国名著靡不甄采罗列，以供学者之探讨"，以期在"世变弥亟，内忧外患之纷乘，均为前代所未有"之际，"拨乱反正，继往开来"。

生活于清末民初的孙雄，是能够认识"三千年未有之大变局"的一个小人物，而他又有机会交结诸多大人物，介入若干大事件，尤其

是长期参与文教变革而坚守读经立场，其身世思想，故有值得关注处。

孙雄（1866—1935），初名同康，字君培，后字师郑，号郑斋，又号朴庵、禹斋，晚号铸翁，室名郑学斋、师郑堂、用夏斋、眉韵楼、诗史阁、味辛斋等。其字、号、室名中的"郑"，即汉代经学集大成者郑玄，"同康"亦即同于郑康成。

孙雄早年师从俞樾，二十一岁入江阴南菁书院。他后在《清故翰林院编修章君琴若墓表》中说到，当年学兼汉、宋的黄以周主讲南菁书院，"江左俊彦，亲炙门墙，达材成德，不乏其人"，"尤为高第弟子"的四人，是娄县张锡恭、丹徒陈庆年、太仓唐文治、江阴章际治（字琴若）。张、陈"于汉学致力至深"，唐、章"初亦治汉学"，而"尤与宋五子为近"。孙雄正是得黄以周指引，以汉学考据为毕生治学根基，其著作先后辑为《师郑堂集》《郑斋类稿》《郑斋刍论》《郑学斋文存》。其时江苏学政王先谦亦欣赏孙雄，曾选其为南菁书院斋长。

光绪十四年（1888）孙雄应江南乡试不利，后北游京师，师从同乡、户部尚书翁同龢，兼为其办理文案，得以结识李慈铭、王懿荣、费念慈、张孝谦、曾朴、沈鹏等名士，十八年（1892）经翁同龢引荐进入李文田顺天学政幕府，次年应顺天乡试，正考官恰是翁同龢，孙雄高中第二名举人，光绪二十年（1894）会试连捷，授翰林院庶吉士。翁同龢的知遇之恩，孙雄铭记于心。《旧京文存》开篇即《清故户部尚书、协办大学士翁文恭公别传》，文后附记："此文已印入《诗史阁丛刊》内《禹斋文存》卷二，今复修正旧稿，冠于《旧京文存》之简端。"1929年4月27日翁同龢百年冥诞，孙雄等曾于北京烂缦胡同常昭会馆设筵致祭。

张之洞以湖广总督署理两江，南菁同门陈庆年、曹元弼、姚锡光等皆入其幕府，孙雄亦于光绪二十一年（1895）上书张之洞以献方策。张之洞《书目答问补正》附二《国朝著述诸家姓名略》中说："由小学入经学者，其经学可信。由经学入史学者，其史学可信。由经学、史学入理学者，其理学可信。以经学、史学兼词章者，其词章有用。以经学、史学兼经济者，其经济成就远大。"孙雄据以发挥："不以经史为根柢，西学必无足观。今宜将各省大小书院因时改制，小变其式，以经史、词章、时务、制造，计日分课，按月程功，炼扶世翼教之鸿才，革摘句寻章之陋习。"并提议在金陵开设三江书院，汇集江苏、安徽、江西三省高材生教授中、西各学科。光绪二十八年（1902）张之洞、刘坤一等开办三江师范学堂，以培养新学师资，或有"炼扶世翼教之鸿才"的影子。后江西因故退出，三江师范成了两江师范，也就是民国中央大学、当今南京大学、东南大学等诸高校的前身。

光绪二十四年（1898）翰林院散馆，孙雄得授吏部文选司主事。同年四月翁同龢被罢免回乡。戊戌变法中，孙雄亦有文章参与变法讨论。但他真正得以施展抱负，是在光绪三十一年（1905）九月，袁世凯在天津创办北洋客籍学堂，经严修推荐，聘孙雄为汉文正教习，次年十二月继任学堂监督，于整顿学堂风纪颇有成效。与此同时，孙雄开始选辑《道、咸、同、光四朝诗史》，并得到张之洞订正。其《诗史阁图记》中说张之洞"自公退食，论学谭艺，簋灯忘倦，浏览《四朝诗史》原稿，商榷选事，订正良多"。宣统元年（1909）张之洞"创办京师分科大学，奏派余为文科大学监督"。当时张之洞以军机大臣管理学部，筹划京师大学堂试办分科大学。孙雄1918年作《张文襄公生日诗》之三："鼓箧先征国子师，燕郊市骏荷殊知。深心苦语培桢干，每忆良宵宴坐时。"有自注："公于戊申岁创办京师分科大学，每于枢廷退食之后，招往作夜谭，商量规制，筹备师资，娓娓不倦。又辄抚膺太息，谓兴学十余年，所得皆皮毛，绝少缓急可倚之士。"京师大学堂系北京大学前身，孙雄或可算北京大学首任中文系主任。同时共事的有林纾，1930年孙雄作《刘敬舆总长五十寿序》中说林纾"辛亥以前，与雄共事京师文科大学，循循善诱，弟子著录者咸乐坐春风"。然而以声望言，林纾远高于孙雄。刘敬舆1927年任教育总长，次年春"锐意整理京师大学校校务，曾以文科大学史学、文学二系主任相属，雄因年衰多病，未能应命"。其时京师大学校早已改名北京大学，而孙雄仍执着于旧称。他虽不愿就职，仍积极鼓动"恢复经科旧制"，刘敬舆"颇然其说，旋与承粢议于文科内增设经学系讲座，先立《毛诗》《三礼》诸门，厥后政局变更，未及施行"。孙雄并不反对新式学校教育，但坚持经学不可废。他说："今世竞言保存古物，又或发掘古城遗迹，以相矜炫，谓可宣扬文化，而独于先圣先贤所传之经训，足以为立国之本者，则土苴视之，岂物质当重而学术转轻乎？"

辛亥革命后，孙雄一度移家天津租界做遗老。其1924年作《西砖校经图记》中说："余于辛亥季冬，读孝定景皇后让政之诏，因橐载京寓图籍，移居津门，六易寒暑。值丁巳仲秋，津沽洪水为灾，余所居日本租界紫阳里，庭院积水深逾三尺，衣裳书籍，漂流毁损，不可以数计。不得已，收拾残余，仍移归都门，赁庑于宣武城南西砖胡同，与法源寺及谢叠山先生祠为邻。寓舍湫隘，余所辟读书之室，才能容膝。左图右史，堆案连床。"其西砖胡同书房名郑学斋，所校之经，即郑玄汉学之经典。

孙雄并非一味守旧的遗老，对于新技术、新科学，他欣然接受。《旧京文存》中多为他人所作传记、墓表、墓志铭，他在序文中坦言："迩年以鬻文自活，此编之付印，半由来鬻吾文者再四要求，以为传世之券。"但他也有自己的原则："昌黎谀墓，后世所讥。下走硁硁之见，乞文者苟非其人，虽黄金万镒亦视同土芥，而摈使者于大门之外。"读其所存之文，故多忠臣、孝子、烈女，亦不乏各种技术人才。如《清故直隶补用道灵川周公虎如墓志铭》，记周炳蔚生平"多从事于路政。在京汉铁路南段，则为总收支，在津浦铁路总局北段，则为总核算。中间复总办津榆铁路报销……又迭经商部派充查办京汉、正太、汴洛、沪宁、萍株诸铁路及汉冶萍矿务委员，复为督办电政大臣行辕总文案，南洋公学提调"。"雷琼海线中断，修复费且不赀，公建议于周制军馥，创设无线电台以通报，又立无线电学堂以储材"，后任邮传部电政司副司长。入民国后，又担任汉粤海川铁路会办，与督办詹天佑"精思和衷，筹画纲要"。又如《奉贤朱君杏南墓志铭》中记朱声涛先"入上海同济医工大学肄业，校中主要教科，悉用德文讲解，君于课暇兼习英文，并治国学。……辛酉夏，同济大学机械科毕业，禀命庭闱，游学德国"，在工厂实习、考察，"复肄业于特来斯登大学工科，专攻机械及电机等学"，历时五年，"考取德国政府特许工程师学位"回国。1927年"任上海兵工厂炮厂主任兼工程师，并主持材料研究科事"，被军政部兵工署聘任兵工研究委员，襄理部务，对中国军工事业颇多贡献。早在宣统年间，孙雄的《道、咸、同、光四朝诗史》就"以钢笔版印行"，即以铁笔、钢版刻写蜡纸付油印。油印术自日本传入中国后，多被用于油印学堂讲义，印制如此大规模图书并公开销售，似以孙雄此举为始。

他对鼎革前、后时事皆有不满,《诗史阁图记》记晚清事:"其时枢府疆吏,方以练兵兴学、革故鼎新相标榜,而核其实际,则骄奢淫佚、宠赂滋章。奸民游士,蘖芽其间,危机乱萌,潜伏暗长。"而自述辛亥以后所作诗,"不过述民困以吁天,悲兵祸之弗戢,窃附于言者无罪、闻者足戒之义"。其作明人《朱右文先生沧海集序》,独拈出"效谪仙乐府数首,题曰《感时诗》,中有'民膏吸到骨,民愁空疾首'二语",高度赞赏:"先生此诗,即是太白'日为苍生忧'、少陵'穷年忧黎元'之意。盖古之诗人,未有不以经国济民为念者也。"其借题发挥之意,十分显明。

与清遗民坚持采用干支纪年不同,孙雄坦然采用"共和""民国"纪年。在《读经救国论自序》中更明确宣称:"政体虽可变更,世运纵有嬗易,而经籍之义蕴则万古常青。"他所固守的就是读经,实是一种旧思想文化的维护者。

五四运动后的1919年秋,孙雄作《读经救国论》,自序中说"中国之学,无一不根柢于六经"。"光宣之交,振兴学校,醉心于欧化者,竞倡废止读经之论。不佞时方主讲京师文科大学,悄然忧之,以为亡国之朕。曾于宣统三年六月中央教育会,苦口力争。"这个会开了一个月,中小学读经与否成争论焦点,反对者所持角度不同,而孙雄表现最为激烈,被当时报章讥为"无理取闹之雄"。孙雄也很清楚"彼时强者怒于言,弱者怒于色,咸以不识时务嗤之"。但他又说:"曾不数月,清社屋矣。共和建国,于今八年,政散民嚣,兵骄将惰,天不厌乱,国其将倾。"所有社会问题,都被归之于读经的废除。

图2 《读经救国论》书影

1925年9月12日《甲寅》周刊第一卷第九号发表章士钊与孙雄通信,章士钊有言:"《读经救国论》,略诵一过,取材甚为精当,比附说明，应有尽有。不图今世，犹见斯文。"同年11月2日章士钊主持教育部部务会议议决，小学自初小四年级起开始读经，每周一小时，至高小毕业止。鲁迅因此作《十四年的"读经"》，点了司法总长兼教育总长章士钊的名，没有提到孙雄。文中说："我们这曾经文明过而后来奉迎过蒙古人满洲人大驾了的国度里，古书实在太多，倘不是笨牛，读一点就可以知道，怎样敷衍，偷生，献媚，弄权，自私，然而能够假借大义，窃取美名。"又说："欧战时候的参战，我们不是常常自负的么？但可曾用《论语》感化过德国兵，用《易经》咒翻了潜水艇呢？儒者们引为劳绩的，倒是那大抵目不识丁的华工！"

孙雄对于这部《读经救国论》十分重视，他在《旧京文存序》中说："尝见近人文集，师友作序，累牍连篇，而每篇之末，多载评奖之语，刺刺不休，此乃政党游士比周宣传之习，下至九衢鬻食、双簧卖艺之徒亦所优为。"所以他这书"不录评语，亦不乞人作序"。然而《读经救国论》在自序之外，又有姚永概序、江瀚序、唐文治序，"教育次长代理部务"傅岳棻题词，且将傅岳棻满篇"评奖之语"的来函附录于后。1927年孙雄又将此书修正再版，有补记说："七八年来，民困益深，新旧军阀，更起迭仆，或则高谈主义，争虚名以酿乱源，或则迷信武力，括民财以逞私斗。""冀以苦口婆心，挽回劫运。"

孙雄于六十五岁时改号铸翁，有《铸翁字说》释义："自维生平落落寡合，而所遭遇之奇变，又为前古所未有，硁硁自守之见，几为举世所非而不顾，真不啻聚六洲之铁，以铸此大错也。"实则孙雄之错，并不在于固守经国济民、改良社会的意愿，而正在于明知面对古所未有之"奇变"，却迷信旧经万能，以为六经一去，国将不国。"中学为体，西学为用"的种种变相，最终导致的结果，势必是坚持者被时代所摒弃。

姚莹俊藏书年谱简编(1889—1920)

胡艳杰

谱　前

姚莹俊(1844—1921),原名夒,字石史,号镜西、巽庐,又号吴越山樵、吴越两山亭长、萧然碌之生、武林压线词人、北干村学究、思适斋给洒归者、北翰山樵等。浙江萧山人。清末民国初年萧山藏书家。民国初年参加萧山县志的纂修,先任坐办之职即主任,掌管访纂文稿及局中一切事务。后任总纂,与陈大畇、汤在容、田廷黻、来裕昌等,于民国九年六月至十月,完成县志统稿工作。可惜,未能梓行。后经杨士龙校定梓行。民国十二年(1923)仲春杨士龙在《[民国]萧山县志稿》跋中云:"姚君继续为之搜残补缺,甫得成书,而姚君归道山矣。"又据姚莹俊序云十月完成志书纂修,十二月撰写序文。推之,姚莹俊卒年在民国十年,即志稿成书之后不久去世。著有《丽泽课艺选》二卷,《[民国]萧山县志稿》三十三卷首一卷末一卷,此外有《说文解字假借证》一卷、《证信录》一卷、《许书正文重文对证编》二卷、《巽庐诗草》八卷、《禜庐诗草》二卷、《巽庐文集》四卷,均为未刊稿抄本,藏于国家图书馆、南京图书馆、上海图书馆、浙江图书馆。

姚莹俊生平事迹略见于来裕恂先生的《匏园诗集》,但未涉及其藏书情况。姚莹俊以教书、读书、藏书、校书为业,人视其为书痴。光绪十八年(1892)四十八岁时曾入京参加会试,但未能高中。此后更专注于藏书、校书,七十二岁时仍然每日勤于校书,"先生常伏案校书,询'何以老而勤学至此?'曰:'为来生地耳。'"因其生前无藏书目录,卒后藏书散去,其藏书总量不得而知。笔者在整理天津图书藏书时发现姚莹俊藏书33种，其中32种有其题记，书中钤有"镜西珍赏"朱文方印、"镜西"白文长方印、"镜西"朱文方印、"姚夔"朱文长方印等等。另于"中华古籍书目数据库"中检索到天一阁博物院藏姚莹俊旧藏7种，其中5种有其题记。又据《别宥斋藏书题记拾遗》知其藏有《西厢记》1种。再据其《[万历]萧山县志》题记，以及《汉书地理志校注》跋文等，知其藏有《[乾隆]萧山县志》残本1种、王绍兰《汉书地理志校注》稿本2种。据姚莹俊藏书题记及他人记述，整理其藏书年谱，对姚莹俊藏书、生平进行初步的整理与研究。

此次整理所见姚莹俊藏书题跋，最早一则是在光绪十五年题明嘉靖二十二年刻本《汲冢周书》，是年其四十五岁。最晚一篇书序是民国九年所撰《[民国]萧山县志稿》序文，是年七十六岁。想其藏书当早于光绪十五年，因未见资料，暂时阙如。

光绪十五年（己丑，1889）　四十五岁

是年，批校图书2种。

季夏三日，跋《汲冢周书》十卷。据《拜经楼题跋记》记是书脱误之处。言"此册书品狭小，蠹蚀几不堪装整，然雕刻自存古意，与元本多合，终可宝贵，后之人勿轻视之"。

十一月望日，跋《湖海楼丛书》十二种一百十卷。云是书后印本有数叶漫漶无字，此本用初印零种内抽补完善。

是年，以重价，于西泠书肆购得清嘉庆十四年鄱阳胡克家刻《文选》全帙，共廿四册，皆为竹纸初印，未经蠹蚀。

光绪十六年（庚寅，1890）　四十六岁

是年，批校图书4种。

春王月穀旦，跋胡克家刻《文选》六十卷，《文选考异》十卷。

先立春三日，跋《苏文忠诗合注》五十卷首一卷。云其既购得李义山集初印本，又得此《苏诗》初印未修补本。"李义山集"即指清乾隆四十五年德聚堂刻本《玉溪生诗详注》三卷首一卷，《樊南文集详注》八卷。

立春前二日，跋《玉溪生诗详注》三卷首一卷，《樊南文集详注》八卷。《年谱》一卷《诗话》一卷。云此本八册为初印初校本。

仲冬中浣八日，跋嘉庆十九年严州吴县黄氏刻《仪礼》十七卷附校录一卷。

光绪十七年（辛卯，1891） 四十七岁

是年，批校图书3种。

小春中浣，于武林假馆跋《陶靖节集》八卷《总论》一卷《传》一卷《附录》一卷。

清明前五日，跋《水道提纲》二十八卷。萧山藏书家何其荄旧藏。

一阳生前六日，跋《钦定明鉴》二十四卷首一卷。盛赞是书之书法。云"其字画端庄中寓流逸，浑厚中见焕发，无一破体俗体错杂其间。朝夕循诵，玩其书法，可为临摹廷试卷之助，一切字学举隅诸书，均可束之高阁"。

光绪十八年（壬辰，1892） 四十八岁

是年，批校图书6种。

端阳前四日，自都门购《新刊古列女传》八卷，并跋。云插图从宋本翻雕，与（原）宋本丝毫不爽，原本白纸初印，两册。

端阳前一日，跋嘉庆元年刻本《古列女传》八卷，《列女传考证》一卷。

天中节前一日，重跋胡克家刻《文选》。补录钱泰吉《曝书杂记》所言江西印本与苏州印本之差别。云其所藏《文选》为苏州初印本。

是年，参加会试，不中。从琉璃厂肆购得《礼记》二十卷《释文》一卷；《抚本礼记郑注考异》二卷，汉郑玄注，《释文》一卷，唐陆德明撰；《抚本礼记郑注考异》二卷，清张敦仁撰。一部。

端阳后一日，跋《礼记》二十卷《释文》一卷。云《思适斋集》中关于刊刻源流文字，并言《曝书杂记》亦记载。

天中节后二日，跋雍正间赵鸿烈涵碧斋刻《刘宾客诗集》九卷。

七月，校跋《大戴礼记》十三卷，过录阳湖庄方耕（存与）、归安丁小山（杰）校笔，又用洪颐煊《孔子三朝记》注释本校录卷九、卷十一。

十月望后五日，跋《颜氏家训》七卷。北齐颜之推撰，清赵曦明注；附注并重校一卷，清卢文弨撰；注补正一卷，清钱大昕撰。云此卢抱经雕本精，号胜于鲍渌饮本。

十月二十日，跋《杜诗详注》二十五卷首一卷附编二卷补注一卷。云是书购于数年前，当时嫌附编缺下卷，书估所配与前本不称，近于续貂，常为不快。是年，遇袁泉唐，言是书初印本原无附编下卷。乃恍然有悟，且喜所配不佳。

藕益节之十五日，重跋《礼记》二十卷《释文》一卷；《抚本礼记郑注考异》二卷，汉郑玄注，《释文》一卷，唐陆德明撰；《抚本礼记郑注考异》二卷。

是日，又节录莫友芝《宋元旧本书经眼录》中关于《礼记释文》的内容。

光绪十九年（癸巳，1893）　四十九岁

是年，批校图书2种。

天中节，跋《佩觿》三卷。云"此书板锲，本朝以康熙间张氏泽存堂本为最早，最后则为今光绪时蒋氏铁华馆本，其中有杨氏字学三书本、某氏续知不足斋本。据《书目答问》又有单行本。此书旧刻初印，有山阴沈氏鸣野山房图记，虽非泽存本，而视铁华本，则古色黯然矣。其为字学本、续知不足本，抑或单行本俟再考定"。

仲秋，自武林购归《唐人三家集》三种二十八卷，并跋。

光绪二十年（甲午，1894）　五十岁

是年，批校图书4种。

开岁五日，跋《秦汉瓦当文字》二卷《续》一卷。云《秦汉瓦当文字》专书，程氏、葛氏采用铸印翻沙之法，取本瓦为范，镕锡成之。程氏原版久佚，此为仁和葛氏复雕本。印书只百余部，今其版亦已散佚无存。识其源流，即光绪间复本，亦需要珍视。

易生之月朔日，出重值购得嘉靖间郭云鹏济美堂刻本《河东先生集》四十五卷，《外集》二卷，《龙城录》二卷。并跋云是书白纸初印，字画秀劲，虽间有缺叶，首数叶亦抄手恶劣，然而难寻之书究不以此为病。

嘉平十八日，跋《子彙》二十四种三十四卷。存零种七本，《孔丛》《鹖冠》《邓析》《尹文》《公孙龙》《陆子》《鬻子》皆全。《晏子》仅存上卷，计全书近三分之一。

又跋《汉魏六朝二十一家集》。此《汉魏名家集》十五种，《陶渊明集》程荣校、《二陆集》汪士贤校、《潘黄门集》吕兆禧校、《嵇中散集》程荣校、《谢康乐集》焦竑校、《谢宣城集》汪士贤校、《梁昭明太子集》杨慎、周满、周复俊、皇甫汸校、《任彦升集》吕兆禧校、《颜延年(之)集》、《谢惠连集》汪士贤校、《陶贞白集》汪士贤校、《鲍明远集》程荣校、《江文通集》、《庾开府集》汪士贤校，共二十四本，前后无总序跋。此为仿汪士贤本《汉魏六朝二十一家集》。

腊月下浣，所藏殿版极初印本《月令辑要》为友人商购，其价值万余金。又以《月令辑要》所得之价，加若干金购得清嘉庆十二至十七年鲍崇诚刻《太平御览》一千卷《目录》十五卷。购得是书后，遍托坊中诸友，代为购补，竟陆续补齐完全，无一叶缺少。

光绪二十一年（乙未，1895）　五十一岁

是年，批校图书3种。

二月初五日，跋《太平御览》一千卷《目录》十五卷。

春分前一日，跋抄本《苍崖先生金石例》十卷。云是书有雅雨堂卢氏、栖霞郝氏、南海冯氏刻本，以之对勘，必有异同，以俟他日校勘。

六月下浣六日，思适斋给酒归者，跋《说文拈字》七卷《补遗》三卷。《补遗》存上中卷。

是年，著有《丽泽课艺选》二卷，由萧山陈氏木活字印行。

光绪二十二年（丙申，1896）　五十二岁

是年，批校图书2种。

小春五日，跋思适斋刊版本《尔雅》三卷。

二月二十日，从旧书铺购得《图绘宝鉴》八卷，补破碎，加封面，就原装处穿线，撰写题记，记录书缘。

是年，病中为陈光淞遗经楼刻《汉书地理志校注》作跋。

光绪二十三年（丁酉，1897）　五十三岁

《汉书地理志校注》二卷，萧山陈光淞遗经楼刻本，姚莹俊跋。

据陈光淞跋，王绍兰稿本为姚莹俊藏。

光绪二十四年（戊戌，1898）　五十四岁

是年，批校图书2种。

重阳前四日，跋《憨山大师梦游全集》一卷，是书购于本邑市肆。

是年，于本邑旧书肆购得《唐文粹》一部，缺卷三十六至卷四十，共五卷。

重阳后一日，跋《唐文粹》一百卷。

光绪二十六年（庚子，1900）　五十六岁

是年，批校图书3种。

立春后三日，跋《六朝文絜》四卷。

花朝，跋《唐宋名贤历代确论》一百卷。

十一月二十日，又跋《唐文粹》一百卷。是年于修本堂书坊得所缺卷三十六至卷四十五卷，配全此书。五卷白棉纸初印，价鹰饼三枚。

光绪二十七年（辛丑，1901）　五十七岁

是年，批校图书3种。

三月十七日，题《大云山房文稿初集》四卷《二集》四卷《言事》二卷。

八月，虚岁五十八岁生日时跋《遗山先生诗集》二十卷。

秋前二日，跋《新编事文类聚翰墨全书》。过录莫子偲《宋元旧本书经眼录》关于是书内容。并自作题记一则。

中秋后二日，又跋《憨山大师梦游全集》一卷。

仲冬，三识《憨山大师梦游全集》。题《温热暑疫全书》四卷。

十二月二十一日，又题《温热暑疫全书》，录蒋宝龄《墨林今话》。

光绪三十四年（戊申，1908）　六十四岁

十二月，撰写《说文假借证叙》。（见于稿本《说文假借证叙》）

民国二年（癸丑，1913）　六十九岁

《说文假借证叙》末署"癸丑七月萧山姚莹俊镜西自叙"［原题光绪戊申（1908）嘉平月农历十二月］。

民国四年（乙卯，1915）　七十一岁

十二月，以重价购得《［万历］萧山县志》六卷，一册，存四卷，三至六。方形狂喜，适大儿澍恩长逝，黯然神伤。

民国五年（丙辰，1916）　七十二岁

是年，将所藏明万历刻本《金莲记》赠与朱鼎煦。又将《毛批西厢》转给陈彦畴。（见《别宥斋藏书题记拾遗》）

民国九年（庚申，1920） 七十六岁

是年，六至十月任萧山县志总纂，完成县志稿。

十二月，撰写《［民国］萧山县志稿序》。

不知年月者

题《新刊名臣碑传琬琰之集》上集二十七卷、中集五十五卷、下集二十五卷。

新书快讯

《杜解传薪》
〔清〕赵兴海 撰 孙微 点校
平装 16开 2023年8月出版
ISBN 978-7-5333-4692-8
定价：128.00元

  赵星海的《杜解传薪》成书于同治元年（1862），虽成书时间较晚，但因系稿本，流传极罕，实为弥足珍贵的海内孤本。其书体例特异，注评深细，是一部极具学术价值的杜诗评注本。《杜解传薪》原藏齐鲁大学图书馆，有"齐鲁大学图书馆藏书"钤记，现藏山东师范大学图书馆。原书分为甲、乙两集，今残存甲集之三、四两卷，其中卷三为五律，又分为八小卷；卷四为七律，又分为二小卷。共选录五律498首，七律128首。此外，赵星海《杜解传薪摘钞》为《杜解传薪》的节略本，为山东巡抚阎敬铭同治四年（1865）刻本，一卷一册，共选录五律38首，七律22首。

  本书系山东大学儒学高等研究院教授孙微据山东师范大学藏《杜解传薪》稿本及南京图书馆藏《杜解传薪摘钞》刻本进行点校整理而成。

日本岩屋寺的《思溪藏》

李际宁

2018年，由中国国家图书馆（以下简称"国图"）、日本佛教学大学院大学、日本岩屋寺、北京中华书局、扬州古籍线装文化有限公司诸方面合作，影印出版宋版《思溪藏》，底本是国图收藏的《思溪藏》；因国图《思溪藏》残损和原缺较多，其所缺者，皆以日本岩屋寺本配补。故此，可以视岩屋寺本为影印宋版《思溪藏》的底本之一。

一　宋版《思溪藏》概况

有朋友会关心地问：岩屋寺本有什么特点，用岩屋寺本配补合适吗？这里，请允许我对岩屋寺本略作介绍。

了解《思溪藏》的朋友知道，《思溪藏》有所谓"前思溪"与"后思溪"之别。前后两个版本虽然都是湖州思溪王氏家族舍资所刊，但岁月浸久，经板前后已有修缮配补，"前""后"两个阶段的印本，是有一定区别的。按照当代出版影印古籍的惯例，配补本应该尽可能使用板片雕刻时间相同、经板状况相似、印刷状况相近的版本配补。

国图藏《思溪藏》，是杨守敬光绪年间出任驻日公使随员时所得，原藏多所缺佚，杨守敬购得这部大藏后，在《安吉州思溪法宝资福禅寺大藏经目录》卷后有跋语，专门提到缺卷问题："宋安吉州资福禅寺大藏经，全部缺六百余卷。间有钞补……"他所云"全部缺六百余卷"，这是指经首六百卷《大般若经》全佚，而其他所缺尚多，暂未统计实际数目。1987年出版的《北京图书馆古籍善本书目》著录的卷数是4647卷，本来应该有近6000卷的《思溪藏》已成残藏，而藏内函帙间的残缺抄配更多，出版这样一部"残藏"，将有多遗憾。

残酷的现实没有办法回避，但是，既然要影印出版这部大藏，编辑者难免就有了更高的要求和理想，总希望将所缺能够配补齐全，尽可能做成一部能反映原貌的宋版《思溪藏》。

为配补国图本所缺，编辑和出版诸方做了不少努力，但是困难可想而知。正在困顿之际，却峰回路转，仿佛天上掉下了"馅饼"一样梦幻，竟然"遇到"日本佛教学大学院大学和日本岩屋寺，并得到他们的全力支持，最终得以使用岩屋寺收藏的《思溪藏》配补，成就了影印《宋版思溪藏》。这段书林佳话，将是另一段故事，"此回"暂且按下。

因为《思溪藏》在佛教大藏经和佛教文献学史上的重要地位，《思溪藏》长期得到学术界的关注。本文这里只就日本岩屋寺本《思溪藏》的特点，略作介绍。

二 岩屋寺《思溪藏》的历史

岩屋寺在日本爱知县知多郡南端，根据岩屋寺收藏的古文书记录，寺院开基建寺的历史，可以追溯到公元715年（灵龟元年）。元代时期属于天台宗大慈山千眼光寺的分支，1949年（昭和二十四年）成为独立本山——尾张高野山宗总本山岩屋寺。

图1 岩屋寺

根据日本学者调查和研究，岩屋寺所藏这部《思溪藏》很早已经到了日本，至今，在经卷中还保存了许多早期阅藏题记，题写的时间上至1278—1298（弘安至永仁年间），日本学者判断，在这个时期，这部《思溪藏》应该收藏在京都府长冈京市的开田院，1293到1343年间（永仁元年至康永二年），该部《思溪藏》已经收藏在京都高山寺。此后，又从高山寺辗转到爱知县的岩屋寺，这个辗转迁移的过程，据说得益于知多郡大野城主佐治右卫门尉盛光及佐治家族的捐赠。日本寺院的历史和寺院文书的认读，对中国人来说总是比较复杂而陌生，有兴趣的研究者，可以关注落合俊典与上杉智英的相关研究。

日本《高山寺圣教目录》（建长目录）记录："一切经二部之内，一部唐本，纳西经藏，刑部入道渡进。一部纳东经藏，宰相僧都真辺进一切经。"日本学者认为，这是该高山寺收藏"福州藏"和"思溪藏"的记录，这部"思溪藏"，就是后来辗转到爱知县岩屋寺的《思溪藏》。从此之后，这部《思溪藏》一直保存在岩屋寺中。

三　与岩屋寺《思溪藏》有关的几件史料

今天，岩屋寺有关这部《思溪藏》的档案中，有几件特别值得介绍，这为了解岩屋寺大藏经的历史和状况，提供了鲜活的史料。

1. 宝德三年（1451）《大藏经目录》

岩屋寺保存有一部宝德三年（1451）抄写的《大藏经目录》，上下两卷。卷末有题记："全藏五千九百十卷／，五百四十八函／。宝德三稔辛未九月日／，愿主右卫门尉盛光法名道西居士／。""愿主右卫门尉盛光法名道西居士"一行右侧，有这位"道西居士"朱书亲笔签名："大野城主佐须氏。"

根据这部目录记录，这部大藏原本应该有5910卷。而后来不知道什么时候，该藏大约略有损失。今天岩屋寺藏经殿前有"南知多町教育委员会"所立说明牌云：

　　大藏经　五千四百六十三帖／
　　国指定重要文化财　昭和十四年五月二十七日指定／
　　宋版　五一五七贴／

和版　　一一一贴/
　　写本　　一九五贴
　　刊版　　宋の淳祐十年（一二五〇）
　　……

宝德三年《大藏经目录》是了解岩屋寺《思溪藏》的最重要的资料，其中的"和版""写本"云云，是这部《思溪藏》原"宋版"以外补抄和配补的版本和卷数。值得注意的是，这个宝德三年《大藏经目录》三十六卷南本《涅槃经》之后，有"增入部"，收录天台三大部及其注疏，这是另一个有趣的问题了。

2. "修补大藏经愿文"

《岩屋寺志》收录了1719年（享保四年）修补这部藏经的记录，这是一份难得的史料，不妨照录于此，供关心者参考：

（前略）大日本东海路尾阳知多郡大慈山岩屋寺所安置之大宋淳祐年中刊版大藏经典者，吾邦仏们之至珍也，绵历岁华，模糊失次，蠹灭亦不鲜矣。法宝破坏，不遑叹息。予思之十数年，干此顾何应，空居藐视平，维时享保二龙舍丁酉夏五月，适发寺僧谈及，遂与志愿，检阅乱帙，命于众僧及经工而修补之一滴也。又劝进诸方，令书阙本，冀令法久住，冰益人天，□酬吾仏恩海之一滴也。精诚日积，至干今兹，享保第四己亥历秋七月，事成终功，设斋请僧，烧香庆赞。住秘藏院第卅六世僧正智锋和尚曰。

前所引岩屋寺宝德三年《大藏经目录》，全卷最后有修补题记："维时享保五龙舍庚子十月日修补之毕，为领法久住也。/此者本山智锋僧正笔记。"

从享保二年（1717）到享保四年（1719），大约二年左右的时间里，对"模糊失次""蠹灭"损坏的"乱帙"检阅清理，以备修复。修复的参与者更有意思，除了僧众之外，更有"修工"参与，这些修工，应该是具有专业修复技能的工匠。

岩屋寺《思溪藏》每册的装潢极为简洁，只装封面封底，面纸较厚并染潢，封面上墨书经名卷次和秩号，没有书衣，无经名签，也没有更多其他装饰。本人臆测，这种装潢样式，可能是当时装潢的原样式。每册书根侧面，墨书秩号，这是当年无经函时置架的状态。为什么能有这种感觉呢？因为，日本最胜王寺《思溪藏》以及2000年在中国国内出现的那批"思溪藏"本《大般若经》，都是这种样式的装潢，这就是原来的模样。

目前，岩屋寺的所有经册已经置于专用木函内，经函历久，已经变得破旧，饱含沧桑感，显然使用的时间已经很长。木函有盖，木函正侧面墨书函序号及经卷秩号。这是日式经函的样式。日式经函看似普通，但对于湿度相对较大的日本来说，用速生树种制造的木函，可以"自动调节"函内湿度，平衡纸张伸缩性，很适合存放纸本经书。

3. "岩屋寺大藏经制"

这是岩屋寺对阅藏和使用大藏经制定的规章制度，这里，亦据《岩屋寺志》照录：

一　夫经藏法宝者，住持三宝之一也。为僧之者，岂可不尊重敬护乎？故为令法久，报恩谢德，每岁六月年，行事僧请寺中阖众出干经藏，随函开经典，可有虫曝。

一　经轮有破坏，则应用寒濂纸寒晒糊加黄檗煎汁而修补之。

一　凡此经典，末世之至宝也。为不散失，不可漫出于寺门。仮使寺中僧侣看读者毕，当速归藏中，不可懈怠放逸而舍置。

一　三宝物当护惜，故自他宗僧侣欲读此经者，白寺僧侣而众僧共许，则应寄寓于寺中房舍看读之，不可他借去。

一　自享保二祀至今兹享保四岁，发起志愿，全藏经轮校合修治焉，是则为令法久住，利益人天，上报佛恩，下度群生也。其旨别有愿文，寺中净重须且知之。

于时享保第四龙集己亥

夷则佛欢喜之

现住密藏院第卅六世

僧正智锋记。

中国佛教典籍中有关寺院看经阅藏制度，如《百丈清规》等典籍，对阅藏环境、阅藏者的规矩等等，有一些零星记录，但大多不成系统，且又多为寺院内部掌握，很少流传于外。而寺院对经卷的整理修缮，史书记录更少。敦煌遗书中保存了一批中古时代的实际案例。日本寺院的制度，应该继承了中原的制度，但其细节上有什么关系，又有哪些特点，是值得研究的。岩屋寺这样的"大藏经制"，保存了这样的珍贵资料。

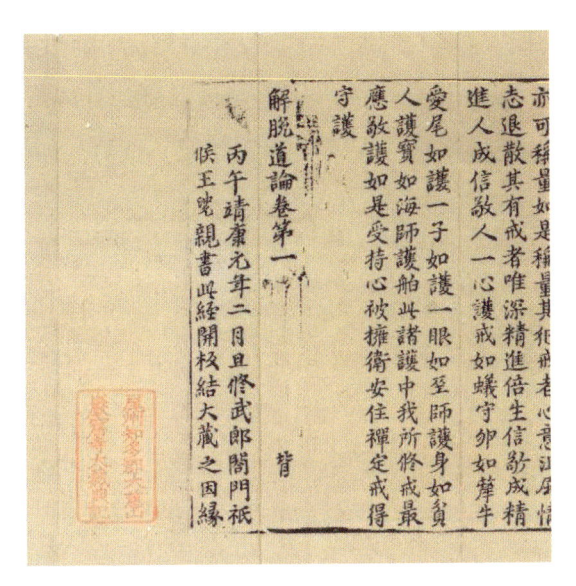

图2　岩屋寺《解脱道论》书影

四　岩屋寺本《思溪藏》的版本特点

《思溪藏》有所谓"前思溪"与"后思溪"之谓，也就是"思溪圆觉禅院大藏经"（简称"思溪圆觉藏"或"圆觉藏"）与"思溪资福禅寺大藏经"（简称"思溪资福藏"或"资福藏"）。前者被称为"前思溪藏"，后者被称为"后思溪藏"。有关这部大藏名称的讨论，是另一个话题，这里不必展开。当代学术界比较一致的看法，认为"后思溪"是在"前思溪"经板的基础上有修补，但没有根本改变大藏目录结构和板片整体状况，所谓"前"与"后"的关系，只是印本版次的不同，以版本学的角度看，还应该视为同一部大藏经。

国图本《思溪藏》残缺较多，用岩屋寺本配补既是无奈之举，也是幸运之缘，出版编辑方和大藏整理者要做的工作，就是要对岩屋寺本《思溪藏》的版本特点作出说明。

比较大藏经版本是否相近的一个重要方法，就是考察那些印刷多、经板易损坏的"常用"经典的板片状况，这个方法，就像考古学的器型比较一样，先建立一套"标准器型"做基准，再比较每部大藏的各自特点。纵观《思溪藏》的历史，自北宋靖康元年（1126）王永从发愿开板，至南宋端宗景炎元年（1276）湖州思溪法宝资福禅寺毁灭，前后一百五十年，"思溪藏"经板几经配补或重刊。

日本长滝寺《妙法莲华经》卷第七（凤字函）尾题：

> 吾如来以一大事因缘故出现，俯应时机，为众生显开示悟入佛之知见，方便随宜众生有种种病，佛说种种法，故称佛为大医王，善起众生沉疴之病，对证与药。会权归实果，能以法空为体，自然妙智开明。苦因即达贪欲，无依是药，亦安所用哉。皓凤何微善，克慕真诠，愿一切劳生之病，有瘳俱跻寿域，以诸佛灵验之方，博济镂板流通。或有猛利丈夫，向未试尝已前，忽然通身汗出，方知黄面老子罪过弥天矣。开禧三祀丁卯（1207）十月朔癸卯，三养居士杨皓敬书《妙法莲华经》七卷，全部板计壹伯肆片，舍入湖州思溪圆觉禅院，永远流通。所愿皇帝万岁，国祚延洪，万姓四民，安居乐业，时和岁稔，谷果丰登，情与无情，俱登法华三昧。岁次戊辰嘉定改元（1208）佛生日。通仕大夫庆远军承宣使提举佑神观杨皓谨志。

《妙法莲华经》是一个常用的经典，经板印刷次数一定更多，损坏必然更快。从王氏靖康元年开版起，到嘉定元年，经板使用已有八十年，大约经板严重损坏，才有杨皓重刊的可能。

日本岩屋寺《妙法莲华经》卷第七（凤字函）尾：

> 大宋国两浙西路安吉州长兴县白鸟乡奉三宝弟子因道政施财，赎到法华经板一部，计七卷，舍入思溪圆觉禅院，补填大藏经字号，所集殊利，伏用上报四恩，下资三有，法界众生，同成佛果。更冀普为施财檀信，福田增益，滋长道芽，无诸魔障者。嘉熙三年（1239）二月日弟子因道政意首。

在嘉定元年杨皓补刊《法华经》板片三十年之后，到嘉熙三年，这部《法华》经板已经不能使用了，不得不再次换版。《思溪藏》的基本行款是半叶6行17字，也许是此时寺院已经无力重新雕版，才不得不用"收赎"的形式，配补了一套行款并不一致的经板，这套经板的行款是半叶5行17字，用以配足"思溪藏"《法华》经板之缺，估计也是无奈之举。国图本和岩屋寺本都是嘉熙三年道政"收赎"后的印本。

2019年夏，日本国际佛教学大学院大学落合俊典、池丽梅两位教授来中国国家图书馆访书，我们共同商议，联合中国国家图书馆和日本爱知县岩屋寺、茨城最胜王寺，选用三家所藏四册"思溪藏"本《大般若波罗蜜多经》卷一百三十一，印刷"思溪藏四种·大般若波罗蜜多经卷第一百三十一"，作为此部大藏经的出版发行纪念本，以同卷比较方式，考察该卷的版本变化，为推进"思溪藏"的实证性研究提供资料。

这四个单位的"思溪藏"本《大般若波罗蜜多经》卷一百三十一，板片基本相同，但有先后的印次不同，又有补刊差异，在目前条件有限的情况下，能做这样的同版比较，实属不易。我们比较了每一叶的版式行款、刻工、漫漶程度、印刷出来的状况等。

四个版本的基本状况如下：

叶序	行款	刻工位置	国图旧本	最胜王寺	岩屋寺	国图新本
第1版	6半叶	1—2半叶间	石端	石端	石端	石端
第2版	6半叶	1—2半叶间	石端	石端	石端	石端
第3版	6半叶	1—2半叶间	石端	石端	石端	石端
第4版	6半叶	1—2半叶间	石	石	石	石
第5版	6半叶刻	1—2半叶间	石	石	石	石
第6版	6半叶	1—2半叶间	石端	石端	石端	石端
第7版	5半叶	1—2半叶间	海	海	秀	秀
第8版	6半叶	1—2半叶间	石	王孙	王孙	王孙
第9版	6半叶	2—3半叶间	海	海	海	海
第10版	6半叶	2—3半叶间	张海	张海	张海	张海
第11版	6半叶	2—3半叶间	海	海	海	海
第12版	3半叶	2—3半叶间	张海	张海	张海	张海

四本比较的结果：

（1）国图旧藏本。经折装。一册。磁青纸板为封皮封底，是后代改装物，无经签。首尾题及第六版上边栏钤"三圣寺"双圈朱印。卷首、卷尾版框上端有"圆觉藏司自纸板"墨印，全册略有虫蚀。诸本中，这是书品保存最好的一册，从字口看，虽然字体尚好，但已经有部分字体漫漶，这已经不是早期印刷本。

（2）日本最胜王寺本。经折装。一册。土黄色厚纸封面，墨书经签及帙号，无"圆觉藏司自纸板"墨印。第一版背面钤长方朱印"藏司□"。本册几乎每纸粘缝处都已脱开成单叶。第7版上半段字体漫漶，下半段板片开始有断裂、邋遢损字现象，但没有国图新购本那样的割断换版。第8版刻工已经换为王孙。此本整体较国图旧藏本漫漶度严重。

（3）日本岩屋寺本。经折装。一册。土黄色厚纸封面，封面墨书经名及帙号。字体漫漶较严重，无"圆觉藏司自纸板"墨印。通卷漫漶、断版、缺损处，印刷状况与中国国家图书馆新购本相近。第7版下半部割断换版，第8版换版，其中第3—4半叶间刊"闵道超舍到"，证明此版已经新刊，与国图新购本相同；与最胜本比较，刷印时间基本同时，字体几乎一样，没有明显不同，如果一定要比出高下，则似乎最胜本稍早一点。

（4）国图新购本。2001年由中国书店海王村拍卖公司购入。经折装。一册。原装潢，未经改动。土黄色厚纸封面，无封底。封面无经签。无"圆觉藏司自纸板"墨印。整册字体漫漶比较严重，第2版字体漫漶严重，不少字已有缺损，版片中部有断版现象，第7版下半部分割断换版，第8版重刊，其中第3—4半叶间刊"闵道超舍到"。以此版与最胜王寺本比较，刷印时间基本同时，字体漫漶状况几乎没有明显不同。如果一定要比出高下，则似乎最胜王寺本印刷的时间更早一点。

四个版本比较的结论：

1. 国图旧藏本最早，又钤"圆觉藏司自纸板"墨记，可以确定为"思溪圆觉藏"时期的印本。

2. 最胜王寺本第8版换版，第7版无截版，版次较国图旧藏本（"圆觉藏"本）略晚，而早于岩屋寺本和国图新购本。此本或属于

"圆觉藏"晚期印本，或属于"资福藏"早期印本。

3. 岩屋寺本与国图新购本大体时代相同，岩屋寺本似较国图新购本略早。这两个版本，无疑应该称为"思溪资福藏"本。

通过这样的比较，可以知道岩屋寺本在目前已公布的《思溪藏》各本中的"位置"，也让编辑者和出版方对使用岩屋寺本配补入这部宋版《思溪藏》感到异常欣慰。当然，这部宋版《思溪藏》的总目录，也明确标注了哪些卷册是岩屋寺配补本，以便使用和研究者对这部当代"仿真"印刷本有一个基本了解。日本还收藏多部《思溪藏》，希望随着越来越多的资料公布，对岩屋寺本《思溪藏》的版本特色有更深入的研究。

新书快讯

"齐鲁先贤家谱整理研究"丛书

王勇 主编

"齐鲁先贤家谱整理研究"丛书是山东省2016年齐鲁优秀传统文化传承创新工程第一批重点项目、山东省一流学科山东师范大学文学院中国语言文学学科建设经费资助项目。丛书包含十部，分别为：《〈冯氏世录〉二种整理研究》《新城〈王氏世谱〉整理研究》《〈安丘曹氏族谱〉整理研究》《莱阳〈宋氏宗谱〉整理研究》《〈笼水赵氏世谱〉整理研究》《〈颜山孙氏族谱〉整理研究》《东郡〈傅氏族谱〉整理研究》《〈安德田氏家谱〉整理研究》《〈东武刘氏家谱〉整理研究》《〈栖霞名宦公牟氏谱稿〉整理研究》。目前已出版七种。

齐鲁大地历史悠久，文化灿烂，先贤产生早、数量多、影响大、定位高，是一道独特的风景线。以新城王氏为例。王氏家族是明清时期山东地区具有代表性的仕宦望族和文化世家，领导清初文坛半世纪、独创诗论"神韵说"的王渔洋是其代表。《新城〈王氏世谱〉整理研究》一书对乾隆《新城王氏世谱》进行了标点、校注，还收录了与新城王氏有关的文献如诗文、墓志等，对于了解新城王氏家族有所帮助，也有助于研究王氏家族人物及与之有关的历史事件、王氏家族文化等。

该丛书的出版对于推动齐鲁先贤家谱的抢救、保护和利用，促进中华优秀传统文化的继承、创新和发展，具有重要意义。

海外所见上海藏书家鉴藏印

[美]李国庆

从明代起，上海地区大致沿吴淞江故道分属松江府与苏州府。据前人研究，上海地区古代公私藏书，上至宋元，下及明清，尤盛于鸦片战争以后。当时上海作为东方大埠，四方人才汇聚，包括许多热爱藏书的人士。《江苏藏书家史略》从历代方志、墓志和其他著述中爬梳出的近五百江苏藏家，因止于清末，所收上海人士并不多。《上海近代藏书纪事诗》记晚清民国以至当时尚在世的藏书家共六十家，可谓洋洋大观了。不过毋庸讳言，沪上历代藏家，无书可以网罗无遗。尤其是近现代，藏书之厄，接二连三。藏书家或凋零，或云散。对这些藏书家及其藏书的进一步搜寻和研究，仍大有可为。

笔者在参与组织协调《海外中文古籍总目》，特别是协助辨识印章的过程中，发现一些主要为近代上海藏书家的旧物。按藏书家计，共18人。现不揣冒昧，罗列于下，希望有助于借印章发掘被遗忘的近代上海藏书家，并订正一些藏书家之斋堂字号，促进上海藏书历史和文化等方面的研究。

顾名思义，本文主要汇考印章。各个印章所在的书籍之版本、行款、批校、题跋等信息，限于篇幅和体例，恕不详述，请见各馆目录。这些学校大都参与了中国国家的《海外中文古籍总目》项目，成目已由中华书局次第出版。印章重出的一般不录。条目排列按姓名拼音顺序。印主可考且易查者，仅简述生平，稀见或有歧见者则略加考证。无考者存疑，有待识者补充。

曹仁虎（蓉镜堂）

多伦多大学　古学汇纂

钤印："讲幄词臣""曹仁虎""曹仁虎印""习庵"。

按：曹仁虎（1731—1787），字来殷，号习庵，嘉定人。乾隆二十六年（1761）进士。喜收藏古籍，《清史稿》卷四百八十五列传二百七十二《文苑二》记其"仁虎以文字受主知，声华冠都下，屡典文衡。诗宗三唐，而神明变化，一洗粗率佻巧之习。格律醇雅，酝酿深厚，为一时所推。著有宛委山房诗集、蓉镜堂文稿"。有藏书处为"蓉镜堂"。

姜文熙（体仁）

新加坡国立大学　研经室集三十八卷续集十七卷外集五卷

钤有"姜氏体仁"印。

按：姜文熙（1875—1971），字体仁，川沙城厢镇人。据《上海市文史研究馆馆员名录》，姜氏毕业于上海中西书院、天津北洋医学堂。曾任北洋政府陆军第三镇正医官，常备军医院监督，兽医学校校长，陆军部军医司司长，北京协和医院中文部主任等职。1954年任江苏省文史研究馆馆员，1959年转为上海市文史研究馆馆员。曾向南京博物院捐赠文物。列席第二届全国政协会议。爱收藏古书字画，善诗古文辞。收藏的古书画积数十箱，除少数捐献川沙中学图书馆外，余在"文革"中被毁。

李荫轩

匹兹堡大学　宋诗纪事一百卷

钤印："合肥李荫轩家珍藏"。

按：李荫轩（1911—1972），字国森，号选青，李鸿章五弟李凤章的孙子。祖籍安徽合肥，生于上海，现代文物收藏家、藏书家。李玉安、黄正雨《中国藏书家通典》：1979年，其夫人邱辉决定将所有藏品，其中包括14

箱明版书，全部捐献给上海博物馆，藏书后大部分被复旦大学图书馆收藏。

梅春

新加坡国立大学　御选历代诗余一百二十卷

钤有"华亭梅氏藏书之印"印。

按：据上海地方志办公室《松江文物志》第四章"人物"：梅春（1775—1817），字健男，或字小庚、寿槽，华亭人。嘉庆十二年（1807）举人，幼年嗜学，性格傲俗。得到长洲王芑孙的赏识，传授文章本原。同姚椿、钦善等人为友，以古学相互砥砺。曾倡修学宫、书院，置义仓田备荒。光绪《松江府续志·拾遗》称，"郡中藏书嘉庆时以梅孝廉春、姚太学椿二家为最富。梅早卒，书籍尽佚，其散于他家者皆有华亭梅氏藏书之印"。著有《大吉祥室集》《三味斋集》，与钦善等人编有《泖东诗课》。

闵萃祥（式古训斋）

新加坡国立大学　槐厅载笔二十卷

钤有"观生庐""式古训斋藏书"印。

按：闵萃祥（1849—1904），名颐生，号八指生，室名式古训斋，华亭人。文学家、画家，编纂有《式古训斋文集》《重修华亭县志拾补校讹》。

潘飞声（剪淞阁）

新加坡国立大学　四书改错二十二卷

钤有"梧桐庭院藏本""兰史珍藏不假不赠""潘飞声藏于梧桐庭院""大潘皎如鹤出林""曾藏潘赟思处"印。

竹里诗萃十六卷

钤有"季迪仲则之间""潘老兰""剪淞阁""兰友石借阅书画之印""虎丘试剑西湖载酒""潘飞声""惠山试泉师林拜石"印。

按：潘飞声（1858—1934），广州十三行行商潘振承第6代子孙，字公谨，号兰史，又号剑士、志剑、独立山人，别署老兰、老剑、论剑词人、海山琴客、水晶庵道士，广东番禺（今属广州市番禺区）人，1907年到上海定居。南社社员，中国近代著名诗人、书法家。主要作品有《西海纪行卷》《天外归槎录》《在山泉诗话》《两窗杂录》《说剑堂全集》《饮琼浆室词》《春明词》《饮琼浆室骈文钞》《翦淞阁随笔》等近20种。

郑逸梅《南社丛谈》所录题潘氏《翦淞阁图》：翦淞阁，在上海虹口横浜桥畔，兰史寓居较久，楼舍三层，纤尘不染。姬人月子，为掌书画。以"翦取吴淞半江水"诗意，作为斋名。

屠诗聘所著《上海市大观》（1948年版）记沪上又一翦淞阁，云："（小万柳堂）在沪西曹家渡，原系廉南湖（惠卿）与其妻吴芝瑛偕隐之所。堂之东，有帆影楼。堂之上，有西楼，西楼勾连处为翦淞阁，每当夕阳初下，晚霞水影，景色最佳。"该园位于今长宁区万航渡路与华阳路交会处西侧的吴淞江南岸。

钱大昕

新加坡国立大学　金石古文十四卷

钤有"晓征""钱大昕印""春坊潇洒优闲地""川学斋藏"印。

按：钱大昕（1728—1804），字晓征，又字及之，号辛楣，晚年自署竹汀居士，嘉定人。清代史学家、文学家、教育家，乾嘉学派代表人物。有《十驾斋养新录》，后世以之与顾炎武《日知录》并称。一生著述甚富，后世辑为《潜研堂丛书》刊行。

钱培名（小万卷楼）

新加坡国立大学　三苏先生文粹七十卷

钤有"小万卷楼"。

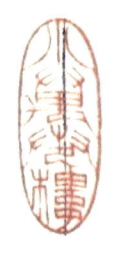

按：钱培名，字宾之，号梦花。清金山人。曾官县丞。钱氏家族旧有万卷楼。培名后迁居张泾堰，便名其藏书处为小万卷楼。钱氏一族以校刊书籍著闻于世。校刊活动始于清乾隆，止于光绪，长达100多年。所刊书籍达1000多卷，经史子集，无所不包。钱培名辑刊有《小万卷楼丛书》17种、《烟鉴》、《云间文粹》等。载1990年版《金山县志》。

沈静（古芸书屋）

多伦多大学　太史陛菴遗集

钤印："古芸书屋"。

按：沈静，清川沙人。字景梅，号春陔。附贡生。喜藏书。著有《古芸书屋诗稿》。

沈恕（笔山楼）

北卡罗莱纳大学教堂山分校　书目答问不分卷

钤印："绮云珍玩"。

按：沈恕（？—1814），字正如，字绮云，一字屺云，华亭人。嘉庆二年补松江府学生。以捐输铨叙同知。喜藏书及金石书画，家有古倪园，藏书处名"笔山楼"。李玉安、黄正雨《中国藏书家通典》：藏书印有"沈氏屺云曾经过眼""沈恕之印"等。

盛宣怀（愚斋）

明尼苏达大学　圣贤像赞

钤印："愚斋图书馆藏"。

按：盛宣怀（1844—1916），字杏荪、幼勖，号次沂，又号补楼，别署愚斋。江苏省常州府武进县（今常州市）人。秀才出身，官办商人、买办，洋务派代表人物，著名的政治家、企业家和慈善家，被誉为"中国实业之父""中国商父""中国高等教育之父"。愚斋图书馆是他于1910年在上海兴建的中国首家私人公共图书馆。

宋宾王

新加坡国立大学　新刊权文公文集十卷

钤有"宋蔚如收藏印"。

按：宋宾王（约1690—1760），清初藏书家、校勘学家。原名定国，以字行，号蔚如，娄县（今上海市松江区）人。藏书极富，校雠精审，多宋元人文集。载李玉安、黄正雨《中国藏书家通典》。

王兴谟（匏如）

新加坡国立大学　淳化阁帖十卷

钤有"云间王匏如珍藏""三槐堂印""匏如""兴谟"印。

按：王兴谟，字淡宜，号匏如，清松江府华亭县人，书画鉴藏名家王鸿绪之孙。由监生捐纳通判，乾隆四十三年（1778）十月署四川顺庆府岳池县知县。载《清代松江府文学世家述考》。

吴璧臣（来苏楼）

明尼苏达大学　两汉金石记

钤印："吴璧臣""吴璧臣珍藏印"。

按：吴璧臣，民国上海著名收藏家，"来苏楼"楼主，经营"四古斋"古董文物店。1905年与工艺局总办沈景臣创办山东第一家石印馆——大公石印馆。

郁松年（宜稼堂）

新加坡国立大学　浙江採集遗书总录十二集

钤有"曾寄申江郁氏处"印。

按：郁松年（1821—1888），字万枝，号泰峰，一作泰丰。上海南翔人。道光二十五年（1845）恩贡生。韦力先生在其《书楼》系列中考察道：官内阁中书。喜藏书。饶于财，凡宋人典籍，有未刻或刻而版废者，辄不惜重资，访求之并手自校勘。先后收得"艺云书舍"、"水月亭"、"小读书堆"、"五砚楼"及黄氏"百宋一廛"之藏书，达十万卷。又择不多见本，先付刻印，名《宜稼堂丛书》。殁后，藏书尽散。北则归聊城杨氏海源阁，南则归常熟铁琴铜剑楼，一部分为丁日昌持静斋所得。松江知府湘潭人袁芳瑛亦获不少。室名"宜稼堂"。

翟树荣

伊利诺伊大学　广韵五卷、群经音辨七卷、字鑑五卷

钤印：翟树荣印。

按：翟树荣，生卒不详。据国民党行政院新闻局编印的《全国报社通讯社杂志一览表》，曾任民本通讯社上海分社社长、民本广播电台台长。该台设立的目的是推广及发布民本通讯社的新闻稿件，并以宣扬文教政令、繁荣工商、服务社会为宗旨，1946年9月15日于上海市福州路吴宫饭店顶楼正式播音。1949年5月18日该台撤离上海，1949年9月15日在台北市重庆南路一段106号恢复播音，但翟树荣并未随行，后不知所终。他曾作为证人之一在东京出庭揭露日本的南京大屠杀暴行。

张之铭（古欢室）

加州大学尔湾分校　御纂周易述义十卷

钤"四明张氏古懽室藏书记""古鄞张之铭藏书""张之铭珍藏"。

伊利诺伊大学　诚斋先生易传二十卷

钤印同上。

按：张之铭（1872—1945），号伯岸，晚号豚翁。浙江鄞县（今宁波市鄞州区）人。从小经商，亦嗜书如命。在日本东京横滨侨居多年，大力搜集图籍，得中外图

书数以万册。有两地藏书，一在上海，一在日本东京桥区，皆名"古懽（欢）室"。章炳麟为之作有《古欢室记》。其藏书在1949年后散出。近人王细荣有《近代上海商人藏书家张之铭》，考察其生平事迹甚详。

朱天梵（天梵楼）

伊利诺伊大学　经典释文三十卷附攷证不分卷

钤印："天梵楼""抱残守缺""朱天梵印""朱光之印""天梵""上海朱光所藏"。

按：朱天梵（1883—1966），名光，又名冲，字天梵，别字汉才，以字行，上海三林乡人。善诗文，精书画金石。长期任教上海美专、上海新华艺专。著有《明遗民录》《经学概述》《小盘柴阿文稿》《天梵楼诗》《天梵印存》等。

新书快讯

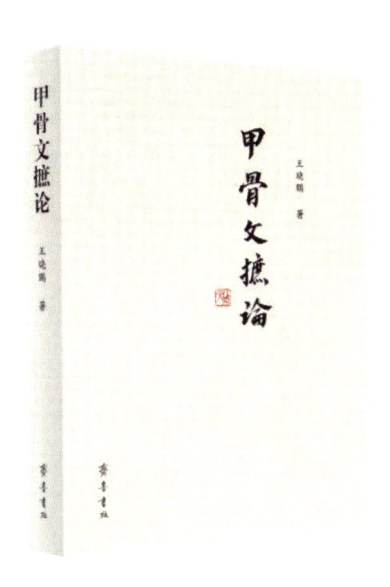

《甲骨文摭论》
王晓鹏　著
平装　32开　2023年8月出版
ISBN 978-7-5333-4776-5
定价：78.00元

本书系教育部人文社科规划项目"甲骨文义位系统综合研究"（项目号19YJA740057）成果，共分五大章节，其中第一章为重点内容，后面附录了近600个甲骨文字，并对其进行了释读。本书在已释读甲骨文字的基础上，对甲骨文的词本义系统和借表词义系统进行了梳理，考察和探讨了甲骨文单字、形位、字位与词位、义位的关系，并将甲骨文文字释读原理与甲骨文义位系统性结合起来进行研究，以便更加详审而精确地研究甲骨文文字、词和词义问题。

东瀛书事琐忆

陈东辉

1999年春天，正值樱花盛开的季节，我应聘赴日本国立福井大学中文专业任教，在东瀛工作了三年。异国独居的生活有时虽颇觉孤寂，但彼地的书店却着实令人神往，虽然离开日本已逾二十年，但至今仍然回味无穷……

日本的书店以位于东京神保町的神田书店街最为有名，仅古旧书店就达一百多家，远远超过北京琉璃厂和上海福州路的书店街。日本筑摩书房2017年专门出版过一本鹿岛茂所著的《神田神保町书肆街考》，后来由杜红译成中文之后，由文化发展出版社于2019年刊行，书名为《漫步神保町：日本旧书街通史》。另外，还有生活·读书·新知三联书店2008年出版的池谷伊佐夫所著《神保町书虫》（桑田草译）。部分涉及神田书店街的著作则更多，如广西师范大学出版社2020年出版的尹敏志所著《东京蠹余录》、九州出版社2017年出版的辛德勇所著《搜书记》，等等。

图1　日本东京神田书店街

这些书店汇集了大量汉学论著，既有近现代出版的旧著，也有刚刚问世的新作，既有日本出版的，也有中国内地（大陆）、香港、台湾出版的，还有韩国及欧美出版的，使我目不暇接，留连忘返。有时遇上一本向往已久的好书，简直比看到富士山或东京塔还高兴。我应该称得上嗜书如命，但无奈此类书籍价格一般都十分高昂，尤其是对于我们中国学者而言实在太贵，因此常常只能望书兴叹。不过即便随手翻翻，看看目录，也还是挺有收获的，因为其中的许多书我以前从未寓目，或仅知书名而已。

回国之后，我曾经几次在梦中又来到了神保町，手上捧满了各种喜欢的好书，书太多了，快要从手上倒在地下了，于是赶紧快步走向收银台，不料付款时发现口袋中的钱远远不够，非常焦急，这时梦醒了……如今想想，当时由于日本的书很贵而买得甚少，对自己未必不是一件好事。如果像我在国内一样买书，三年估计会购进一千多本书，除了书价本身对我来说就是一个无法承受的天文数字，国际运费也十分昂贵，家中书柜更加放不下了（目前已有一万三千多册，没有任何多余空间了）。

日本的书店从中国进口图书的速度很快，可以做到与中国差不多同时上架。笔者于1999年10月2—3日在大阪关西大学参加日本中国学会第51届大会时，近二十家经销中文及日文汉学图书的书店、出版社到会场设摊售书（日本召开大型学术会议时均如此），品种十分丰富，绝大多数是此前一两年出版的。《辞海》（1999年版）在中国是从当年10月初陆续上市的，而在那次会议会场的书摊上就可以买到了。同时，我还见到了《中国丛书广录》《美国哈佛大学哈佛燕京图书馆中文善本书志》《两岸四库学》《乾嘉考据学研究》《清代义理学新貌》《日本汉学思想史论考》等中国大陆、台湾以及日本刚刚出版的新书。这些书很快放进日本有关学者的书斋，有的书已在次年上半年发表的论文中作为引文来源或参考文献出现。

随意逛逛日本的汉学书店，往往能够见到不少中国出版的新书，可以由此了解国内的学术动态。记得是2001年11月初的一个华灯初上的夜晚，我在神田书店街的燎原书店（与东方书店、内山书店相似，主营中文版以及跟中国相关的图书，名气较大）见到了范凤书先生的《中国私家藏书史》（版权页上注明是大象出版社2001年7月出版，实际出书时间应该还要晚一些)。该书当时放在燎原书店中间的一张大桌子的醒目位置,应该是作为向读者重点推荐的新书之一,因此我立即盯上了该书。我站在桌子旁翻阅了大约半小时,意识到这是一部难得的高水平学术专著。此刻店中营业员注意到我了,走过来轻轻告知我,该书是前天刚刚到的,一共进了五本,已经卖掉两本,剩下的三本都在我面前的桌子上了,意思是过几天也许就售罄了。当时我确实有些冲动,想买下来,不过几次看了看书店所标的3600日元定价(当时从中国进口到日本的部头不大的图书,大多将人民币的定价乘以90之后出售。该书原价40元人民币,恰好符合日本书店的这一定价标准),同时想到自己过几个月就要回国了,最终还是忍住了。几天之后我打电话给杭州的父亲,请他到附近的书店看看有无此书,结果没有找到,由此也足见中文版书籍在日本书店上架之快。后来笔者在宁波天一阁开会时,遇到范凤书先生,还专门跟他谈及这一经历。

2002年4月初,从东瀛回到西子湖畔不出数日,我就来到此前经常光顾的位于体育场路的晓风书屋,问有否《中国私家藏书史》,小姜(就是姜爱军先生,他是目前在杭城各处创办了二十余家分店、拥有四十万固定书友的晓风书屋掌门人,同时堪称杭州图书界乃至文化界名人的朱钰芳女士的丈夫。虽然他俩已经并不年轻,但我与他俩在1996年底最初的杭州晓风书屋于保俶路开业时就相识了,因此一直称他俩为小朱、小姜)热情地从里面的一排书架上取出该书,说是不久之前才到的,店里就剩下这一本了。我十分惊喜,连连道谢,不过一看是平装本,而并非我在东京燎原书店见到的精装本。一般情况下,如果同时有平装本、精装本可供选择,因为平装本便宜一些(该书平装本定价32元),所以我会优先考虑平装本。而那次不同,也许是燎原书店的精装本给自己留下的印象太深刻、太美好了,于是对小姜脱口而出:"有精装本吗?"小姜说仓库里还有,爽快地马上打电话调货,告诉我次日中午之前书可以到店里。次日下午,我迫不及待地去买了精装本,照例享受八折会员价(当时尚无电商平台,八折已经十分优惠了)。该书后来另有大象出版社2009年修订本和武汉大学出版社2013年修订本,由于经常需要参考和引用该书,因此这两种修订本我也买了,然而自己最喜欢的还是那本在东京燎原书店首遇、在杭州晓风书屋购买的初版精装本，不仅仅是因为它典雅的蓝色护封，更因为它带给我的美好回忆……或许这就是所谓的书缘情结吧。

在日本，不但买新书容易，买旧书也较方便。笔者当时到过的许多汉学书店中，不但有大量二十世纪七八十年代和九十年代前期问世的图书，而且还可以见到不少二十世纪五六十年代甚至二三十年代的出版物，其中的一些书在中国的有关图书馆中也已很难找到了。位于东京大学南面的琳琅阁书店以经营此类旧书为主，品种尤为丰富。

特别值得一提的是，位于东京JR山手线代代木车站附近的东丰书店，是我至今到过的所有经营汉学图书的书店中品种最为丰富的。该书店新旧兼备，店面虽然不算大，但店中每一处可以利用的空间都顶天立地、密密麻麻而又井然有序地堆满了各种汉学图书，其中有些书在收藏汉学图书十分丰富的东京大学和京都大学的图书馆都难以找到。

在日本的一些汉学研究者中流传着这样一句话：凡是在其他地方找不到的书，就去东丰书店找。笔者久仰其名，2001年金秋去东京时，一下火车，就直奔该店，果然名不虚传，令人惊喜。该书店的营业员仅有一人，既是店主又是员工，是一位年过六旬的老者，据说是台湾人，早年毕业于著名的东京大学法学部。虽然他不善言谈，对顾客也不如一般日本书店的店员客气，但他甘于寂寞，默默无闻却倾心尽力地经营该书店数十年，千方百计为顾客找书。他和他所经营并为之献身的东丰书店，给我留下了极为深刻的印象。我想这样的汉学书店，在全世界即使不是独一无二，也当属凤毛麟角。

除了中国本土，日本的汉籍文献学研究者是世界上最多的，其研究的内容几乎涉及汉籍文献学的所有领域，成果极为丰硕，乃日本汉学研究的重要组成部分，在整个日本学术界的地位也很高。日本学者关于汉籍文献学研究的成果，在不少方面甚至超过了中国学者，非常值得我们关注和借鉴。长泽规矩也、阿部隆一、川濑一马、神田喜一郎等日本古文献学大师的皇皇巨著令人叹服！在日本期间，我有机会接触到较多的日本学者关于古文献学的论著。虽然教学任务繁重，但我还是抓紧点滴时间拜读了多达数百万字的《长泽规矩也著作集》等书，大大开阔了视野，深感受益匪浅！

他山之石，可以攻玉。在日本的大学讲学和研究三年，我在学术上有一个很大的感触,就是由于种种原因,中国大陆(内地)学者对日本及欧美汉学界的研究成果(尤其是新的研究成果)关注甚少,与台湾、香港地区同行交流稍多,但仍远远不够。例如,兴膳宏、川合康三两位日本学者合著的《隋书经籍志详考》(日本汲古书院1995年版)洋洋八十余万言,详尽而严密地考证了《隋书·经籍志》及中国目录学史上诸多重要问题,价值很高,但中国内地出版的古文献学论著中却很少提及。

相反,日本学者对中国以及韩国、欧美等地出版的汉学论著十分关注,信息灵通,加上经济条件远较中国学者优裕,所以有条件大量购买此类书籍,与自己专业研究相关的论著几乎竭泽而渔。笔者参观过多位日本友人的书斋,收藏均十分丰富,即使就中国出版物而言,似乎也不比中国同行逊色。他们插架琳琅,坐拥书城,令人羡慕不已!

我在日本国立福井大学任教时的同事与挚友永井崇弘先生,虽然当时刚过而立之年,却已经拥有藏书五千余册,包括不少线装书和古旧书,其中有一些较为珍贵的书籍。他每次来中国,总要买几大箱图书,而很少带回其他东西。说起来也许别人难以置信,在号称"电器王国"的日本,当时他的住所只有一台九寸小电视机,而有时为了买一本心爱的旧书(在日本,有价值的旧书往往比新书还贵许多),却要花去五六万日元。同样的钱,在日本可以买一台名牌大彩电。永井先生为学术而献身的精神,着实令人尊敬!

图2 日本宫内厅书陵部

在日本期间,我曾多次赴东京、大阪、京都、名古屋、横滨等地的多家书店访书,并参加相关学术会议,同时还专程参访过宫内厅书陵部、静嘉堂文库、东洋文库、大仓集古馆等,收获颇多。

在东京召开的一次研讨会上，我结识了时任庆应义塾大学附属研究所斯道文库教授的著名书志学家高桥智先生。2011年初，我把在台湾刊布不久的拙著《中日典籍与文化交流史研究》寄给他指正，他回赠了我一本日本东方书店2010年9月出版的大作《书志学のすすめ——中国の爱书文化に学ぶ》，堪称令人欣慰的书缘！

现在回想起来，当初在东瀛访学时，未能买下《长泽规矩也著作集》，始终觉得是一大遗憾！然而该书多达十卷，装帧考究，价格实在太高（当时售价11万日元），同样的费用在国内差不多可以购进十套《汉语大词典》，在日本则几乎能够配齐全部常用家电了。不过那时为了这部十分钟爱的著作，而数次在东京的琳琅阁书店、东丰书店和京都的朋友书店"三进三出"之"痛苦"经历，后来却成了自己美好的回忆，至今历历在目，宛如昨日……或许曾经到过日本访书的师友对此深有同感！

当然，日本也有一些价格比较便宜的学术性图书，例如有政府拨款的公立机构之出版物定价相对较低（我国台湾地区也是如此，这一点很值得我们借鉴）。我手头有一本当时在京都朋友书店购买的红色封面的《东洋学文献类目（1998年度）》。该书由京都大学人文科学研究所附属汉字情报研究中心于2001年3月编集、出版，虽然是平装，但这本16开的工具书厚达800页，并且用纸考究（日本某些通俗性的图书，比如漫画等虽然定价不高，但用纸、装帧都很一般），不过定价只有1500日元（当时大约相当于110元人民币，现在日元贬值，折合成人民币只有不到80元了，比我们中国同类书籍低廉不少），相对于日本的物价和人均收入而言，可以说相当亲民了（上文提及的那本高桥智教授寄赠给我的著作，采用32开平装，不到300页，定价2000日元，与大多数日本学术性图书的价格基本持平）。

当时之所以买这本书，除了价格实在太诱人，还因为该书对我很有用，并且著录了笔者在1998年发表的四篇论文（全部放在该书的"书志学"部分），于是毫不犹豫地买回来留着纪念。2016年1月，笔者在北京国家图书馆发现，1991年度之后的《东洋学文献类目》，几乎每一本均著录我的数篇论文，不过该书在国内想买也买不到。好在目前有名为"东洋学文献类目检索"的网站可供使用，不过我觉得纸质版仍有其方便和可靠之处，网站并不能完全取代纸质版。

有些书不算很贵，不过似乎也不便宜，包括一些多次重印的常用图书。笔者经常查考的藤岛达郎、野上俊静所编的《东方年表（掌中版）》（掌中版大致类似于我们所说的袖珍本吧），是日本平乐寺书店于1955年1月刊行的，此后不断重印，我手头这本已经是2001年1月第34次印刷本，可见发行量极大。该书采用小64开软精装，纸张甚好，不过只有160多页，定价1100日元，绝不便宜。

赴日之前，中日文化交流史已经是我的主要研究方向之一，因此早就关注到《东方年表》。到了福井不久，我在市中心的纪伊国屋书店（福井规模第一的书店，同时也是日本最大的连锁书店，在其他国家也有不少分店）找到了该书，不过当时觉得有些小贵，就想等以后有销售活动时再买。当时一个月左右会去一次这家纪伊国屋书店，两年多过去了，仍然没有遇到我盼望的有折扣的销售活动，于是在2001年夏天的一个傍晚去该书店时，按照原价（还需要加上百分之五的消费税，也就是55日元，现在已经调高至百分之十了。在日本购买其他商品时，也需要加上消费税，除非标明"税入"）买下了这本书。福井的纪伊国屋书店有点类似国内地市级的新华书店，虽然规模较大，图书品种也较多，但是专业性稍强的学术性著作则很少，因此除了这本《东方年表（掌中版）》，以及回国之前使用在福井县日中友好协会举办的庆祝2002年新年活动的抽奖环节中抽到的1500日元购书券，再加上自己的180元现金，购置了祥传社1999年出版的杉山彻宗所著《中国4000年の真实》（32开精装，不到300页，定价1600日元），我在那里没有买过其他书。

日本许多大众读物同样价格不菲。书柜中的"上撰の旅"系列的旅游手册《京都》，乃日本昭文社1999年7月之初版，系32开平装，彩色印刷，将近500页，定价1300日元，这样的书价在日本较为普遍（学术性图书除外）。记得该书是2000年金秋与两名福井大学的中国留学生一同去京都、大阪、神户旅行之前，在福井大学生协的小书店买下的。因为生协（全称是"大学生活协同组合"）属于校内的非营利组织，所以在那里买东西大多有点小折扣，书籍一般可以打九折。可惜生协店铺中书的品种比较有限（教材、常用工具书、杂志比较多），很少有我感兴趣的图书。我在那里买过东京、大阪、京都、福井等地的地图，以及几本诸如《易解汉字读音手册》（32开平装，不到400页，定价1800日元）之类的关于日本汉字、日本文化方面的书籍。

值得一提的是，日本印制的地图质量真的太好了！比如那张在福井大学生协购买的昭文社1999年1月刊印的福井市地图（装在一个窄32开硬纸板盒套中，全张、4开地图各一张，高级铜版纸彩色印刷，定价714日元），我在日本用了三年，不断查阅，有时还放在自行车车筐里，一直没有破，保存至今。

说到折扣，新书在日本很少打折出售，九折算友好价格了，八五折买到的话则十分开心了。在我的印象中，即使偶尔有书店搞新书促销活动，八折应该是优惠上限了（极少遇到）。如今当当、京东等平台动不动全场五折、部分品种满三百减一百（或一百五、两百）甚至更低折扣的促销活动，在日本是闻所未闻的。

就日本全国而言，专营中文图书及日文、韩文、西文汉学出版物的著名书店有东丰、东方、内山、中华、中国、朋友、燎原、亚东、鹤本、山本、琳琅阁、通志堂以及中文出版社门市部等。这些书店都编有详细的订书目录，一般每月出一册（有几十页甚至一两百页，书柜中有一本1997年2月琳琅阁书店编印的《琳琅阁输入书目录》，居然将近300页，看上去就像一本工具书了），寄赠给日本各地的相关研究者和单位，使他们即便不去东京、大阪、京都等大都市的书店，也可以通过邮购等方式及时买到自己需要的书籍。有的书店编印的这类册子，不仅刊登书目，而且还有书评及相关文章，如东方书店的《东方》、内山书店的《中国图书》、燎原书店的《燎原》等。

此外，日本学者可以很方便地通过上述书店订阅中国大陆（内地）和台湾、香港地区出版的学术性期刊。日本的书志学（与中国的文献学比较接近）研究者一般都订有中国国家图书馆主办的《文献》杂志和台湾学生书局主办的《书目季刊》，而中国大陆的古文献学研究者却较难读到日本汲古书院主办的《汲古》杂志（以刊登书志学论文为主，有点类似中国的《文献》）、日本书志学会主办的《书志学》杂志（已停刊）、日本汉籍研究会主办的《汉籍：整理と研究》

以及台湾地区的《书目季刊》等。

2002年春天我从日本回国后,曾经很想在我所任教的浙江大学为相关专业的研究生及本科生开设一门名为"日本汉学概论"的课程,并准备边讲课边写讲稿,最后形成一部专著,同时也可以作为教材。然而这一美好愿望至今未能实现,我内心也知道,由于时间、精力、资料等种种主客观条件所限,要完成这项计划对于自己而言难度越来越大了,不过我还是热切盼望将来能有机会实现(或部分实现)自己的心愿!

记得我所在的地处日本北陆的福井冬季多雪,夜晚寒冷、漫长而又寂寞,当时我一人在外,白天忙于教学工作,晚上有一些时间可以看自己感兴趣的书,其中有不少就是上述汉学书店,以及中文出版社、汲古书院等按期寄赠给我的订书目录。令我感动的是,虽然我在上述书店均购书很少,但当他们知道我非常喜欢这些书目后,还是按期寄赠给我,直到我离开日本回国为止。

尤其是琳琅阁书店,估计笔者是回国之后,给他们写过一封感谢函,其中提到,以后见不到该书店的书目了,有些遗憾,因此该书店后来又给我寄过好几期书目。再后来,考虑到邮费较高,并且我回国之后在该书店并未购书,于是主动发邮件给他们,除了由衷感谢,还请他们不要再寄书目给我了。现在琳琅阁书店有自己的网站,内容丰富,我还是会时常浏览一下。

明末清初著名文学批评家金圣叹曾曰:"红袖添香读闲书,雪夜闭门读禁书,秉烛执酒读奇书",将其视为读书的至妙境界。我当时还是单身,并且不嗜烟酒,前后两种境界自然无法体会,中间一种倒沾得上一些边,只是应将"禁书"改为"书目"。回到杭州后,每当寒冷季节里夜深人静的晚上,我的眼前常常会浮现出这样的情景:在位于福井市大宫4丁目8番25号公寓三楼居所,我有时望着窗外的鹅毛大雪,俯视楼下已经厚达数十厘米的皑皑白雪,边翻阅书目,边品尝从家乡带去的龙井香茶……如此之诗情画意,今后还有机会细细品味吗?

此外,我还记得当时去东京大学图书馆和东洋文化研究所、京都大学图书馆和人文科学研究所、早稻田大学图书馆、日本国立国会图书馆等机构查阅资料时，为了节省时间，一般都是从附近的便利商店买两个面包和一瓶饮料带进去，充作午饭，由此可以多抄几条书目、篇名和资料。此前出版的我的《中日典籍与文化交流史研究》《东亚文献与语言交流丛考》《汉语史史料学》《清代学术与文化新论》等多种著作中的不少内容之前期资料搜集工作，都是在日本期间完成的。

可以这么说，我喜欢东京的繁华、横滨的美丽、京都的典雅、奈良的古朴、福井的恬静、北海道的辽阔，喜欢樱花和红叶，也喜欢生鱼片和日式拉面……但我最喜欢的还是日本那些令人流连忘返的汉学书店及其内容丰富的书目。

图3　东京大学图书馆

图4　日本国立国会图书馆一景

图5　日本国立国会图书馆

2013年盛夏，受学校委派，我与当时的浙大图书馆黄晨副馆长、古籍特藏部高明主任一同专程赴日本大仓集古馆、东京大学图书馆等交流并访书，又一次去了东京神田书店街以及东京大学附近的多家书店（我的《东亚文献与语言交流丛考》一书的前勒口之照片，即为当时我在神田书店街的东方书店访书时拍摄），流连忘返，感觉还是那么美好！

图6　东京大仓集古馆

这篇琐忆的撰写过程，可以说是对自己曾经在东瀛度过的紧张而又充实的一千多个日日夜夜的一次十分美好的回忆，令人喜悦！此时此刻，我非常想念在福井期间给过我真诚帮助的永井崇弘、儿玉玲二、泽崎久和、前川幸雄等诸多日本友人……

同时，我也十分怀念给自己留下许多美好回忆的令人神往的东京神田书店街，忘不了曾经在秋天华灯初上的迷人"书香"氛围里，在各家书店挑挑拣拣的温馨时光，也忘不了珍藏至今的日本各大汉学书店当时寄赠我的书目，还有当时东京神田书店街举行"古书祭"（也就是古旧图书展销会）时专门印制的书店街地图，更忘不了在福井"雪夜闭门读书目"时，忽然听到窗外移动售货车的喇叭中传来悦耳而又诱人的"やきいも"（焼き芋，翻译成中文就是"烤番薯"）的叫卖声……如此神仙一般的日子，今后还有机会享受吗？

"愚斋藏书"与近代中日图书流转

吴 平

盛宣怀（1844—1916），字杏荪，号次沂、愚斋、止叟，武进（今江苏常州）人，官至邮传部尚书。盛宣怀是清代洋务派的代表人物，先后参与了轮船招商局、天津电报局、中国电报总局、华盛纺织总厂、通商银行、汉冶萍公司的创办和经营，既为清王朝创造了丰厚的利润，也为自己带来了殷实的家产。

一、"愚斋藏书"的日本来源

盛宣怀治事之余颇寄情于图书和金石拓片，收得元和灵鹣阁江标、巴陵小玲珑馆方功惠、仁和退圃王文韶、常熟旧山楼赵宗建之书。其中方功惠早在光绪初年就派人到日本去购书，以较低的价格买到了佐伯文库的藏书。

清光绪三十四年（1908）9月2日（农历八月初七），盛宣怀赴日本治病，顺便考察钢铁厂矿和银行，又购得日本出版的中国古籍及其关于财政、医学方面的书籍归国。当时日本的线装古籍的价格非常便宜，吸引了不少中国人前往购买，盛宣怀也不例外。他在就医之外，广事搜求图书。日本的书商听说这位中国的达官贵人有意收购旧籍，纷纷送书上门。在他的《东游日记》中就有购书的记载：

（九月）十五日，阴。文求堂主人送书来看，经史子集约略具备，选购得数百种，内以钱牧斋选刻之杜诗、列朝诗集及明刻之管子，仿宋本之李白全集等数种为最。因是东京各书肆，颇有闻余嗜书者，络绎送观，大可排遣，随阅随购，统计新旧不下千余种。据彼都人士云：日本从前旧书甚多，中国人来此收买者以汉阳杨惺吾大令（守敬）为最早最多，继之者有德化李木斋星使（盛铎），瑞安黄仲弢学使（绍箕），此外之零星搜求以及贩售逐利者，时时而有。……余意本备将来开办图书馆，公诸同好。与收藏家不同，故和汉新旧，不拘一格。惟山海壤流，愧无以裨助学界尔。

（十月）二十日，晴。西京书贾送书来寓，选购新旧各籍约又四百余种。

从以上日记可以看出，盛宣怀在日本购置图书还是经过一番挑选的。由于他经济实力雄厚，日本的书商纷纷上门兜售，这为盛宣怀的购书提供了很大的方便。

盛宣怀从日本回国后，仍然根据自己的需要从日本购置图书。如宣统元年正月二十二日，他为组织人力翻译《明治财政史》一书，专门致信驻日本国公使胡惟德，请他代购《明治财政史》及其他法律、经济方面的书籍和字典，如《明治开国五十年全史》《法律经济辞典》《法律辞典》等。同年5月，丁福保奉端方命，特派为考察日本医学专员，盛宣怀得知此事后，又具咨文一通，请丁福保转交胡惟德，同时由正金银行汇出日币1000元，其中500元请胡惟德代购医药等有用之新书。

辛亥革命爆发后，盛宣怀逃亡日本。虽然身处逆境，盛宣怀还是念念不忘收藏图书。他一方面在日本继续购置图书，另一方面为防止国内图书散失，特地在日本筹措了二万元，托可靠之人带给寓居上海的赵凤昌，请他在国内帮助收购图书。1912年10月他致信赵凤昌，说："近日常赴公园各图书馆博览群籍，华洋今世无所不有。闻罗叔蕴、董绶金辈各携所藏而来，深有慨于吾华数千年名哲精英沦落于外人之手一去不返……公襟怀夐远，若到此一览，当无不喟然长叹也。弟前因上海为各国聚处，可以持久不变，特建图书馆一所，以便士林。闻南中旧家藏书迫于乱离，倾箧而出，若能趁此时广为搜罗，未始不可为东南保全国粹。公谅有同心。兹先措上日金二万元，交妥便带上，到日即请查收，代为留意收买。俟奉复翰，再当续筹，大约以四万元为度,专买未见之书,亦不必呶呶。他日馆成,归国时尚当奉约以董斯馆。"

二、愚斋图书馆的创立及其理念

盛宣怀萌发建立图书馆之念,始于光绪三十二年(1906)。他从办实业、办教育的实践过程中体会到自己不必像藏书家那样去建一座藏书楼,而应该去建一座图书馆。盛宣怀考虑到上海作为当时全国第一大城市,没有一座公共图书馆,与上海大都市的地位不相符,曾与两江总督端方相约,各自献出藏书,在上海合建"松滨金石图书馆"。盛宣怀还先刻好"贻之子孙不如公诸同好"的印章。不料端方在南京另建图书馆,盛宣怀只好自行其事。

东游日本时,盛宣怀特意参观了规模最大的帝国图书馆、经营方式最新的私立大桥图书馆,对日本图书馆的管理方式作了详细的考察,作为建馆的借鉴。

盛宣怀还会见了先期到日本养病的张元济,明确告诉他,"此来欲观览图书馆、博物院章程,以便在沪仿行"。表明他在日本参观图书馆、博物院及其章程后,准备在上海仿效开办图书馆。张元济对此深表赞同。从《愚斋东游日记》的记载可以看出,盛宣怀的藏书态度是比较开明的,他不是为了奇货可居,而是为了创办图书馆以"公诸同好"。

从日本回到上海后的第二年(宣统元年),盛宣怀"乃慨然于上海为全国第一大埠,无一图书馆建设,殊为缺点。乃即就住宅东偏,度地鸠工,经营半载,幸获观成"。愚斋图书馆位于今南京西路成都路口,占地十余亩,由盛宣怀亲自规划,布置庭园。宣统元年(1909)十二月十九日,他写信给缪筱珊,索求设计图纸:"愚斋所立上海图书馆现已开工,地十余亩,拟小作丘壑。尊处所拟图样,乞速抄示(南洋有东西洋书籍否?上海需兼而有之),以便摹仿。此间已三易稿。"打算按照江南园林的式样在图书馆周围设小丘、小池。

宣统二年(1910)十月,上海图书馆落成(后改名"愚斋图书馆"),清朝廷赏赐"惠周多士"的匾额,表彰他向公众开放图书的义举。

愚斋图书馆充分体现了盛宣怀收藏图书的理念：

1. 盛宣怀首先注重"有用之学"。当时大量西方的、日本的图书被翻译介绍到中国，中国的一些学者也在积极运用新学著书立说，于是出现了许多与传统古籍有所不同的"新书"。盛宣怀从讲究"实用"的目的出发，购置了很多这一类的图书，以满足他办企业、办银行的需要。在"盛宣怀档案"中，有一份《戊申九月于日购送各书籍》的清单，是盛宣怀于光绪三十四年（1908）赴日期间自己购书及友人赠书的目录。从这份图书清单可看出，盛宣怀购置图书的目的与黎庶昌、杨守敬有所不同，他特别注意经济、法律、医药卫生等方面的书籍。

2. 盛宣怀主张藏书要古今兼收，中外并蓄，才能达到"实用"的目的。可见盛宣怀收藏图书并不像当时的一些藏书家那样，将外国图书或本国宣传新政以及介绍自然科学知识的图书等而下之，恰恰相反，他将这些图书看得与传统古籍同样重要，认为外国图书是了解这些国家的科学文化的重要资料。

3. 盛宣怀积极主张私家藏书要向社会开放，满足公众需求。盛宣怀一向重视人才，尤其重视各种新型人才，他认为创办公共图书馆是培养这种人才的重要条件。早在他创办南洋公学之时，在光绪二十四年（1898）六月十二日所定《南洋公学章程》第六章"藏书译书"第一节规定："公学设一图书院，调取各省官刻图籍。其私家所刻及东西各国图籍，皆分别择要购置，庋藏学堂，诸生阅看各书，照另定收发章程办理。"

4. 求全不求精。盛宣怀一直关注愚斋图书馆编目工作，他在写给缪筱珊的信中说："昨奉手示，书目已完，深为感慰。秋后拟即开馆，大约阅书室求备不求精。弟勿虑宋元本之少，甚虑种类之不齐耳。都中携回善本亦属无多，且恐缺短，已命五儿即日检送书馆，即乞补入书目为幸。""求备不求精"正是现代化图书馆藏书建设的要求。

自19世纪下半叶以来，少数私家藏书楼开始有了部分开放的举措，孕育着向图书馆转型的趋势。盛宣怀则顺应时代潮流，为"公诸同好"、培育人才、推动社会进步而创立图书馆，先进的理念与全新的实践相得益彰。

1916年4月，盛宣怀去世后，一般人都以为愚斋图书馆的工作停了下来，一直没有对外开放。但从以下两条记载可看出愚斋图书馆还在接待读者：1927年1月4日，董康为编《盛明杂剧》二集，"比来沪渎，从盛氏遇（愚）斋图书馆藏本补刻七种"。"武进某君……曾至盛氏藏书处细阅，只见有《元曲选》，并无此书。后盛氏书由政府中某氏赠给了约翰大学图书馆，再度检阅，也无此书在内。"

三、愚斋图书馆藏书的流转去向

1932年，盛家的产业变卖捐献，自1933年起，愚斋图书馆的藏书由民国政府分给了圣约翰大学图书馆、交通大学图书馆、山西铭贤学校。

1934年8月出版的《浙江省立图书馆馆刊》第3卷第4期"图书馆消息"《盛宣怀遗书之流转》报道：1934年，盛宣怀的家族将愚斋图书馆中的普通本，分别捐赠给圣约翰大学、山西铭贤学校及由南洋公学改成的交通大学，据说以圣约翰所得最多。1952年，捐赠给圣约翰大学的古籍又调拨给华东师范大学图书馆，共6666种、66607册。该馆一直将愚斋藏书作为特藏，仍旧保存原有的分类和排架号码，与其他线装古籍分开陈列。

纵览华东师范大学图书馆收藏的愚斋藏书，可以看出日本古籍较多，有705种，其中抄本有53种。如按四部分类，则经部63种、史部94种、子部380种、集部168种。在这些日本古籍中，有日本人刊印的中国古籍，如《毛诗蒙引》二十卷，卷首一卷，明唐士雅撰，陈子龙重订，日本宽文十二年（1672）邺上平乐寺刻本；亦有日本人校注、阐释中国古籍的著作，如《诗经小识》八卷，稻义撰辑，日本延享五年（1748）念浪义福资钞本；还有日本人的汉文著述，如《庆应十家绝句》二卷，内田修辑，日本庆应四年（1868）东都书林万青堂刻本；《青年诗文集》一卷，青木辅清辑，日本明治十四年（1881）刻本。

1962年，华东师范大学图书馆将愚斋藏书中"子部医家类"图书调拨给上海中医学院（现为上海中医药大学）图书馆。这批图书共有310种、2213册，其中日本刻本129种，日本抄本11种。

这些日本图书较为珍贵的有日本医学教授丹波元坚朱笔校勘的日本刻本《金镜内台方议》，钤有"奚暇斋读本记"之印；日本江户时代末期的著名学者山田业广令其子秀俊抄写并亲自校读过的日本抄本《洪氏集验方》，钤有"九折堂山田氏图书之印"；还有钤有"稽医馆印"的日本刻本《（新刊续添）是斋百一选方》《运气论奥疏钞》等。

和刻本中医古籍有《瑞竹堂经验方》《是斋百一选方》《苏沈良方》等。

日本汉方医籍则有古方派吉益为则的《类聚方集成》《古书医言》，中西惟忠的《伤寒名数解》；后世派中山三柳的《病家要览》《（新增）愚按口诀》；折衷派浅田惟常的《伤寒辨要》《先哲医话》《杂病辨要》；近世汉方医学考证学派喜多村直宽的《伤寒论疏义》《金匮玉函要略方论疏义》等。

1956年，捐给交通大学图书馆的愚斋藏书577种、16002册调拨给合肥师范学院图书馆。1970年，合肥师范学院迁校芜湖，1972年，更名安徽师范大学。"愚斋藏书"在运往芜湖途中，又遗失了一部分。该馆现藏有愚斋图书360种、10000多册，其中日本刻本45部（多为子书），日本抄本3部。

山西太谷县铭贤学校是孔祥熙的母校，当时是孔祥熙的大女儿做校长，所以被她争去了一部分愚斋藏书，共计1355种、7899册。日本刊本较多是铭贤学校所接受"愚斋藏书"的一大特点，据1937年《铭贤图书登记簿：中文古籍》著录，日本刻本有70种。1951年，该校更名为山西农学院；1979年，又更名山西农业大学。

山西农业大学图书馆现存"愚斋藏书"中，日本刻本有23种。其中较为珍贵者有日人释大我绝外著《金錍论》二卷。日本宝历十一年（1761）京师书房柳枝轩小川多龙卫门刻本。前有宝历十一年金龙道人释敬雄撰序，后有宝历十一年秋七月武城金龙山东溪法善院亮丰所撰跋。

据郑振铎先生记述，抗战期间，愚斋藏书中的善本由上海的中国书店收购后再一销而尽："至中国书店，见平沪诸贾纷集，若有所待。询之，云：郭君方自城中得盛氏书数十捆，即可至。余乃亦坐候。书至，中乃有席刻唐诗及《唐诗类苑》，遂选得之。""石麒近从城中购得盛氏书数十捆，多常见之物。惟中有席刻《唐百家诗》及《唐诗类苑》，余乃并收之，价且奇廉。"这批书有不少流往海外。

1953年，日本天理图书馆出巨资收购了愚斋藏书236种，共1367册。其中有明刊本《程氏墨苑》、《增修互注礼部韵略》和

> 太歲丙午仲夏
> 秀岩書堂重刊

《新刻全像达磨出身传灯传》等，皆钤有"愚斋图书馆藏"印。例如：

《增修互注礼部韵略》五卷，（宋）丁度撰，毛晃增注，毛居正校勘重增，元至正二十六年（1366）秀岩书堂刊本，共十册。原苏曼殊、盛宣怀愚斋等旧藏。严绍璗按：每半叶有界十一行。注文小字双行，行二十八字。黑口，三黑鱼尾。左右双边（21.2厘米×13.9厘米）。版心题"毛韵（韵）一（——五）"，下记叶数。内题次行曰"衢州免解进士毛晃增注　男进士居正校勘重增"。卷一末有刊印木记，卷中有"曼殊图书之印""愚斋图书馆藏"等印记，系盛宣怀旧物。

《新刻全像达磨出身传灯传》四卷，（明）朱开泰撰，明杨丽泉清白堂刊本，共一册。严绍璗按：此本上图下文，四周双边（20.0厘米×11.5厘米）。上图高7厘米，下文每半叶十行，行十七字，纸高13厘米。版心镌刻"达磨全祖传"或"达磨全传"。卷一与卷三，内题首行书名曰"新刻全像达磨出身传灯传"，卷二首行书名曰"新锲全像达磨出身传灯传"，卷四首行书名曰"新刻达磨传灯传"。卷一内题次行曰"书林　丽泉　杨氏梓行"，卷二内题次行曰"书林清白堂　杨丽泉　梓行"，卷三内题次行曰"逸士　朱开泰修选　书林清白堂　杨丽泉　梓行"。卷中有缺叶、破损。卷中有盛宣怀氏"愚斋图书馆藏"印记等。

中日两国的文人士大夫、学者和收藏家为中日间古籍的流转起到了非常重要的作用。在日本流传到中国的书籍中，专门为研究日本而收集的古籍却比较少。目前在中国大陆各地图书馆的藏书中，并没有将这部分书籍作为日本图书来进行分类，而是混杂在中国古典文献的类别之中。正因为有这种不同于欧美各国图书的日本古籍的收藏特征，在中国要想了解掌握日本古籍的现存状况非常困难，以至于近代以来在对日本的研究方面，利用日本古籍原版的研究成果少见。就这方面意义而言，收集整理日本古籍，将对近代以来的日本研究产生很大的

作用。近代中日间愚斋藏书的流转，不仅仅是盛宣怀的个人兴趣爱好所致，也是中日间古籍交流漫长历史中的重要环节，是近代中日两国社会变迁的真实反映。

中国大陆的"愚斋藏书"流转各高校后，面向读者开放。前来阅览的读者甚多，其中也有日本、韩国、欧美各国的学者，真正实现了盛宣怀当年"公诸同好"的愿望。

（本文是作者在2006年7月4日于日本东京二松学舍大学的讲演稿，7月6日再讲于日本国文学研究资料馆。2023年再次修订）

新书快讯

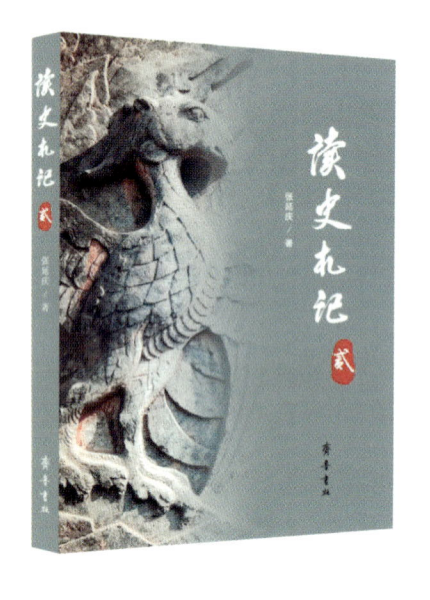

《读史札记（贰）》
张延庆 著
平装 32开 2023年10月出版
ISBN 978-7-5333-4788-8
定价：40.00元

　　本书是作者十余年品读史书的心得体会。全书共包括约50篇文章，文章篇名如宽恕、容止、如一、中的、反覆、感悦、惑溺、谦退、有行等，多从史书中提炼而来。本书内容以品读二十四史为主，又兼顾对其他史书如《左传》《汉纪》《后汉纪》的品评等。内容采用图文结合的形式，文笔凝练晓畅，语言深入浅出，主题明确深入。作者围绕忠孝节义等内容，在直抒胸臆的同时，重视间接隐性的揭示。延续《读史札记（壹）》的写法，每篇的开头或结尾多有表明主旨的语句，用以表明篇章的主题或意图。

专注、精粹与雅趣

——写在《藏书家》创办25周年之际

《藏书家》是刊发有关书籍文献知识以及与之关联的人、物及其掌故的一本小书。在这个碎片化阅读渐成主流的时代，她致力于为读者奉上一份独特的阅读体验：在这里，您可以了解到一本书的前世今生，由书而起的藏书人、爱书人的悲喜交集，以及一切因书而生的这世间的各种缘起缘灭……无论岁月静好还是光阴蹉跎，即将迎来25周岁华诞的《藏书家》，始终会保持一贯的宗旨：专注，精粹，雅趣。

"专注"，是她的做书态度。她心无旁骛地专注于可藏之书及书后站立的人物，轻拂岁月漫漶的尘埃，披拣字里行间的碎玉遗珠，还原一段不为熟知的过往，不惟赚取一份喜悦抑或一声叹息，更为记录一段历史，致敬那些高贵的爱书人。

"精粹"，是她的内容风格。她所收录的文章不是长篇大论的学院高堂艰深之作，而是短小精悍、纯粹单一、文思跳跃的书房小品。精练生动的文字，佐以必要的图片，图文互生、文图并重是她力求呈现的风貌。

"雅趣"，是她的美学追求。阅读不仅是一种求知的方式，更是一种生活的方式。古今中外，人类生活方式林林总总，《藏书家》是追求雅趣的一款：典雅而有趣味。我们对生活的热爱，对书籍的喜欢，对传统的敬畏，将会以雅洁而生动的文字得到表达，从而反哺现实的人生。

在这个喧嚣的世界，谨希望《藏书家》能撑起一片宁静的阅读空间，让每一位读者都能在书籍中找到属于自己的快乐与祥和；让我们一起沉浸在文字间，感受那份专注、精粹和雅趣带来的美好。

感谢选择《藏书家》这本小书，期待与您一起开启美好的阅读之旅。

王路

2023年12月1日

《藏书家》征稿启事

齐鲁书社《藏书家》创办于1999年4月，迄今已经出版24年24辑。为连续出版的杂志性丛书。专门刊发与藏书有关的书事、书人、书话、书斋等相关文章，反映古今中外有关图书的历史、知识与文化。自明年起，恢复每年定时出版两辑。每年1月份推出一辑，6月份推出一辑。

一、稿件要求

文章须为原创。体裁不限，考据、随笔、散文、游记、传记均可。来稿一般是图文结合的文章。主要栏目设置有"雪泥鸿爪（书海钩沉）""缥缃轶闻（书林逸事）""版本考据（版本探原）""书界撷英（书海名家）""琅嬛琐录（书界琐记）"等。往期《藏书家》有关文稿等信息，可登录当当网、京东商城查询。

投稿文章，字数以3000～8000字为宜，插图3～8幅。电子版文字稿采用WORD格式；图片采用JPG格式，像素一般在300KB以上。

热诚欢迎赐稿。来稿一经刊用，即支付稿酬。本稿酬同时包含电子版稿酬。所投稿件被《藏书家》采用刊发，视同作者同意将文稿的修改删节权和图文版权同时授予齐鲁书社《藏书家》。

二、稿件格式

引文出处与注释文字，一般使用页下注形式。每页单独重起编号，用①②……

（一）专著的著录格式为："作者（或编者）：书名（卷、册），出版社所在地：出版社名，出版时间，页码。"示例如下：

司马迁撰，裴骃集解，司马贞索隐，张守节正义：《史记》卷一《五帝本纪》，北京：中华书局，2013年，第12页。

（二）论文著录格式为：作者：篇名，刊名（或连续出版物名），刊期（或出版社，出版年），页码。示例如下：

①吴羽：《论中晚唐国家礼书编撰的新动向对宋代的影响》，《学术研究》2008年第6期，第102-107页。

②吴丽娱：《从唐代礼书的修订方式看礼的型制变迁》，《中国古代法律文献研究》第8辑，社科文献出版社，2014年，第148-177页。

（三）来稿请注明作者主要信息，包括姓名、工作单位、学术职称、研究方向、联系方式等。

三、稿件处理

编辑部一般在收到来稿后三个月内将审稿结果通过微信、电话或电子邮件告知作者。由于各种不确定因素，若编辑部未能如期告知审稿意见的，请作者于三个月后主动咨询稿件进度。如需撤稿，请及时告知。

（1）电子版投稿信箱：qilucangshujia@163.com（《藏书家》编辑部电子信箱），1843089963@qq.com（执行主编电子信箱）。

（2）纸质版投稿请寄：

山东省济南市市中区舜耕路517号书苑广场第9层齐鲁书社《藏书家》编辑部。邮编250003，电话82037075（办公室）。

齐鲁书社《藏书家》编辑部

2023年12月21日